Die Grossen Menschenaffen

Volker Sommer / Karl Ammann

Die grossen Menschenaffen

Orang-Utan, Gorilla, Schimpanse, Bonobo

Die neue Sicht der Verhaltensforschung

BLV

Inhalt

Steckbriefe der Arten

Interviews

Ein Blick zurück

Wie wir zur Familie wurden

»Licht wird fallen auf der Menschen Herkunft.« Die Vision Charles Darwins, des Begründers der Evolutionstheorie, erfüllt sich immer deutlicher, je mehr wir über unsere nächsten Verwandten erfahren.

»Erkenne Dich selbst!« Eine hehre Aufforderung, die einst das Orakel zu Delphi im antiken Griechenland schmückte. Dem schwedischen Naturforscher Linné, »Erfinder« der Arteneinteilung, gefiel sie ebenfalls. Denn er stellte sie der von ihm eingeführten biologischen Gattung *Homo* bei. Wie aber können wir uns selbst erkennen?
Gewährsleute besonderer Art sind unsere stammesgeschichtlich nächsten Verwandten, die Primaten, und innerhalb der Gruppe wiederum unsere allernächste wilde Verwandtschaft, die Großen Menschenaffen. Denn mit Orang-Utans, Gorillas, Schimpansen und Bonobos teilten wir vor erdgeschichtlich nicht allzu langer Zeit einen gemeinsamen Ahnen: jene Affenform, von der wir alle abstammen.
Das ständig wachsende Interesse an Menschenaffen nährt sich also besonders über das Interesse am Werdegang des Menschengeschlechts. Die Aufmerksamkeit ist verständlich, wenngleich sehr selbstbezogen. Immer lauter melden sich jedenfalls Stimmen, die gegenüber Menschenaffen eine Einstellung fordern, die in schlichtem Respekt für die wunderbaren Kreaturen wurzelt und ihnen ein von Menschen unabhängiges Lebensrecht auf unserem immer enger werdenden Planeten zubilligt. Dem Anliegen soll in diesem Buche gewiß nicht widersprochen werden. Gleichwohl gibt es somit doppelten Grund, sich mit Menschenaffen zu beschäftigen: um unserer und ihrer selbst willen.

Die geschwisterlichsten aller Tiere

Das Tier sei »der ältere Bruder des Menschen«, meinte Johann Gottfried Herder. Lange bevor moderne Wissenschaft begann, galten Affen den Menschen verschiedenster Epochen als die wohl geschwisterlichsten aller Tiere.
Im Reich der Pharaonen wurden Mantel- und Anubispaviane gehalten. Noch 5000 Jahren später können einige Exemplare im Britischen Museum in London bewundert werden: als Mumien. Den Ägyptern fielen die Monatsblutungen ihrer Tempelpaviane auf. Sie galten deshalb als Begleiter des ebenfalls zyklischen Schwankungen unterworfenen Mondgottes Thoth. In Indien verehren gläubige Hinduisten noch heute Affen als heilig, stellt doch der Affengeneral Hanuman eine der liebenswertesten Figuren des »Ramayana« dar, des indischen Nationalepos. Hanuman hilft dem Gotte Rama, dessen edle Gemahlin Sita aus der Hand des Dämonenfürsten zu befreien. Hanuman setzte die Dämonenstadt in Brand und verkohlte sich Antlitz, Füße und Hände. Als legitime Nachfahren Hanumans gelten die Grauen Languren – eine Affenart mit schwarzem Gesicht, Füßen und Händen. Bei unzähligen indischen Tempeln werden sie nicht nur geduldet, sondern regelmäßig von Gläubigen gefüttert.
Vergöttern die einen Kulturkreise die Affen, so wurden sie in anderen verteufelt – etwa von den frühen Christen, die sich gegen den Tierkult der Ägypter abgrenzen wollten. Die Menschenähnlichkeit der Affen galt zudem als überhebliches Begehren, sich über die eigene Bestimmung hinwegsetzen zu wollen. Über seinen Status strebte ja auch den Teufel hinaus. »Ich will zu den Wolkenhöhen mich erheben, gleich sein dem Allerhöchsten (similis ero altissimo)«, heißt es in in der Bibel zum Fall Luzifers. Das lateinische Wort »simia« (Affe) wurde deshalb gerne von »similitudo« (Ähnlichkeit) abgeleitet. In Analogie zum »Fürsten der Welt« wurde der »Affe der Welt« ein fester Begriff. Die Äbtissin Hildegard von Bingen hebt um 1150 den verwerflichen Rangkonflikt des Affen treffend hervor: »Weil er eine gewisse Ähnlichkeit mit dem Menschen hat, schaut er immer, was dieser tut, um es nachzumachen. Er hat aber auch die Tiernatur in sich, so daß er weder vollkommen das machen kann, was der Mensch tut, noch was die Tiere tun. Manchmal, wenn er einen Vogel beim Flug beobachtet, springt er auf und versucht zu fliegen. Aber weil er seinen Wunsch nicht erfüllen kann, wird er sofort wütend.« Vögel versinnbildlichen Menschenseelen – und auch der Satan wird wütend, wenn diese ihm entwischen.
Als städtisches Markttreiben aufblühte, begegneten die Menschen des Mittelalters lebenden Affen im Geleit von Akrobaten und Gauklern. Wer die Tiere leibhaftig sah, konnte sich leiser Sympathie gewöhnlich nicht erwehren. Das Image des »Leibhaftigen« bröckelte und machte »humaneren« Deutungen Platz: Der Affe galt nicht mehr als der Teufel selbst, sondern als dessen Opfer. So verweist etwa der Spruch »sich einen Affen antrinken« auf die ach-so-menschlichen Neigungen zu sündigen Freuden. Alle »schludrigen« Faulpelze und Schlem-

mer wünschten sich schließlich in das »Schlur-affenland« hinein.

Bis ins Spätmittelalter verknotete sich konkrete Artenkenntnis durch Berichte von Reisenden über Affen und fremde Völker zu einem grotesken Gewirr von zoologischen Informationen und Legenden. Besonders gern wurde über behaarte, aufrecht gehende Wesen fabuliert, die in Höhlen und Dschungeln ferner Länder hausten. Manche Berichte mögen auf Begegnungen mit Menschenaffen zurückgehen, doch wurden die einzelnen Formen erst sehr spät korrekt beschrieben. Ansätze hierzu im Sinne westlicher »Wissenschaft« finden sich ab dem 17. Jahrhundert, als die Kolonialmächte Spanien, Portugal, Holland und England ihre Flotten um den Globus schickten. Erst im 20. Jahrhundert jedoch löste sich die Sage von haarigen Tiermenschen in saubere zoologische Systematik auf. Erst jetzt wurden die Orang-Utans, Gorillas, Schimpansen und Bonobos nicht nur voneinander, sondern auch von kleinwuchsigen Menschenvölkern unterschieden.

Kein Wunder, daß der schwedische Biologe Carolus Linnaeus – genannt Linné – nur mit Mühe erste Ordnung in das Chaos der phantastischen Affengeschichten brachte. Linné erfand ein bis heute gültiges System des Benennens von Pflanzen und Tieren, die »binäre Nomenklatur« aus vorangestelltem Gattungs- und darauf folgendem Artnamen. Die 1. Auflage seines »Systema Naturae« erschien 1735. In der 10. Auflage von 1758 faßte er mehrere Gruppen von Lebewesen in einer Ordnung zusammen, die er *Primates* nannte, »Vorrangige«. Sie schloß die Gattungen *Homo* (Mensch), *Simia* (Affen und Menschenaffen) und *Lemur* (Halbaffen) ein. Außerdem – und darin folgt ihm die heutige Einteilung nicht mehr – zählte er die *Vespertilio* (Fledermäuse) dazu. In der Folgezeit wurden verschiedenste reale und phantastische Wesen den Primatengattungen zugeordnet. Zu *Homo* stellte Linné in den ersten Auflagen *Homo sapiens,* den Menschen, und *Homo troglodytes,* einen »Höhlenmenschen«. Diese Kreatur war von Jacob Bontius beschrieben worden, einem niederländischen Arzt im indonesischen Archipel. Vielleicht hatte der dort Orang-Utans gesehen – illustrierte er doch seinen Bericht mit einer haarigen Frau.

Ein Pavian in Ostafrikas Savanne. Auch er zählt zu den gut 200 lebenden Arten von Primaten, jener Ordnung der Säugetiere, die Menschen einschließt.

Ein Schüler Linnés, C. E. Hoppius, verbesserte die Einteilung, als er im Jahre 1760 für Menschenaffen und Affen verschiedene Gattungen einführte. Er benutzt für Menschenaffen einen Ausdruck, den er der 1. Auflage von 1735 entnahm: *Anthropomorpha,* »Menschengestaltige«. Diese Gattung schloß 4 Formen ein, die teilweise ausführlicher zu besprechen sein werden: 1. *Troglodyta* (den dubiosen Orang des Bontius), 2. *Lucifer* (ein Phantasiewesen, das auf den Naturhistoriker Aldrovandus zurückgeht), 3. *Pygmaeus* (eine vom Naturforscher G. Edwards konstruierte Sorte Menschenaffe, die unter anderem auf der Untersuchung eines Schimpansen durch den Anatomen Tyson basierte), 4. *Satyrus* (ebenfalls ein Schimpanse, den der niederländische Anatom Tulp seziert hatte).

Linné war bibelgläubiger Christ. Für ihn hatte ein Schöpfergott die abgestufte Ähnlichkeit der Arten wundersam hervorgebracht. Dennoch war er fortschrittlicher als manche seiner Nachfolger, die Menschen aufgrund ihres aufrechten Ganges und ihrer geistigen Fähigkeiten wieder aus der Ordnung der Primaten ausgliederten. Um die angeblich unüberbrückbaren Unterschiede zwischen Tier und Mensch zu retten, wurde eifrig nach den Humana gesucht, unterscheidenden Merkmalen. Der Göttinger Anthropologe Johann Friedrich Blumenbach trennte zwischen *Bimana* (Zweihänder) und *Quadrumana* (Vierhänder). Ähnlich kurzlebig waren die *Erecta* (Aufrechte) des deutschen Museumskurators Carl Illiger und die *Archencephala* (Besitzer von überlegenen Gehirnen) des britischen Urzeitforschers Richard Owen. Genauere Forschung brachte mehr und mehr Gemeinsamkeiten in der Körperorganisation von Menschen und nicht-menschlichen Primaten zutage. Für den britischen Biologen Charles Darwin war klar: »Wenn der Mensch nicht sein eigener Einteiler gewesen wäre – niemals wäre er auf den Gedanken gekommen, für sich selbst eine besondere Ordnung zu erfinden.«

Heute wird weniger denn je bezweifelt, daß auch Menschen Primaten sind. Denn im Unterschied zu Linné wissen wir, warum wir anderen Affen so nahe stehen: weil alles Leben Geschichte hat. Das individuelle Leben einzelner Wesen – die »Ontogenese« – ist durch einen Strom vormaliger Generationen mit Vorformen verbunden, die einmal anders aussahen. Ähnlichkeit läßt sich zurückführen auf gemeinsame Stammesgeschichte – die »Phylogenese«. Diese Erkenntnis ist der biologischen Evolutionslehre von Charles Darwin zu verdanken, 1859 dargelegt in seinem Werk »On the Origin of Species by Means of Natural Selection« (»Über die Entstehung der Arten durch natürliche Zuchtwahl«). Darwin nahm darin Abschied von dem Gedanken, ein Schöpfer habe Pflanzen- und Tierarten fix und fertig erschaffen. Vielmehr hätten sie sich langsam und stetig aus Urformen entwickelt. Der Motor der Evolution besteht gemäß der Theorie aus drei Teilen: 1. Überproduktion: Organismen haben mehr Nachkommen, als überleben können. 2. Variation: Artgenossen unterscheiden sich mehr oder weniger auffällig. 3. Selektion: Jene Varianten, die am besten mit ihrer Umwelt zurechtkommen, hinterlassen mehr Nachkommen als weniger gut angepaßte Formen. Als Resultat der sich von Generation zu Generation wiederholenden Auslese findet langsamer Artenwandel statt. Darwin schloß sein Werk vorsichtig: »Licht wird auch fallen auf den Menschen und seine Geschichte.« Er zögerte 12 Jahre, seine Erkenntnisse öffentlich auf Menschen anzuwenden. Ein vehementer Unterstützer Darwins, Thomas Henry Huxley, strich in »Evidence as to Man's Place in Nature« (1863) die herausragende Bedeutung der Menschenaffen für die Rekonstruktion – das Nachzeichnen – der menschlichen Stammesgeschichte heraus. Das ermutigte Darwin, 1871 mit »The Descent of Man« (»Die Abstammung des Menschen«) für erneute Aufregung zu sorgen. Hierin zog er den seinerzeit zwar skandalösen, doch unausweichlichen Schluß, die Menschen stammten von affenähnlichen Vorfahren ab. Damit stellte Darwin das seit Jahrhunderten vertraute Schema auf den Kopf, wonach der Schöpfer den ersten Menschen engelgleich geschaffen hatte. Darwin kehrte den »Abstieg von den Engeln« um in einen »Aufstieg von den Affen«. Aus einer schmeichelhaften »Devolution« wurde eine ernüchternde »Evolution«. Gleichwohl: Die darwinische Lehre setzte sich durch und gilt heute als eines der bestfundierten wissenschaftlichen Gedankengebäude.

Das intensive Studium von Primaten und speziell Menschenaffen, das nach Darwin einsetzte, hat daran nicht unmaßgeblichen Anteil. Die Amerikaner Robert und Ada Yerkes faßten das Wissen über Menschenaffen 1929 in dem Buch »The Great Apes« erstmals zusammen. Praktisch alle seinerzeitigen Kenntnisse stammten aber aus Zoos oder

Labors. Robert Yerkes regte deshalb erste Freilandstudien an. Der heutige Boom an Untersuchungen in der Wildnis begann Ende der 1950er Jahre. Maßgebliche Anstöße hierzu kamen von Urmenschenforschern, die den Prozeß der Hominisation, der Menschwerdung, rekonstruieren wollten. Stammbäume können im Prinzip auf zweierlei Arten nachgezeichnet werden – durch Längsschnitte (das zeitliche Aneinanderpuzzeln von versteinerten Funden) oder durch Querschnitte (durch Vergleich der heute lebenden »Verzweigungen« des Stammbaumes). Die Paläontologie rekonstruiert die Urzeit gewöhnlich durch Längsschnitte. Körperreste können unter günstigen Bedingungen »versteinern«, etwa wenn sie von Sauerstoff geschützt auf den Grund eines Sees gelangen und dort von Ablagerungen überdeckt werden. Nur ein Bruchteil der Fossilien wird allerdings jemals gefunden – und speziell bei Wirbeltieren selten ein ganzer Körper. Ein Zahn hier, ein Oberarmknochen da, dann und wann ein mehr oder weniger vollständiges Skelett: Es ist nicht zu hoffen, daß jemals der gesamte Stammbaum einer Spezies rekonstruiert werden könnte. Die Evidenzen bleiben immer lückenhaft, und der Versuch, die Evolutionsgeschichte nachzuzeichnen, gleicht in etwa dem Unterfangen, den roten Faden eines Wälzers wie »Vom Winde verweht« anhand ein paar Dutzend willkürlich herausgerissener Seiten zu entwickeln. Da die fossile Dokumentation lückenhaft ist, bietet sich an, durch die vorläufigen Endverzweigungen des Stammbaumes – also die heute noch lebenden Arten – einen Querschnitt zu führen. Einerseits läßt sich dabei die »Hardware« von Organismen vergleichen – was Aufgabe der vergleichenden Morphologie und Anatomie ist, die aus Ähnlichkeiten im Körperbau Stammbäume aufstellt. Andererseits kann die »Software« verglichen werden – was die vergleichende Verhaltensforschung unternimmt, die aus Ähnlichkeiten von Verhaltensmustern auf Unterschiede und Übereinstimmungen im Nervensystem rückschließt. Ein Aspekt ist nämlich für Paläontologen besonders frustrierend: Fossilien verraten viel über den Körperbau, einiges über Ökologie, aber wenig über das Verhalten früherer Wesen.

Geeignete »Stellvertreter« für Lebensgewohnheiten, Sozialstrukturen und Überlebenstrategien früher Menschen geben heutige Primaten ab. Der südafrikanische Urmenschenforscher Raymond Dart ermutigte 1957 deshalb Jill Donisthorpe, die Berggorillas Ostafrikas in Augenschein zu nehmen. Auf der Suche nach Menschenaffen durchquerten zudem 1958 die Japaner Kinji Imanishi und

Zur lebenden Legende wurde die Britin Jane Goodall, seit sie 1960 begann, in Afrika wilde Schimpansen zu erforschen. Ihre Berichte begeistern im guten Sinne – und inspirieren noch heute Forscher und Tierschützer.

Der Potto – ebenfalls ein Primat. Die feuchte Nase weist ihn als Vertreter einer Gruppe aus, die etwas abwertend als »Halb«-Affen gelten.

Junichiro Itani Afrika von Ost nach West. Die wohl entscheidensten Impulse für das Studium unserer nächsten Verwandten gab allerdings der als Missionarssohn in Kenia geborene Urmenschenforscher Louis Leakey (1903 - 1972). Bereits im Jahre 1956 ermunterte er Rosalie Osborne, zu den Berggorillas aufzubrechen. Nacheinander unterstützte er drei mittlerweile zu Legenden gewordene Frauen, wilde Menschenaffen zu erforschen: 1960 machte sich die Britin Jane Goodall zu den Schimpansen auf, 1967 die Amerikanerin Dian Fossey zu den Berggorillas und 1971 die Kanadierin Biruté Galdikas zu den Orang-Utans. Die modernen Abenteuer der drei scherzhaft als »Trimates« bezeichneten Frauen machte die Zeitschrift der »National Geographic Society« weltweit bekannt, was wiederum jüngere Generationen von Verhaltensforschern inspirierte. Weitere Meilensteine der Menschenaffenforschung markieren zwei Konferenzen: 1974 tagten Primatologen auf Einladung Jane Goodalls und ihres Kollegen David Hamburg auf der Burg Wartenstein nahe Wien. Das Resultat war ein gemeinsames Buch, »The Great Apes« (1979). 20 Jahre später versammelte sich die verjüngte Elite der Menschenaffenforschung in Baja California, Mexiko, und produzierte den Sammelband »Great Ape Societies« (1996).

Frauen prägen in einem für den Wissenschaftsbetrieb ungewöhnlichen Ausmaß die Primatenforschung – jedenfalls wenn es um Studien in der Wildnis geht. Das hat vielleicht damit zu tun, daß Männer typischerweise rasch Karriere machen wollen. Dazu bleibt man am besten am Ort und unter seinesgleichen, sprich im Labor der Universität. Im Urwald finden Frauen leichter eine Nische und schlagen sich oft schlecht oder gar nicht bezahlt durch. Am Ende freilich führt nur die geduldige Langzeitstudie zu wirklich revolutionären Erkenntnissen. Hinzu kommt, daß Frauen im Durchschnitt soziale Abläufe intuitiv besser erfassen. Sie können sozusagen die Familiensagas der Menschenaffen leichter lesen – und legen dicke Schmöker solchen Themas ohnehin ungern aus der Hand.

Trotz ihrer »Dominas« macht allerdings auch die Primatologie die typische Entwicklung blühender Wissenschaftszweige durch: Je mehr bekannt ist, desto mehr Fragen tun sich auf. Im folgenden geht es um sie und um mögliche Antworten.

Was sind Primaten?

Die Skala der Säugetierordnung *Primates* ist außerordentlich breit und bunt. Sie umfaßt heute gut 200 Formen, Mausmakis von 50 g ebenso wie 350 kg schwere, im Zoo fett gewordene Gorillas. Die Morgenröte der Primaten begann mit dem Aussterben der Saurier, vor etwa 70 Millionen Jahren. Beheimatet sind Primaten auf den Kontinenten Asien, Afrika und Südamerika samt ihren Inseln. Heute finden sich nicht-menschliche Primaten vornehmlich in den Tropen, doch lebten sie vormals auch in Europa, im Mittleren Osten, im Westen der heutigen USA sowie bis in die Südspitze Südamerikas hinab. Lediglich in Australien oder der Antarktis waren Primaten nie zu finden.

Die Temperatur tropischer Umwelten schwankt weit mehr zwischen Tagen und Nächten als über das Jahr hinweg. Saisonal harsche Lebensbedingungen meiden Affen mithin. Japan-Makaken, welche an der nördlichsten Verbreitungsgrenze der Primaten leben, verschaffen sich im Schneewinter durch ausgedehnte Bäder in warmen Quellen Linderung. Am Stammbaum der Primaten blühen drei große lebende Zweige: Halbaffen, Neuweltaffen und Altweltaffen (vgl. Übersicht rechts).

Die **Halbaffen** sind eine uneinheitliche Gruppe überwiegend einzelgängerischer und nachtaktiver Insektenjäger. Madagaskar, das sich von Afrika lange vor der Entwicklung der echten Affen abteilte, beheimatet die Lemuren. Halbaffen konnten dort ähnlich wie ihre weitaus größeren Vettern auf dem Festland leben. Mangels Konkurrenz entstanden auf der Insel sogar tagaktive und gruppenlebende Formen. Als die ersten Menschen Madagaskar besiedelten, vor etwa 2000 Jahren, fanden sie dort etwa 44 verschiedene Lemurenarten vor, darunter 250 kg schwere. Damals begann vermutlich der bis heute anhaltende Genozid an Primaten: In ein paar hundert Jahren rotteten Jäger die größeren Formen aus. Der Zwerg-Mausmaki überlebte – und ist mit seinen 30 g der heute winzigste Primat. Lemuren gehen vierfüßig oder katapultieren sich in aufrechter Haltung von Stamm zu Stamm in der Lokomotionsart des »vertikalen Klammerns und Springens«. Die maus- bis katzengroßen Loriverwandten Afrikas und Südasiens »parken« ihre Säuglinge nachts in Baumnestern und -höhlen, während sie auf Nahrung aus sind. Die Galagos oder Buschbabys hüpfen dabei rasch von Zweig zu Zweig, während manche Loris sich im Zeitlupentempo fortbewegen. Dank spezieller Blutversorgung der Extremitäten können sie für längere Zeit völlig unbeweglich bleiben – was es Raubfeinden vermutlich schwer macht, sie zu entdecken.

Die merkwürdigen Koboldmakis der Inseln Südostasiens können ihren Kopf beidseitig um bis 180 Grad drehen. Sie wirken zwar wie Halbaffen, sind aber wohl näher mit echten Affen verwandt (vgl. S. 18). Sie katapultieren sich mit verlängerten Fußwurzelknochen durchs nachtschwarze Geäst. Koboldmakis haben als einzige Primaten nichts Pflanzliches auf ihrem Speiseplan – lediglich Insekten und kleine Wirbeltiere.

Die Ordnung der Primaten. Nur für die Menschenartigen sind sämtliche Spezies aufgelistet. Die genaue Stufen-Einteilung ist umstritten (z.B. ob es sich um Familien oder Unterfamilien handelt). Sie folgt hier der kladistischen Methode, die im Unterschied zur evolutionären Systematik großen Wert auf eine möglichst korrekte Wiedergabe der stammesgeschichtlichen Verwandtschaft auch bei der Namensgebung legt (siehe Text).

Ordnung Herrentiere (Primates)

Unterordnung Primaten mit feuchtem Nasenspiegel *(Strepsirrhini)*

Zwischenordnung Lemuren *(Lemuriformes)*

Familie Fingertiere
Familie Indriartige
Familie Lemurenartige

Zwischenordnung Loriverwandte *(Lorisiformes)*

Familie Loris
Familie Galagos

Unterordnung Primaten mit trockenem Nasenspiegel *(Haplorrhini)*

Zwischenordnung Koboldmakis *(Tarsiiformes)*

Familie Koboldmakis

Zwischenordnung Neuwelt- oder Breitnasenaffen *(Platyrrhini)*

Familie Springtamarine

Familie Krallenaffen

Familie Brüllaffen

Familie Klammeraffen

Familie Kapuzineraffen

Familie Schweif- und Kurzschwanzaffen

Zwischenordnung Altwelt- oder Schmalnasenaffen *(Catarrhini)*

Überfamilie Geschwänzte Altweltaffen *(Cercopithecoidea)*

Familie Meerkatzenverwandte *(Cercopithecidae)*
- Unterfamilie Meerkatzenartige *(Cercopithecinae)*
  - Meerkatzen
  - Mangaben
  - Husarenaffe
  - Makaken (z.B. Rhesusaffe, Berberaffe)
  - Waldpaviane (Drill, Mandrill)
  - Paviane (z.B. Mantelpavian, Blutbrustpavian)
- Unterfamilie Schlank- und Stummelaffen *(Colobinae)*
  - Stummelaffen
  - Nasenaffe
  - Languren
  - Stumpfnasen

Überfamilie Menschenartige *(Hominoidea)*

Familie Gibbons oder Kleine Menschenaffen *(Hylobatidae)*
- Hulock oder Weißbrauengibbon
- Ungka oder Schlankgibbon
- Lar oder Weißhandgibbon
- Silbergibbon oder Java-Gibbon
- Grauer Gibbon oder Borneo-Gibbon
- Kappengibbon
- Biloh, Mentawai-Gibbon oder Zwergsiamang
- Schopfgibbon
- Weißwangen-Schopfgibbon
- Gelbwangen-Schopfgibbon
- Siamang

Familie Große Menschenaffen und Menschen *(Hominidae)*
- Unterfamilie Große Asiatische Menschenaffen *(Ponginae)*
  - Orang-Utan
- Unterfamilie Afrikanische Menschenaffen und Menschen *(Homininae)*
  - Gorilla
  - Schimpanse
  - Bonobo
  - Mensch

Die echten Affen siedeln in der »neuen« Welt Amerika und der »alten« Welt Eurasien.
Die **Neuweltaffen** Süd- und Lateinamerikas gelten wegen ihrer runden Nasenlöcher und dem breiten Nasensteg als »Breitnasen« *(Platyrrhini;* griech. »platus« = breit, »rhis« = Nase). Fossilfunde legen nahe, daß sie erst nach dem Auseinanderdriftens der Kontinentalplatten von Afrika nach Südamerika gelangten. Zu jener Zeit waren die Erdteile aber bereits durch mehr als 3000 km offenen Ozean getrennt. Nagetiere konnten vermutlich die Distanz auf treibender Vegetation überwinden – aber wie Primaten das schafften, ist ungeklärt. Gemäß einer anderen Theorie stammen die Neuweltsiedler von ausgestorbenen lemurenartigen Vorgängern in Nordamerika ab. Dann jedoch müßten sich die zahlreichen Ähnlichkeiten zwischen Neu- und Altweltaffen parallel entwickelt haben – was recht unwahrscheinlich ist. Im Baumkosmos Amazoniens und der Bergwelt der Anden bildeten sich jedenfalls unterschiedlichste Formen aus. Da sind zunächst die Familienverbände formenden Krallenaffen mit ihren zu Nägeln umgebildeten Krallen. Klein wie Eichhörnchen, können sie selbst auf dünnen Zweigen Nahrung suchen. Krallenaffen bringen oft Mehrlinge zur Welt; zur Entlastung der Mütter helfen andere Gruppenmitglieder – speziell der Vater – beim Herumtragen der Kleinen. Zu den schwereren Neuweltbürgern zählen Spring- und Mönchsaffen, die mit Greifschwänzen versehenen lärmigen Brüllaffen, die Klammer- und Spinnenaffen sowie die einzige im Dunkeln aktive Art – eben der Nachtaffe. Die geschickten Kapuzineraffen ziehen die Aufmerksamkeit von Primatologen auf sich, weil sie als einzige neben den Schimpansen regelmäßig Werkzeuge in der Wildnis benutzen.
Die **Altweltaffen** Afrikas und Asiens heißen wegen ihrer kommaförmigen Nasenlöcher und des engen Nasenstegs »Schmalnasen« *(Catarrhini)*. Zur Großgruppe der Schlankaffen zählen die Languren einschließlich der in Indien als heilig geltenden Hanuman-Languren, die farbenprächtigen Kleideraffen und die Pinocchios des Regenwaldes: die Nasenaffen. Schlankaffen nehmen reichlich Blätter zu sich. Ähnlich Wiederkäuern sind sie mit gekammerten Mägen ausgerüstet, in denen Bakterien die Zellulose zu Zuckern vergären. Viele Arten bilden Harems, und beim Wechsel des Haremshalters kommt es häufig zu Kindestötungen.

Eine weitere Großgruppe heißt »Meerkatzenartige«, entweder weil der Sanskritname »markata« für den indischen Rhesusaffen einstmals verballhornt wurde oder weil von Seeleuten mitgebrachte Affen als »catta maris« (Katze des Meeres) bezeichnet wurden. Meerkatzen sind Allesesser von Früchten, Blättern und tierischem Eiweiß. In geräumigen Backentaschen verstauen sie ihre Nahrung, um sie später abseits mißgünstiger Nachbarn zu verzehren. In Verbänden von Meerkatzenartigen tummeln sich meist mehrere Männchen und Weibchen, während die savannenliebenden Mantel- oder Blutbrustpaviane Harems formen.

Die **Menschenähnlichen** spalteten sich von den übrigen Altweltaffen während der erdgeschichtlichen Epoche des Miozän vor etwa 13 - 25 Millionen Jahren ab. Heute existieren noch die **Gibbons** (auch Kleine Menschenaffen genannt), sowie die **Großen Menschenaffen und Menschen** – alles Formen ohne Schwänze. Die Gibbons erfüllen den südasiatischen Regenwald mit weithin hörbaren Gesängen. Dank einer ausgefeilten Technik des Schwinghangelns gelten sie als die schnellsten flugunfähigen Regenwaldbewohner. Gibbons gehören zu den wenigen Primaten, die vornehmlich in Einehe leben. Der erste der Großen Menschenaffen ist der Orang-Utan, der »Waldmensch« Borneos und Sumatras, ein einzelgängerischer Fruchtesser. Die afrikanischen Gorillas pflanzen sich in Harems fort und sind friedfertige Vegetarier. Die gleichfalls in Afrika heimischen Schimpansen leben in Gruppen mit mehreren Männchen und Weibchen, sind auf reife Früchte aus, gehen regelmäßig aber auch auf Jagd. Berühmt wurden sie unter anderem wegen ihres Werkzeuggebrauches, berüchtigt wegen der Ausrottungskämpfe, die sie gegen Nachbargruppen führen. Der noch immer wenig bekannte Zwergschimpanse oder Bonobo mag den Menschen hinsichtlich Fortbewegung und Sozialverhalten am ähnlichsten sein. Bonobos sind zwar relative Newcomer – sie wurden erst nach 1930 als eigene Art beschrieben. Doch rasch stiegen sie zu Stars unter den Menschenaffen auf – nicht zuletzt wegen ihres regen hetero- und homosexuellen Geschlechtslebens.

Alle Primaten sind lebendgebärend, und Mütter stillen ihre Jungen mit Milch aus Brustdrüsen. Das zeichnet jedoch auch andere Säugetiere aus. We-

»Kleine Menschenaffen« – die Gibbons – sind hochspezialisierte Schwinghangler der Regenwäldern Südasiens. Ihre Formen trennten sich vor etwa 20 Millionen Jahren von denen der »Großen Menschenaffen«.

Links: Ein enger Nasensteg kennzeichnet alle Affen Afrikas und Asiens – auch wenn keine andere Art darum eine Farbenpracht entwickelt wie der Mandrill Westafrikas.

gen ihrer zahlreiche Spezialisierungen sind Primaten innerhalb dieser Formengruppe schwer als eigene »Einheit« zu definieren, weil ihre generelleren Merkmale nicht auf alle Arten zutreffen.

1. Greifhände und abspreizbare Großzehe. Hände und Füße sind fünfstrahlig. Bewegliche Daumen und Großzehen, mit denen auch schwerere Tiere Äste sicher umfassen können, erlaubten urtümlichen Primaten, Bäume zu besiedeln. Während sich beim »Ganzhand-Griff« der Halbaffen automatisch alle Handstrahlen zugleich schließen, vermögen Altweltaffen Gegenstände zwischen den einzeln beweglichen Fingerkuppen zu halten. Dank eines abspreizbaren und beweglichen Daumens verfügen Menschenaffen und Menschen über einen mehr oder weniger feinen »Präzisionsgriff«, der aktives Erkunden und die Be-Handlung – das Manipulieren – von Objekten ermöglicht. Die ausstellbare Großzehe hingegen ging bei Menschen verloren, als sie vom Baumleben (Arborealität) zum Bodenleben (Terrestrialität) wechselten. In diesbezüglich unterschiedlichen Stadien befinden sich die Menschenaffen: am arborealsten sind die Orangs, Gorillas sehr terrestrisch, während Schimpansen und Bonobos eine Mittelstellung einnehmen.

2. Plattnägel. Statt auf Krallen setzen Primaten auf Griffestigkeit. Plattnägel an Finger- und Zehenspitzen wirken dabei als feste Widerlager. Hautleisten über Handtellern und Fußsohlen erhöhen zusätzlich die Empfindlichkeit und Haftung. Manche Halbaffen besitzen noch »Putzkrallen«. Die erwähnten Krallenaffen bildeten die Plattnägel sekundär zu Krallen um, die ihnen wegen ihres leichten Körpers beim Klettern besser weiterhelfen.

3. Räumliches Sehen. Bei vielen Säugetieren stehen die Augen seitlich am Kopf. Die Sichtfelder überlappen kaum. Jedes Auge erhält ein anderes, flächiges Bild der Umgebung. Für Fortbewegung auf ebenem Boden wie bei Pferden oder Antilopen ist das dienlich. Primatenaugen rückten weiter nach vorne und enger zusammen. Die Sichtfelder überschneiden sich, womit das »zweiäugige« Sehen eine räumliche Dimension gewinnt. Der Stereo-Blick ist bei allen Handhabungen nützlich und erleichtert die Entfernungsabschätzung im Geäst.

4. Farbensehen. Die meisten Säuger nehmen ihre Umgebung in Grautönen wahr. In der Netzhaut tagaktiver Primaten sind die Zapfen vermehrt, Sinneszellen, die Farben und Sehschärfe vermitteln. Ursprünglich mag Farbensehen beim Finden von Früchten, Blüten und tarnfarbenen Insekten im Blattwerk nützlich gewesen sein. Farbsignale spielten dann zunehmend auch im sozialen Bereich eine Rolle und reichen von den bunten Genitalien der Grünen Meerkatze bis hin zu den schrillen Nasenfärbungen der Mandrills.

5. Reduzierter Geruchssinn. Nachtaktive Primaten orientieren sich vor allem durch Geruch (und Gehör). Einige besitzen einen feuchten Nasenspiegel, mit dem Düfte besonders gut wahrnehmbar sind. Bei tagaktiven Primaten bildeten sich allerdings die Riechschleimhäute sowie das Riechzentrum im Großhirn zurück.

6. Gehirn. Verglichen mit ähnlich schwergewichtigen Säugern ist das Gehirn von Primaten »relativ groß«. Diese Aussage ist allerdings mit Vorsicht zu genießen. Absolut gesehen sind die Hirne von Elefanten viermal und die mancher Wale fünfmal schwerer als die von Menschen, den einsamen Spitzenreitern unter den Primaten. Auch das Verhältnis von Hirn- zu Körpergewicht sieht nicht alle Primatenarten an der Spitze. Wird der Wert der Spitzmaus gleich 1,0 gesetzt, so erreicht der Mensch den Rekordwert 28,7. Der Wert für Schimpansen von 11,3 wird hingegen lässig von den Delphinen (20) übertroffen. Einzelne Bauteile des Gehirns wurden bei den Primaten je nach Anforderung größer oder kleiner. Das Kleinhirn erlaubt, Bewegungsabläufe unbewußt und rasch zu koordinieren, was für Baumbewohner besonders wichtig ist. Als stammesgeschichtlich »neuester« Gehirnabschnitt ist die Großhirnrinde bei Menschenaffen und speziell bei Menschen besonders ausgeprägt und überwuchert die anderen Hirnteile fast vollständig. Sie ist stark gefurcht und gefaltet, was die Oberfläche beträchtlich vergrößert – Grundlage eines hochleistungsfähigen Erinnerungs- und Lernvermögens.

7. Gebiß. Zähne werden zur Nahrungsverarbeitung und zur aggressiven Auseinandersetzung mit Raubfeinden und Artgenossen gebraucht. Das Gebiß von Primaten besteht aus verschiedenen Zahntypen. In jeder Hälfte von Ober- und Unterkiefer befinden sich maximal 2 Schneidezähne und 1 Eckzahn zum Aufnehmen von Nahrung sowie 3 Vorbackenzähne und 3 Backenzähne zur weiteren Verarbeitung (Zahnformel 2.1.3.3.). Bei allen Altweltaffen, Menschenaffen und Menschen ist die Zahl der Vorbackenzähne reduziert (Zahnformel 2.1.2.3. auf beiden Kiefern). Das Gebiß wird einmal gewechselt.

8. Fortpflanzung. Verglichen mit Säugetieren ähnlicher Größe ist die Schwangerschaft ausgedehnt, die Wurfgröße klein und die Zeit bis zum Erreichen des Erwachsenenstadiums lang. Die Merkmale spiegeln eine Strategie der Vermehrung wider, die statt auf Quantität bei der Nachkommenzahl (die notwendigerweise mit hoher Sterblichkeit verknüpft ist) auf Qualität setzt (was verstärktes Behüten der Kleinkinder nach sich zieht).

9. Unspezialisiertheit. In ihrer gesamten Organisation sind Primaten, verglichen mit anderen Säugetieren, recht »generalisiert« bzw. wenig spezialisiert. Ausnahmen bilden die nachtaktiven Fingertiere Madagaskars und die Koboldmakis Südostasiens. Die Unspezialisiertheit geht einher mit einer Neigung zur Flexibilität im Verhalten, was wiederum eine mehr oder weniger entwickelte Intelligenz voraussetzt.
Ein »Durchschnittsprimat« läßt sich somit nicht anhand eines Einzelmerkmales charakterisieren, sondern es bedarf eines Kataloges.

Streit um die Stammesgeschichte

Die genaue Einteilung der Primaten, ihre Taxonomie, ist in wesentlichen Punkten umstritten – und das betrifft vor allem Menschenaffen. Da der Expertenstreit auch für unser eigenes Selbstverständnis bedeutsam ist, soll er ausführlicher erörtert werden. Im Grunde geht es dabei um die Frage, ob die Menschen mit manchen Menschenaffen näher verwandt sind als die Menschenaffen untereinander.
Linné ordnete die Lebensformen in Gruppen (»taxon«, Mehrzahl »taxa«). Sein Prinzip der abgestuften Ähnlichkeit führt zu einer Rangordnung, einer Hierarchie taxonomischer Kategorien. Für beispielsweise einen Schimpansen aus dem Senegal könnte eine heutige Einteilung folgendermaßen aussehen (vgl. Übersicht S. 13): Stamm Chordatiere *(Chordata)* → Unterstamm Wirbeltiere *(Vertebrata)* → Klasse Säugetiere *(Mammalia)* → Ordnung Herrentiere *(Primates)* → Zwischenordnung Altwelt- oder Schmalnasenaffen *(Catarrhini)* → Überfamilie Menschenartige *(Hominoidea)* → Familie Große Menschenaffen und Menschen *(Hominidae)* → Gattung Schimpansen *(Pan)* → Art Schimpanse *(Pan troglodytes)* → Unterart Westafrikanischer Schimpanse *(Pan troglodytes verus)*.
Dank Darwin wissen wir, daß die abgestufte Ähnlichkeit eine Folge allmählichen Artenwandels ist. In der Regel ähneln Spezies einander umso mehr, je kürzer sie getrennt sind – je weniger Zeit also seit der Existenz einer ununterscheidbaren ge-

Diese jungen Schimpansen befassen sich nicht nur miteinander, sondern befüßeln sich zudem – mittels abspreizbarer Großzehen. Fünfstrahlige Hände und Füße der Primaten weisen auf eine baumbewohnende Urform hin – selbst wenn manche Arten mehr oder weniger vollständig von den Bäumen herabstiegen.

meinsamen Stammform verstrich. Arten können beispielsweise durch geographische Isolation entstehen. Eine Tierpopulation wird dabei durch Flüsse oder Berge gespalten, und in den unterschiedlichen Umwelten kristallisieren sich langsam anders aussehende Formen heraus. Sind Artengruppen lange getrennt oder überleben sie in sehr andersgestaltigen Habitaten (Lebensräumen), kann der gemeinsame Ursprung äußerlich unkenntlich werden. So ist die Verwandtschaft zwischen den extrem verlängerten Handknochen einer Fledermaus und der schaufelartigen Grabhand eines Maulwurfs nicht gleich offensichtlich. Obwohl ursprungsgleich (homolog), sehen die Organe wegen ihrer jeweils anderen Aufgabe einander kaum mehr ähnlich (sie sind divergent). Andererseits mögen gleichförmige Lebensräume verschiedene Stammformen ähnlich gestalten. Die Handform der Fledermäuse ähnelt Flügeln von Vögeln und funktioniert auch so, die Grabhände des Maulwurfs gleichen den Vordergliedmaßen von Grillen. Die Organe sind einander also zwar aufgrund identischer Funktionen ähnlich (konvergent), doch ist ihr Ursprung verschieden (analog).

Inwieweit solche Erkenntnisse in die Namensgebung von Tier- und Pflanzenarten einfließen sollen, ist zwischen Taxonomen umstritten. Die »evolutionären Systematiker« wollen in gewisser Weise gesunden Menschenverstand walten lassen. Sie bilden beispielsweise Kategorien wie »Vögel« und »Reptilien« (zu denen Krokodile, Eidechsen und Schlangen zu zählen wären). Evolutionäre Systematiker sind »Pragmatiker«: Was ungefähr ähnlich aussieht, gehört zusammen; besonders auffällige Formen verdienen ein eigenes Taxon. Dieser Auffassung widerspricht die »phylogenetische Systematik«, auch Kladistik genannt. Gemäß ihrer Schule müssen auch namentliche Einteilungen korrekt die Stammesgeschichte widerspiegeln. Kladisten sind in der Hinsicht also »Dogmatiker«. Die fossile Dokumentation belegt beispielsweise, daß eine Gruppe wie »Reptilien« gar nicht existiert. Aus Vorformen entwickelte sich ein Zweig, der zu den heute lebenden Krokodilen und Vögeln führte, wobei die Dinosaurier die Vorfahren der letzteren waren. Der andere Zweig brachte Eidechsen und Schlangen hervor. Selbst wenn ein Tyrannosaurus einem Komododrachen also hundertmal ähnlicher sieht als einem Zaunkönig: Phylogenetisch steht der Saurier dem Piepmatz weitaus näher.

Dieser Streit ist hinsichtlich der Ordnung der Primaten besonders brisant. So werden Halbaffen oft als *Prosimii* bezeichnet und von allen anderen Formen abgegrenzt, die als *Anthropoidea* gelten. Das ist ein typisches Beispiel evolutionärer Systematik. Die kladistische Systematik geht nämlich davon aus, daß die Koboldmakis mit Lemuren und Loris weniger nahe verwandt sind als mit den übrigen Primaten. Schlüsselmerkmal ist hier die Nase: Lemuren und Loris gelten aufgrund ihres feuchten Nasenspiegels als *Strepsirrhini.* Alle anderen Primaten haben einen trockenen Nasenspiegel und werden – einschließlich der Koboldmakis! – als *Haplorrhini* bezeichnet.

Die Verhältnisse innerhalb der Menschenartigen, die im allgemeinen taxonomisch als eine Überfamilie gelten, sind noch umstrittener. Auch hier divergieren die Weltanschauungen der Systematiker. Einig sind sie sich einzig bei der Unterscheidung der Gibbons als eigener Gruppe (gewöhnlich als Familie *Hylobatidae*) von allen anderen Menschenaffen und Menschen. Ansonsten existieren mindestens vier Stammbäume für die *Hominoidea.*

1. Nach älteren Vergleichsdaten des Körperbaus wurden die Großen Menschenaffen in einer Familie *Pongidae* zusammengefaßt, die den *Hominidae,* der Familie des Menschen gegenüberstand (Abb. a). Die Aufteilung spiegelt den Einfluß der evolutionären Systematiker wider. Sie strichen Sonderentwicklungen des Menschen wie Hirngröße und aufrechten Gang heraus und damit das, was sie »adaptive Divergenz« nannten – daß sich also ein breiter Graben zwischen den Anpassungen der Menschenaffen und dem Menschen aufgetan habe.
2. Bereits zu Darwins Zeiten war angemerkt worden, daß die 3 Gattungen Orang *(Pongo),* Gorilla *(Gorilla)* und Schimpansen *(Pan)* untereinander nicht genügend morphologische Ähnlichkeiten aufwiesen, die sie insgesamt eindeutig von Menschen abgrenzten. Zudem ließen spätere Fossilfunde klarwerden, daß die Orangs vor sicherlich mehr als 10 Millionen Jahren eine Eigenentwicklung nahmen. Dies führte zu einem revidierten Stammbaum mit dem Orang als einzigem Vertreter der Familie *Pongidae,* die den afrikanischen Menschenaffen und dem Menschen gegenübersteht (Abb. b).
3. Wenige Fachleute befürworten eine dritte Variante nach der Einzelmerkmale dafür sprechen,

daß Menschen näher mit dem Orang-Utan verwandt sind als mit den afrikanischen Menschenaffen (Abb. c). So haben Mensch und Orang den längsten Haarwuchs, besonders dicken Zahnschmelz auf den Backenzähnen, die am weitesten auseinanderstehenden Brustdrüsen und die längsten Schwangerschaften.

4. Die aufregendste Entwicklung betrifft eine Reform des Verhältnisses zwischen den Gattungen *Gorilla, Pan* und *Homo.* Neuere Befunde sprechen dafür, daß *Pan* (Schimpansen und Bonobos) und Menschen näher verwandt sind als *Pan* und *Gorilla,* deren Stammlinien sich bereits früher aufspalteten (Abb. d).

Bevor molekularbiologische Belege für die Neueinteilung erläutert werden, soll auf ein Problem hingewiesen werden, das sich diesbezüglich aus der vergleichenden Morphologie ergibt. Alle Großen Menschenaffen sind quadruped, bewegen sich also auf Händen und Füßen fort. Orang-Utans stützen sich dabei auf ihren Handflächen ab. Gorillas und Schimpansen (einschließlich Bonobos) biegen ihre Finger in die Handflächen hinein und belasten die Außenseite der Mittelhandknochen – eine Lokomotionsart, die Knöchelgang heißt. Menschen hingegen bewegen sich biped, d. h. auf zwei Beinen und damit aufrecht fort. Hinsichtlich der Verwandtschaftsverhältnisse ergeben sich damit zwei Möglichkeiten:

- Schimpansen und Gorillas sind miteinander näher verwandt als mit Menschen. Die einfachste Annahme wäre dann, daß der gemeinsame Vorfahr der 3 Gattungen weder ein Knöchelgänger noch biped war. Der Knöchelgang wurde von einem gemeinsamen Vorfahren von Schimpansen und Gorillas entwickelt, der aufrechte Gang von einer frühen Menschenform.
- Schimpansen sind mit Menschen näher verwandt als mit Gorillas. Dann ist die einfachste Annahme, daß der Urahn der 3 Gattungen ein Knöchelgänger war, und daß sich die Bipedie des Menschen aus dem Knöchelgang entwickelte. Komplizierter wäre die Annahme, daß der Urahn der 3 Gattungen kein Knöchelgänger war, und daß sich diese Fortbewegungsweise bei Gorillas und Schimpansen eigenständig ausbildete.

Die Revision des Stammbaumes geht vor allem auf Abschätzungen der »genetischen Distanz« von Arten zurück. Die Grundannahme dabei ist, daß Paare erblich ähnlicher Organismen vor relativ kürzerer Zeit noch einen gemeinsamen Vorfahren hatten als einander unähnlichere Artenpaare. Die Technik der DNS-Hybridisierung erlaubt, die arttypische Erbsubstanz DNS (Desoxyribonucleinsäure) zu vergleichen. Unterschiede im Erbgut spiegeln sich in unterschiedlichen Abfolgen organischer Basen wider. Diese Moleküle sind in der DNS zu langen Strängen miteinander verbunden. Durch Wasserstoffbrücken werden einander entsprechende Basenpaare zweier Stränge zu einem Doppelstrang verknüpft, der gewundenen Doppel-Helix. Um die genetische Ähnlichkeit zweier Arten zu ermitteln, wird deren DNS durch Erhitzen wieder in Einzelstränge zerlegt. Der »Schmelzpunkt«, bei dem die Wasserstoffbrücken auseinanderbrechen, beträgt beispielsweise beim Menschen und beim Schimpansen 86 °C. Mittels Enzymen werden die Stränge dann in Stücke von etwa 500 Basen »zerschnitten«. Die sogenannte »Hybridisierungs«-Technik macht sich die Neigung der Einzelstrang-Teile zunutze, beim Abkühlen erneut mit einander entsprechenden Basenpaaren einen Doppelstrang zu bilden. Das Ausmaß der Hybridisierung hängt davon ab, wie gut die Basensequenzen zweier Ar

Mögliche Stammbäume der Menschenartigen
Gi = Gibbons, O = Orang-Utan, Go = Gorilla, S = Schimpanse, B = Bonobo, M = Mensch

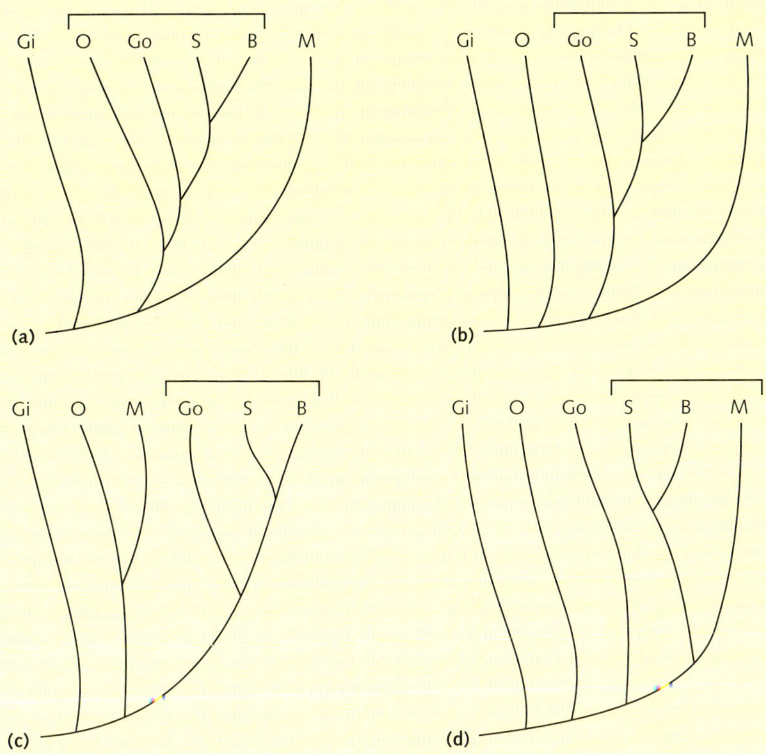

Die gemeinsame Stammform von Bonobos und Menschen lebte vor nur 350 000 Generationen. Erst einen Augenblick also währt unsere Eigenentwicklung in erdgeschichtlichem Maßstab.

ten einander entsprechen. Da nicht alle Basen der DNS-Einzelstränge von Mensch und Schimpanse übereinstimmen und deshalb keine Wasserstoffbrücken bilden, »schmilzt« der Hybrid-Doppelstrang leichter – nämlich um 2,4 °C früher bei 83,6 °C. Eine Absenkung des Schmelzpunktes um 1 °C entspricht etwa 1 Prozent nicht-komplementärer Basen. Zwischen Mensch und Schimpanse beträgt die genetische Ähnlichkeit deshalb 97,6 Prozent. Die Ähnlichkeit mit Gibbons liegt bei 94,7 Prozent, mit Rhesusaffen bei 91,1 Prozent, mit Kapuzineraffen bei 84,2 Prozent.
Je früher im Laufe der Stammesgeschichte sich die Ahnenreihen also trennten, desto geringer die genetische Ähnlichkeit – mit Halbaffen wie dem Galago beträgt sie nur noch 58 Prozent.
Ähnlich lassen sich genetische Distanzen auch berechnen durch Vergleiche von Chromosomen, von Eiweißverbindungen, von Basensequenzen in der DNS der Zellkerne oder in den Mitochondrien, den für die Atmung zuständigen Zellorganellen. Umstritten, wenngleich extrem hilfreich, ist das Rückrechnen der genetischen Distanzen in absolute Zeitangaben nach dem Prinzip der »molekularen Uhr«. Dabei wird davon ausgegangen, daß Veränderungen der Erbinformationen auf Zufall beruhen und in winzigen Schritten vonstatten gehen. Zunächst muß aber eine Eichung gefunden werden, also ein Maß für die zeitliche Rate der genetischen Veränderungen. Fatal wäre, liefen die Veränderungen einmal rascher und einmal langsamer ab. Glücklicherweise scheint das aber zumindest hinsichtlich der Menschenartigen nicht der Fall zu sein. So weisen Orang, Gorilla, Schimpanse und Mensch sämtlich dieselbe genetische Distanz von Gibbons auf. Das bedeutet, daß die Veränderungsraten gleichmäßig sind, also in etwa wie eine konstant tickende Uhr funktionieren. Die absolute

Zeiteinheit eines solchen Uhr-Ticks läßt sich durch Abgleich mit Fossilien bekannten Alters ermitteln. Beispielsweise könnten sich die Basensequenzen zweier Arten in 100 Stellen unterscheiden und der letzte gemeinsame Vorfahre der Arten durch Fossilfunde auf 10 Millionen Jahre zurückdatiert sein. Somit hätte sich die Erbsubstanz alle 100 000 Jahre einmal geändert.

Hinsichtlich der Verwandtschaft unter den Menschenartigen kommen verschiedene molekularbiologische Methoden zu recht ähnlichen Schlüssen, auch wenn die absoluten Zeitangaben erheblich schwanken. Von der Menschenaffen-Menschen-Linie spalteten sich demnach zuerst die Gibbons ab und dann, vor 10 - 15 Millionen Jahren, die Orang-Utans. Gorillas schlugen vor 6 - 11 Millionen ihren Sonderweg ein, während der letzte gemeinsame Vorfahre von Schimpansen und Menschen vor 4 - 6 Millionen Jahren lebte.

Die Molekularbiologie revolutionierte nicht nur die Erforschung der Stammesgeschichte, sondern auch die Populations- und Verhaltensbiologie. Die Methode des genetischen Fingerabdrucks funktioniert über die Technik der DNS-Amplifikation, einer Vervielfältigung bestimmter Abschnitte. Die Erbsubstanz wird zunächst aus Körperzellen gewonnen und dann zerteilt. Von den Bruchstücken werden Unmengen Kopien hergestellt und auf ein Gel aufgetragen, durch das sie nach Anlegen geringer elektrischen Spannung hindurchwandern (Elektrophorese). Verschiedene Moleküle besitzen je eigene Ladungen und legen deshalb kürzere oder längere Entfernungen zurück. Die Endpunkte der Wanderungen erscheinen in dem Gel als dunkle Bande. Je näher die Lebewesen miteinander verwandt sind, desto ähnlicher verteilen sich die Banden. Die Gel-Elektrophorese erlaubt beispielsweise Vaterschaftsbestimmungen oder die Zuordnung zu geographischen Ursprungsregionen.

Ein Problem für die Freilandforschung war, daß DNS aus Blut gewonnen werden mußte. Kleinwüchsige Primaten wie Lemuren und Krallenaffen lassen sich auch einfach mit Ködern in Fallen locken, wo ihnen dann nach Verabreichung eines Beruhigungsmittels Blut abgenommen wird. Manche Wissenschaftler entwickelten auch Expertise mit Betäubungsgewehren – beispielsweise um das Blut von Brüllaffen zu erhalten. Bei baumlebenden Arten besteht allerdings die Gefahr, daß die Tiere in schwindelnder Höhe das Bewußtsein verlieren und sich beim Fall auf den Boden zu Tode stürzen. Das durch Auffangen in Netzen zu verhindern, ist gar nicht so einfach. Glücklicherweise ist es mittlerweile möglich, DNS auch aus anderen Körperzellen zu gewinnen, etwa aus Horn, Haar oder – am praktischsten – aus Darmzellen, die im Kot mit ausgeschieden werden. Kotanalysen gestalten sich allerdings problematisch bei Arten, die andere Tiere essen – weil dann etwa statt der DNS eines Schimpansen die seiner letzten Stummelaffen-Mahlzeit analysiert werden könnte. Haaresammeln geht ebenfalls mit der Gefahr von Verunreinigung einher – wenn etwa Nachtnester durchsucht werden, in denen Mütter mit Kindern schliefen. Wem welche Haare gehören, ist dann schwer zu entscheiden.

Dank moderner Techniken erweitert sich unser Wissen über Primaten explosionsartig – gerade auch hinsichtlich unserer »Familienverhältnisse«. Zur Zeit spricht jedenfalls alles dafür, daß Schimpansen und Bonobos näher mit Menschen verwandt sind als mit Gorillas. Diese veränderte Klassifikation ist von enormer Bedeutung für unser Selbstverständnis. Primatologen haben deshalb bereits halb scherzend, halb ernst eine neue Aufteilung der Gattungen vorgeschlagen. Vielleicht setzen sich die Befürworter der Namensänderung bis zum Jahre 2007 durch, wenn die Feierlichkeiten zu Ehren des 300. Geburtstages von Carl von Linné anstehen. Der könnte dann speziell darüber erfreut sein, daß mittlerweile zwei Arten der von ihm eingeführten Gattung *Homo* im Zoo gehalten werden: *Homo troglodytes* und *Homo paniscus,* der Schimpansen-Mensch und der Bonobo-Mensch. Im Alter soll Linnaeus bekannt haben, nur aus Rücksicht auf die Kirche für die Menschen wieder eine separate Gattung eingeführt zu haben – obwohl ihm keine Unterschiede zu den Menschenaffen bekannt waren, die verschiedene Gattungen gerechtfertigt hätten. Erste Wahl des Linnaeus für die Menschen wäre denn wohl auch der Gattungsname »Pan« gewesen. Womit als neue Einteilung auch der Mensch als *Pan sapiens* denkbar wäre, als »weiser Schimpanse«.

In jedem Falle müssen wir aufgrund der molekularbiologischen Erkenntnisse unseren Ast im Stammbaum wiederum wechseln und noch ein Stück näher an unsere nächsten Verwandten heranrücken. Die haarigen Vettern entpuppen sich dadurch mehr und mehr als haarige Geschwister

ORANG UTANS

»MENSCHEN DES WALDES« ALLEIN UNTERWEGS

Einzelgängerisch durchwandern rote Menschenaffen Sumatra und Borneo. Doch die ungeselligen Gesellen sind keineswegs asozial. Ihr Gemeinschaftsleben läuft in einer Art Zeitlupe ab.

Die Entdeckung der Orangs

Gerüchte über »Nachtmenschen, auch wilde Männer oder Indische Satyrn« in den niederländischen Kolonien am asiatischen Äquator kamen im frühen 17. Jahrhundert auf. Um 1630 beschrieb der auf Java lebende niederländische Arzt Jacob de Bondt behaarte Wesen, die er »Ourang Outan« nannte. Ein wildes Weib, von ihm betrachtet, habe beschämt Gesicht und Blöße mit Händen bedeckt, »geseufzt, Tränen vergossen und alle menschlichen Handlungen so ausgeübt, daß ihm nur die Sprache gefehlt hat, um wie ein Mensch zu sein«. Vielleicht hatte Bontius tatsächlich den rothaarigen Menschenaffen Indonesiens gesehen. Der hieß allerdings eigentlich »Maias«, »Mawas« oder »Mawé«. »Orang-Utan« (Mensch des Waldes) bezeichnete hingegen kleinwüchsige Eingeborenenvölker einschließlich der Kubu auf Sumatra und der Punan auf Borneo.

Die Kanadierin Biruté Galdikas machte die Heimat der Orangs zu ihrer. Seit Jahrzehnten erforscht sie die Menschenaffen und kämpft für ihren Schutz.

Die erste halbwegs ordentliche Beschreibung eines Orang-Utan erfolgte 1778 durch A. Vosmaer, dem Leiter der Menagerie des Prinzen von Oranien, der ein junges Orang-Weibchen untersuchte, das 1776 in die Niederlande gelangt war. Vosmaer bezeichnete die höchst exotische Spezies »Zeltzaame als Zonderlinge Aap sort, Genaamd Orang-outang, van het Eiland Borneo« (»Seltsame wie sonderliche Affensorte, genannt Orang-outang, von der Insel Borneo«). 1789 dann ordnete Friedrich von Wurmb, Sekretär der wissenschaftlichen Akademie von Batavia, ein erwachsenes Tier als »Groote Borneosche Pongo« ein. Er hielt somit eine kleinere und eine größere Orang-Art für existent. Die Amerikaner Savage und Wyman schließlich – die sich ebenfalls um eine präzise Erstbeschreibung des Gorilla verdient machten – benannten 1847 drei Orang-Arten: auf der Insel Borneo den großen *Pithecus wormbii* und den kleinen *Pithecus morio,* auf Sumatra den *Pithecus abelii.* Heute werden lediglich zwei Unterarten unterschieden: *Pongo pygmaeus pygmaeus* auf Borneo und *Pongo pygmaeus abelii* auf Sumatra, der etwas schlanker ist, mit schmalerem Gesicht und längeren, helleren Haaren. Der gültige lateinische Name *Pongo pygmaeus* stellt eine kuriose Mischform dar aus den Bezeichnungen für Gorilla (siehe dort) und afrikanische Zwergmenschen. Orang-Utan aber – »Wald-Mensch« – stand, wie erwähnt, ursprünglich für malayische Eingeborene!

Erste Hinweise auf das Verhalten wilder Orangs verdanken wir Alfred Wallace, einem Landsmann Darwins, der unabhängig und etwa zeitgleich mit ihm eine Evolutionstheorie entwickelte. Wallace bereiste um 1850 Borneo, die drittgrößte Insel der Welt – aber sein Verhältnis zu Mitprimaten war ganz das eines Sportjägers: »Nach zwei Schüssen verlor der Orang-Utan den Halt [...], fiel flach auf das Gesicht, lag stöhnend und keuchend da. [...] Ein weiterer Schuß in den Rücken machte seinem Leben ein Ende.« Auch William Hornaday, nachmalig Gründer des National Zoo in Washington, schoß um 1885 43 Orangs und soll erklärt haben, er wolle derlei Vergnügen nicht gegen einen ganzjährigen Logenplatz im Theater tauschen.

Vom Pier gestikuliert ein »Waldmensch« zu einem der Boote hinüber, die in Tanjung Puting anliegen. In dem indonesischen Nationalpark werden verwaiste Orang-Utans wieder aufgepäppelt.

Ein gutes halbes Jahrhundert später hatte sich die Einstellung zumindest westlicher Besucher im Orang-Land dramatisch gewandelt. Gleichwohl begegneten Orang-Forscher einem konstanten Strom von Waisenkindern, deren Mütter im Zuge von Jagd oder Waldrodung getötet worden waren.
Die Britin Barbara Harrison und ihr Ehemann Tom nahmen in der Provinz Sarawak auf Borneo Waisen in ihr Haus auf und machten weltweit auf deren Schicksal aufmerksam. Ähnliches Engagement zeichnet den Niederländer Herman Rijksen und die Kanadierin Biruté Galdikas aus, die zu Beginn der 1970er Jahre die moderne Ära der Freilandforschung an Orangs einläuteten. Auf sie durften Orangs ungestraft »zurückschießen«: die wissenschaftlichen Voyeure mit Ästen bombardieren und gezielt auf sie herunter urinieren.
Die Erforschung der »Waldmenschen« ging – ihrer Behäbigkeit durchaus angemessen – nur zögerlich voran. Entsprechend erlebte Barbara Harrison das theatralische Aufwachen eines alten Orang-Mannes. Am Abend zuvor hatte er in einer Viertelstunde sein Nachtnest gebaut, mit Blättern ausgepolstert und Zweige entfernt, die ihn hätten pieksen könnten. In der Frühe beobachtete ihn Harrison von einem Nachbarbaum aus: »Der Dschungelmann [...] setzte sich aufrecht, schaute herum, kratzte seinen Rücken. Er schob seine Ellenbogen seitwärts, rieb mit den Fäusten die Augen; atmete tief ein, drückte seinen Rücken gerade durch und warf die Arme zur Seite, erst eine Faust, dann die andere. Fiel wieder in sich zusammen, atmete aus. Saß, um über den Nestrand nach unten zu blicken. Er kratzte seinen Rücken zwischen den Schulterblättern, langsam aber fest, wieder und wieder. Er reckte sich noch einmal, wobei er diesmal seine Beine bog und streckte; saß eine Weile starrend herum, als ob er über den neuen Tag nachdachte...«
Nachdenken über den Orang hingegen führt bei Forschern regelmäßig zu Kopfzerbrechen, sind sie doch die noch immer am wenigsten verstandenen unter den Großen Menschenaffen.

Die Geschichte einer alten Feindschaft

Noch vor 3 Monaten jagte Bennie Hühner aus dem Haus eines Polizisten in Medan, einer Großstadt im Norden Sumatras. Jetzt schaukelt sie 90 km weiter westlich auf einem Ast über den blaugrünen Stromschnellen des Bohorok-Flusses, der die Einöde endloser Gummi- und Palmölplantagen messerscharf von den Giganten des tropischen Regenwaldes trennt. Den Weg in die Wildnis säumen Imbißbuden. Zahllose Wochenendausflügler lassen sich in einem schmalen Einbaum übersetzen. Bennie steigt von ihrem Ausguck herab und möchte sich leutselig unter die Menge mischen. Sofort wird sie mit einem Stock auf den Baum zurückgejagt, während bei der Hinweistafel »Nimm nichts mit als Fotos – laß nichts zurück als Fußabdrücke« ein weißer »Orang-Barat«

Orang-Utans

Bezeichnung

Deutscher Name: Orang-Utan
Englischer Name: Orang-utan
Wissenschaftlicher Name:
Pongo pygmaeus
Unterarten:
- *Pongo pygmaeus abelii,* Sumatra-Orang
- *Pongo pygmaeus pygmaeus,* Borneo-Orang

Bemerkung: Manche Wissenschaftler halten die Unterarten für so verschieden, daß sie als zwei Arten gelten sollen.

Verbreitung

Vorkommen:
Sumatra-Orang: Nordsumatra (Indonesien)
Borneo-Orang: Borneo (Provinz Kalimantan/Indonesien; Provinzen Sabah und Sarawak/Malaysia)
Populationsschätzung (um 1995):
Sumatra-Orang: 9200 (ca. 5900 im Gunung-Leuser-Nationalpark)
Borneo-Orang: ca. 10 200 - 15 500, meist in Kalimantan (Indonesien)
Status (Rote Liste bedrohter Tierarten, IUCN 1996): Gefährdet; einige Populationen kurz vor Ausrottung
Bemerkung: 30 - 50% des Lebensraumes zwischen 1985 und 1995 verloren

Körper

Länge:
Männchen im Mittel 137 cm;
Weibchen im Mittel 115 cm
Gewicht:
Gefangenschaft: Männchen 60 - 90 kg; Weibchen 40 - 50 kg
Freiland: Männchen im Mittel 83 kg; Weibchen im Mittel 37 kg
Aussehen:
Sumatra-Orang: Spärliches, langes rauhes rotes Haar; leuchtend-orange bei Jungtieren, kastanienrot bei Erwachsenen; Gesicht nackt, schwarz bei Erwachsenen, eher rosa bei Jungtieren; Backenwülste bei erwachsenen Männchen deutlich ausgeprägt

Borneo-Orang: Verglichen mit Sumatra-Orang schlanker, kürzeres Gesicht, kürzere und dunklere (bis dunkel-schokoladenfarbene) Haare

Auffällige Merkmale

Schwerstes baumbewohnendes Tier; langsamste Fortpflanzungsrate aller Primaten; am wenigsten vergesellschafteter Menschenaffe. Weibchen wehren sich oft bei Paarungen mit heranwachsenden Männchen (»Vergewaltigung«). Erwachsene Männchen besitzen Backenwülste und Kehlsäcke, die ihre lauten, langen Rufe verstärken – vermutlich ein Signal für männliche Konkurrenten.

Fortpflanzung

(F = Freiland, G = Gefangenschaft)

Weiblicher Zyklus: 28 Tage (G)
Schwangerschaftsdauer: 245 Tage, Spanne 227 - 275 Tage
Kinder pro Geburt: 1, sehr selten Zwillinge
Geburtsgewicht: 1,5 - 1,7 kg
Entwöhnungsalter: 2 - 3 Jahre
Geburtenabstand: 4 - 6 Jahre (G), 5 - 9 Jahre (F)
Alter bei 1. Geburt: Ca. 12 Jahre (F), frühestens 7 Jahre (G)
Männliche Geschlechtsreife: Frühestens 6,5 Jahre (G)
Maximale Lebensdauer: In Menschenobhut mindestens 57 Jahre, in der Wildnis mindestens 40 Jahre

Ernährung (% Eßzeit)

Früchte: 60 %
Andere Pflanzenteile: 40 %
Wurzeln: Gelegentlich
Tiere: Gelegentlich Vogeleier, Insekten (Termiten, Ameisen), junge Hörnchen
Mineralien: Selten Erde

Lebensweise

Tagaktiv; bauen manchmal Tagnester und stets Nachtnester; zu etwa 95 % baumlebend
Biotop: Tiefland mit Regen-, Mangroven-, Torfmoor- und Bergwald, selten über 1000 m
Streifgebiete: Männchen 2 - 10 km^2 (oft größer als Studiengebiet), Weibchen 1,5 - 5 km^2
Tageswanderung: 50 - 1000 m, durchschnittlich 300 - 800 m
Feinde: Tiger, Leopard, Rothund (Sumatra); Nebelparder, Mensch

Soziales Leben

Orangs leben solitär (einzelgängerisch). Angetroffen werden (a) solitäre erwachsene Männchen, (b) erwachsene Weibchen mit abhängigen Kindern, (c) solitäre Heranwachsende (Subadulte). Gemäß einem Modell verteidigt ein voll ausgewachsener männlicher Resident ein recht großes Streifgebiet, das kleinere Gebiete mehrerer Weibchen einschließt. Gemäß einem anderen Modell handelt es sich um größere Kommunitäten, in denen erwachsene Männer mit Weibchen und heranwachsenden Söhnen zusammenleben.
Wanderndes Geschlecht: Vermutlich häufiger die Männchen

Langzeitstudien im Freiland

(Ort, Land; Beginn; Teamleiter)

- Ketambe, Gunung-Leuser-Nationalpark, Sumatra/Indonesien; seit 1971; Herman Rijksen, Carel van Schaik.
- Tanjung-Puting-Nationalpark, Kalimantan, Borneo/Indonesien; seit 1971; Biruté M. F. Galdikas.

»Ist er nicht putzig?« Menschenähnlichkeit brachte diesem Orang-Utan Verhängnis. Seine Mutter wurde getötet, um ihn als Baby auf die Nationalchinesen-Insel Taiwan zu verfrachten. Jetzt muß er als Unterhaltungssklave in der »Snake Alley« von Taipeh herhalten.

oder »West-Mensch« unter der Last baumelnder Teleobjektive ausrutscht. Bennie wimmert. Denn sie ist zwar ein Orang-Utan (ein »Wald-Mensch« eben), genauer gesagt ein 2jähriges Waldweiblein. Aber kaum etwas findet sie unheimlicher als andere Orang-Utans, wohingegen sie Menschen geradezu mit Urvertrauen begegnet. Regieren Donner und Blitz den Tropenhimmel, hält sie selbst die Aussicht auf Prügelstrafe nicht in den Bäumen.
Die Ausflügler sind inzwischen auf schlüpfrigem Pfad dahin unterwegs, wohin sich auch Bennie durchs Geäst begeben sollte: zu einer 3 m hohen Futterplattform, auf der je 2 Tassen Milch und 4 Bananen an gut ein Dutzend junger Orang-Utans verteilt werden.
Die leicht grotesken Szenen spielen im »Orang-Utan-Rehabilitationszentrum«, das idyllisch am Rande des indonesischen Gunung-Leuser-Nationalparkes liegt, mit 9000 km^2 beinahe viermal so groß wie das Saarland. »Hier werden die Affen wild gemacht«, lautete eine der Schlagzeilen, die die Station weltbekannt machte: ehemals gefangene Orang-Utans wieder an ein Leben im Dschungel zu gewöhnen. Das Bohorok-Zentrum in Bukit Lawang wurde 1973 vom Word Wildlife Fund ins Leben gerufen und von der Zoologischen Gesellschaft Frankfurt finanziert. Mittlerweile ging die Verantwortung größtenteils auf die indonesische Wald- und Naturschutzbehörde über. Ähnliche Zentren gibt es auf Sumatra in Ketambe, auf Borneo in Balipkapan und Tanjung Putin sowie bereits seit 1965 in Sepilok in Sabah, im malaysischen Inselteil Borneos. 80 Prozent der aberhundert in Bohorok eingetroffenen Urwaldkandidaten sind Waisenkinder – die wohl ausnahmslos durch Erschießen ihrer Mütter in die Hände von Wilderern gerieten. Für Zoos, Zirkusse und Labors bestimmt oder als Haustiere gehalten, wurden sie bei Zollkontrollen entdeckt oder bei Privatleuten konfisziert.
Für Orangs stellt der Bedarf auf Taiwan eine besondere Gefahr dar. 1990 beschlagnahmten Zollbeamte der thailändischen Hauptstadt die »Bangkok Six« – 6 Orang-Kinder, die in einem engen Käfig auf die nationalchinesische Insel geschmuggelt werden sollten. Recherchen zufolge wurden allein in der zweiten Hälfte der 1980er Jahre über 1000 (!) der Menschenaffen dorthin verbracht, pro Stück für 20 00 - 50 000 US-Dollar. Die Orang-Dichte in Taiwans Hauptstadt Taipeh ist damit größer als die in ihrer indonesischen Heimat! Reiche Chinesen »leisten« sich die Menschenaffen wie andere Kapitalisten wertvolle Gemälde – zur eigenen Freude und zum Herzeigen. In Diskotheken und Lokalen werden die Tiere oft jahrelang an Bars gekettet, Scheinwerfern, Rauch, Lärm und Blitzlicht ausgesetzt. Zu groß oder zu gefährlich geworden, werden sie in den Zoo Taipehs abgeschoben, der mehr Orangs besitzt als irgendeine andere Einrichtung der Welt. Indonesische Naturschutzbeamte können ein Lied davon singen, wie häufig

sie machtlos gegen illegale Praktiken sind. Noch immer halten hohe und damit über den Gesetzen stehende Armeeoffiziere Orangs, um durch Übernahme des einstigen Vorrechts holländischer Kolonialherren ihren Status zu unterstreichen. Beschlagnahmte Orangs kommen – meist unterernährt und krank – für einige Wochen in Käfig-Quarantäne – mit Urwaldblick, versteht sich. Schrittweise üben sie in der unmittelbaren Umgebung, was sich für einen anständigen Orang-Utan gehört: wie sich's sicher in den Wipfeln klettert, welche Pflanzen schmecken, wie Zweige zu einem Schlafnest zusammengebogen werden. Manche erinnern sich dunkel an die Zeit nach ihrer Geburt im Urwald, andere schauen fortgeschrittenen Kollegen auf die Finger. Mitunter zeigt auch ein Pfleger das Schälen stacheliger Früchte. Das Laster, auf dem Boden zu laufen, muß Neulingen förmlich aus dem Leib geprügelt werden. Nichts ist nämlich fataler für einen Baumbewohner, als sich bei Gefahr auf den Boden zu ducken. Wohl ein Dutzend unerfahrene Orangs fiel wegen der falschen Fluchtreaktion Raubkatzen zum Opfer. Nach einiger Zeit erhalten die Orangs nur noch zweimal täglich auf der Futterplattform Bananen und eintönige Zusatznahrung, bis sie davon die Nase voll haben. Es dauert mindestens 6 Monate, ehe manche auf Nimmerwiedersehen im Dschungel verschwinden. Die Ökologie-Propaganda, vor allem bei westlichen Touristen, profitiert hingegen davon, wenn auf der Futterplattform etwas los ist. So trifft es sich gut, daß einige der Orangs seit Jahren pünktlich, wenn die Besucher mit der Kamera Schlange stehen, selbiges für ihre Bananen tun. Die Kanalisierung der Schaulustigen bewegt sich dabei auf dem schmalen Grad zwischen Volkserziehung und Volksbelustigung. Und in den regenarmen Monaten Juni bis August, der Hochsaison des Affen-Begaffens, verschwindet garantiert kein Orang im Wald, weil das Touristen-Begaffen so faszinierend ist. Besonders freiheitsscheuen Tieren, deren »ökologische Rehabilitation« bereits abgeschlossen ist, wird der zweite Schritt in die Unabhängigkeit zuweilen zwangsverordnet: Man verfrachtet sie kurzerhand in ein entferntes Stück Urwald. Pro Jahr werden so etwa 10 Orangs zu Vollwilden. Von »Ehemaligen« gibt es wenig Nachricht – außer etwa von einem dreisten Orang, der neben der Kochstelle eines Bauern wartete, bis der Reis gar war, um dann mit dem Topf stiften zu gehen...

Die Geschichte der Bekanntschaft von Mensch und Orang ist die Geschichte einer alten Feindschaft. Seit vor mehr als einer halben Million Jahren *Homo erectus,* der Java- und Pekingmensch, die Wälder Asiens aufrecht gehend zu durchstreifen begann und ihm vor 40 000 Jahren frühe *Homo sapiens* folgten, ist ein ungleicher Verdrängungswettbewerb um Nahrung und Lebensraum im Gange. Wo den Orangs Menschen vom Boden und gleichzeitig Leoparden in den Bäumen nachstellten, hatten sie schon bald ausgespielt: Fossilfunde belegen das Aussterben der Menschenaffen in Südchina, Vietnam, auf dem malaysischen Festland und auf Java. Als der Animismus – der Glaube an Geister – in den Hirnen der ersten Menschen heraufdämmerte, erhielt auch ihr Verhältnis zu den Orangs eine neue Dimension. Denn wahrscheinlich ist das traditionelle Töten der Menschenaffen näher mit Kopfjägerei verwandt als mit Jagd. Die Ureinwohner Borneos und Sumatras dekorierten sich mit Orang-Haut und -Haar; ihre Legenden betonen, daß der Unterschied zwischen Mensch und Orang nur graduell sei. Die Dayak und Punan auf Borneo gehen nicht auf Jagd, wenn sie Orangs nachstellen, sondern ziehen in den Krieg. Anschaulich berichten Legenden der Dayak, wie der Tochter des großen Ahnen von einem Brautwerber

Die trostlose Situation verwaister Orang-Kinder mildern Auffang-Stationen auf Sumatra und Borneo.

Kopfjägerei erstreckte sich bei den Ureinwohnern Borneos auch auf nicht-menschliche Waldmenschen. Mittlerweile verhökern die Dayak kunstvoll verzierte Orang-Schädel an Touristen.

ein Orangkopf als Alternative zu einem Menschenhaupt angeboten wird. Die Dayak sollen Orangs auch um ihrer menschenähnlichen Seele willen verzehrt haben. Hierzu paßt, daß Orang-Schädeln zeremoniell die Hinterhauptslöcher eröffnet wurden, um an das Gehirn zu kommen. Das ähnelt uralten kannibalischen Praktiken – wobei sich allerdings Gerüchte über menschenfressende Dayak nie wirklich erhärten ließen. Kopfjägerei hingegen betreibt das Volk bis heute.

Auch andere Primaten werden aus ähnlichen Motiven verfolgt. Die Bewohner der Sumatra vorgelagerten Mentawai-Inseln sollen die Kopfjägerei zugunsten der Jagd auf Langurenaffen aufgegeben haben, während die Fang in Westafrika stattdessen Gorillas verfolgen. Pygmäen wiederum benutzen, wenn sie Schimpansen nachstellen, das Wort für »Krieg«. Zu Beginn des 20. Jahrhunderts verdienten sich indonesische Soldaten erste Lorbeeren, wenn sie zum Einstand einen Orang erlegten.

Zu einer ernsthaften Bedrohung der Art *Pongo pygmaeus* führte jedoch erst systematische Geschäftemacherei zwischen 1930 und 1965. Zwar verbietet ein indonesisches Gesetz seit 1925, Orangs »zu fangen, zu stören, lebend oder tot zu handeln oder in Gefangenschaft zu halten«. Gleichwohl wurde um 1960 gemutmaßt, daß von der Population, die um Christi Geburt schätzungsweise eine halbe Million zählte, lediglich 4000 Exemplare übrig geblieben waren. Die indonesische Regierung geriet in Panik, als sie ein prominentes (und vermarktungsfähiges) Natur-Symbol vom Aussterben bedroht auf der Roten Liste der »International Union for the Conservation of Nature« (IUCN) wiederfand. So kam es zur Gründung der Auswilderungszentren. Damit sollte der Papiertiger Artenschutz Zähne bekommen. Durch striktes Beschlagnahmen beim Zoll und in Privathäusern galt es, den Marktwert von Schmuggelwaisen und Spieltieren zu drücken. (Konfiszierte Orangs an einheimische Zoos zu geben, hieße übrigens den Bock zum Gärtner zu machen, da in diesen Kreisen oft die skrupellosesten Tierhändler zu finden sind. Zudem ist der Gewahrsam dort bis heute in aller Regel jenseits jedes akzeptablen Standards und gleicht glatter Folter.) Zeitweilig ging die Wilderei tatsächlich so deutlich zurück, daß Zentren wie Bohorok Nachwuchssorgen plagten, doch werden am Ende des 20. Jahrhunderts wieder mehr und mehr Waisen auf den Stationen eingeliefert. Ein weiteres erklärtes Ziel der Zentren, mit rehabilitierten Tieren die Wildpopulation aufzustocken, bewirkte wahrscheinlich genau das Gegenteil: Tuberkulose, Gelbsucht, Hirnhautentzündung, Polio und Krätze sind nämlich nur einige der Krankheiten, die Orangs von Menschen aufgabeln und in den Wald schleppen können. Quarantäne bleibt Glückssache, zumal erkrankte Affen solange wie möglich gesund mimen, um ihren sozialen Status nicht zu gefährden. Zudem sind Futtervorräte und Paarungspartner unter den Bewohnern eines Waldgebietes genau verteilt, so daß Eindringlinge für Aggressionen und Streß sorgen. Aber selbst, wenn die Eingliederung aller bislang im Wald verschwundenen Rehabilitanden erfolgreich verlaufen wäre, hätte das dem Gen-Bestand der Sumatra-Orangs bestenfalls magere 2 - 4 Prozent gerettet. Angesichts solcher Einschränkungen wird die Rolle der Auswilderungszentren in der Zukunft noch stärker als bisher in ihrer »erzieherischen« Aufgabe liegen. Heutzutage sollen Auswilderungen ohnehin nur noch in Gegenden erfolgen, in denen es keine wilden Orangs mehr gibt.

Geeignete »orang-freie« Areale zu finden, ist allerdings nicht einfach. Denn das Damoklesschwert für Sumatra und Borneo fällt längst in Gestalt ungezählter Motorsägen. Kommerzielle Holzhändler und Plantagenpäpste zerstören mit Unterstützung der Regierungen die artenreichsten Biotope der Erde. Dagegen wirkt traditionelle Brandrodung geradezu wie ökologischer Landbau. Die Parole des Fortschritts heißt: »Gestern ein Dschungel – morgen eine Stadt.« Artikel 33 der indonesischen

Verfassung gebietet lediglich die Ausbeutung der Natur »zum Wohle der Bevölkerung«, ohne daß die ökologische Funktion des Regenwaldes auch nur erwähnt würde. Resultat: Die jährliche Entwaldung beträgt in Südostasien 3 Prozent, während die Bevölkerung um fast den gleichen Betrag wächst. Waldschutz ist in tiefen Lagen am schwierigsten, weil fruchtbare Tieflandböden nahe bei Flüssen am ehesten in Kulturland umgewandelt werden. Oft wird der Wald verbrannt, um Plantagen von Ölpalmen anzulegen. Damit stehen Orangs gerade in ihrem bevorzugten Lebensraum in schärfster Konkurrenz zum Menschen. Denn die Bestandsdichte ist im Tiefland am höchsten. Bis zu 5 Orangs tummeln sich hier pro km^2, hingegen nur 2 im hügeligen Regenwald und lediglich 0,5 zwischen 1000 und 1500 m. In größeren Höhen werden praktisch keine Orangs angetroffen. Zuweilen wird »selektiver Holzeinschlag« praktiziert, bei dem nur begehrte Einzelstämme aus dem Wald herausgeholt werden. Manche Arten profitieren von einer solchen Auslichtung des Waldes geradezu – etwa Lemurenarten auf Madagaskar, für die dann mehr Kleintiernahrung anfällt. Nicht so die Orangs: Sie sind auf lückenlosen Regenwald angewiesen, in dem sie von Baumkrone zu Baumkrone ziehen können. Orangs sind übrigens auch entscheidende »Heger« ihres Waldes: Mit dem Kot scheiden sie Samen von etwa 200 Pflanzenarten aus und tragen so zur Regeneration der Vielfalt bei.

Im 21. Jahrhundert wird jedenfalls kaum Urwald außerhalb von Schutzgebieten übrig geblieben sein – außer dem Dschungel der Korruption. Somit hat die Geschichte der Begegnung von Mensch und Waldmensch ihr Endstadium erreicht. Und daran sind, so absurd es klingen mag, auch die Rehabilitationszentren nicht ganz unschuldig. Holzmagnaten können sich bei Anträgen für neue Konzessionen darauf berufen, daß es schon nicht so schlimm um den Orang stehen könne, denn schließlich sei auch im Jahre 1960 der Bestand maßlos unterschätzt worden. Damit wollten die Artenschützer damals – mehr oder weniger klug – auf sofortige Schutzmaßnahmen drängen. Tatsächlich wurden die Schätzungen im Nachhinein drastisch nach oben revidiert. 1975 wurden um die 60 000 Orangs genannt, spätere gar wohl eher phantastische 180 000! Für Naturschutzbürokraten – oft mehr auf fette Gehälter als auf die Natur bedacht – waren das willkommene Zahlen, denn sie konnten mit großer Geste auf enorme Fortschritte bei den Schutzmaßnahmen verweisen, weshalb kein Grund zur Besorgnis bestehe. Neuere Zahlen des World Wide Fund for Nature (WWF) scheinen am realistischsten – jedenfalls aber weniger rosig. 1997 sind demnach weniger als 30 000 Orangs übrig – wovon 10 200 - 15 500 auf der Insel Borneo leben und 9200 Individuen auf Sumatra in und um den Gunung-Leuser-Park. Dort aber fressen sich die vom Menschen intensiv genutzten

Goldsucher zerwühlen die Randzone des Tanjung-Puting-Nationalparks und verseuchen dessen Gewässer mit Quecksilber.

Zurück auf die Bäume! Herangewachsene Waisen auszuwildern bedarf jahrelangen Trainings. An Bananen zu kommen, ist einfach im Rehabilitationszentrum – in der Wildnis aber muß Nahrung selbst aufgespürt werden.

Gebiete um das dicht besiedelte Alas-Tal wie Säure immer tiefer in den Dschungel und werden den Park bald in zwei Hälften zerteilt haben.
Gegen Abend kehrt Bennie aus dem Dschungel zur Station zurück. Sie liebt ihre Freiheit gar nicht. Statt wie die anderen Orangs in schwindelnder Höhe ein Schlafnest zu bauen, zieht sie es vor, im Käfig zu übernachten.

Eine Gemeinschaft von Einzelgängern

Über das heimliche Waldleben der größten Primaten Asiens wissen Biologen noch längst nicht hinreichend Bescheid – trotz der einmaligen Möglichkeiten, die das Studium ausgewilderter Orangs bietet. Fest steht, daß sie zu den ungeselligeren Gesellen gehören. Mütter werden von ihren Säuglingen begleitet, die den Kontakt als Heranwachsende aber immer loser gestalten. Ansonsten sind Erwachsene eingefleischte Einzelgänger, obwohl sich ihre Wohngebiete überlappen.
Orangs beginnen ihren Tag etwa um halb sieben. Mancherorts allerdings sind sie Spätaufsteher und erheben sich erst gegen acht aus ihren Nestern, wenn so mancher Gibbon schon zwei Stunden

lang Morgensoli trällerte. Am Spätnachmittag bauen sie eine neue Schlafplattform, indem sie Äste und beblätterte Zweige zusammenbiegen. Manchmal scheinen Orangs ein »Dach« zu konstruieren, das ein wenig Schutz vor den schweren Schauern Südostasiens bietet. Zwischen der Ruhe im Nachtnest liegt ein Zwölfstundentag, dessen Länge wie überall in den Tropen jahreszeitlich nicht dramatisch schwankt. Etwa die Hälfte ihres Tages verbringen Orangs mit Essen und 40 Prozent mit Ruhen. Zuweilen wird in der Nähe eines Nahrungsbaumes oder zum Auswarten eines schweren Regens ein Tagnest konstruiert. Ein Zehntel der Tageszeit ziehen sie herum, je nach Nahrungsangebot durchschnittlich 300 - 800 m – wobei das Minimum lediglich 50 m beträgt und das Maximum keineswegs imposante 1000 m.

In der Tat sind Orangs extrem gemächliche Kletterer. Sich normal fortbewegende Menschen und Schimpansen bringen pro Stunde etwa 3 - 4 km hinter sich – Orangs erreichen lediglich ein Zehntel dieser Geschwindigkeit. Ihre Behäbigkeit hängt sicherlich mit ihrem Gewicht zusammen. Als schwerste baumbewohnende Tiere überhaupt müssen sie im Geäst extrem vorsichtig sein. Schaukelnd bringen sie Bäume ins Schwanken, um benachbarte Äste zu erreichen. Ihre Fortbewegungsart heißt »quadrumanes Klammern«, geschieht also unter Einsatz von Händen und Füßen. Die Extremitäten spiegeln ausgereifte Anpassung an das Baumleben wider: Die Arme sind lang, die Hände hakenförmig, die Großzehen als Greiforgan bestens brauchbar, da unter allen Menschenaffenarten am abspreizbarsten. Ihre Langarmigkeit erlaubt den Orangs auch, entferntere Äste heranzubiegen, um mit den Lippen Früchte abzupflücken. Mitunter »tauchen« sie kopfunter ins Geäst, um an Nahrung zu gelangen. Die Weibchen bewegen sich fast ausschließlich im mittleren Kronenbereich, 10 - 25 m über dem Boden. Erwachsene Männchen, oft doppelt so schwer wie Weibchen, legen etwas längere Strecken bevorzugt auf dem Boden zurück. Dabei stützen sie sich meist auf der Faust oder auf den Handflächen ab. Zuweilen schieben sie, in einer Art »Krückengang«, die Füße zwischen den steifgehaltenen Armen hindurch.

Orangs essen von mindestens 280 verschiedenen Pflanzen. Oft nehmen sie mit Blättern und Sprossen vorlieb, doch bevorzugen sie Früchte. Manchmal folgen Orangs den Flugrouten der Nashornvögel, um begehrte Waldfeigen und wilde Mangos zu finden. Auf die mehr als 200 Arten von Obst, an denen sie sich gütlich tun, entfallen 60 Prozent ihrer Eßzeit. Orangs haben größere obere Schneidezähne als andere Menschenartige, und ein ungewöhnlich kräftiges Gebiß erlaubt, auch Rinde, stachelige Früchte, Nüsse, Eicheln, kastaniengroße harte Durian-Samen und Wurzeln auszubeuten. Gelegentliche Leckerbissen stellen mindestens 17 Arten von Insekten – speziell Termiten und Ameisen –, Vogeleier und junge Hörnchen dar. Vielleicht um der Mineralien willen nehmen Orangs geringe Mengen Erde auf – von jenen Stellen, an denen Waldelefanten oder Wildschweine zuvor gruben. Wasser trinken sie aus Baumlöchern, indem sie ihre Hand eintauchen und die abfließenden Tropfen lecken und saugen. Trotz ihres überwiegend vegetarischen Lebensstiles legen Orangs beachtliche Fettreserven an, die zu ihrer typischen Wackelpudding-Konstitution beitragen. Eine gewisse Zeit können sie deshalb problemlos ohne Nahrung auskommen. Weil in Zoos mit Futter selten gegeizt wird, zeitigt die Neigung zum Fettansatz dort zuweilen groteske Körperformen.

Orangs pflanzen sich unter allen Primaten (einschließlich des Menschen) am langsamsten fort. In der Wildnis verstreichen durchschnittlich 8 Jahre zwischen zwei Geburten, und ein Weibchen zieht im Laufe ihres Lebens selten mehr als zwei Kinder auf. Diese leben zunächst jahrelang bei ihren Müttern, die sie auf dem Rücken herumtragen und mit

Nicht nur zum Trinken begeben sich Orangs auf den Boden. Besonders Schwergewichtige ziehen zuweilen Fußwanderungen vor, weil Äste unter ihnen leicht brechen.

ihnen das Schlafnest teilen. Wenn mit 7 - 10 Jahren die Pubertät einsetzt, entfernen sich die Kinder langsam von ihren Müttern. Die Weibchen paaren sich dann über mehrere Monate hinweg für jeweils einige Tage, bis sie erneut schwanger werden.
Zwar führt bei der Fortpflanzung kein Weg an zumindest zeitweiliger Geselligkeit vorbei – doch ist selbst Sex kurzweilig im wahrsten Wortsinn. Denn als soziales Merkmal der Orangs sticht eben vor allem hervor, daß sie ausgesprochen unsozial sind – oder besser: ungesellig. Während Einzelgängertum ansonsten kleine nachtaktive Halbaffen auszeichnet, sind Orangs unter allen Alt- und Neuweltaffen mit Sicherheit am wenigsten gemeinschaftsorientiert. Drei »Einheiten« bewegen sich allein durch den Urwald: Adulte (erwachsene) Männchen, subadulte (heranwachsende oder adoleszente) beiderlei Geschlechts sowie adulte Weibchen mit abhängigen Kindern. Diese Einheiten vereinigen sich bestenfalls zeitweilig – vor allem um gemeinsame Nahrungsquellen. Für einen Tag oder so mögen auch 2 Mütter mit ihren Kindern herumziehen, für etwa 5 Tage können Weibchen und erwachsene Männchen während der Paarungsperiode zusammenbleiben; subadulte Männchen suchen bis zu 4 Wochen lang die Nähe einzelner Weibchen. Das aber markiert bereits die Spitze der Sozialleistungen. Manche Orangs halten sich recht lange in einem Gebiet auf – sie gelten als »Residenten«, während weitere Nicht-Residenten nur zeitweilig, quasi auf Durchreise, auftauchen.
Dies war eine grobe Skizze der Lebensweise von Orangs – das, was gemeinhin eine »Beschreibung« genannt wird. In früheren Jahrzehnten beschränkte sich Naturforschung oft auf diese Ebene. Mittlerweile jedoch ist es Usus unter Wissenschaftlern, Beobachtetes auch hinsichtlich möglicher Ursachen zu deuten, mithin zu einer Interpretation zu gelangen. Dabei mutiert Wissen-Schaft sehr rasch zur Unwissen-Schaft, und das in zweierlei Hinsicht. Zum einen fehlen oft die Fakten, um eine vernünftige Deutung vorzunehmen. Dem kann nur vermehrte Grundlagenforschung abhelfen. Zum anderen bleibt auch die fundierteste Deutung aus Prinzip stets Mutmaßung, stets Spekulation – wenngleich mehr oder weniger plausibel. Die grundsätzliche Einschränkung kann dadurch abgemildert werden, daß aus den deutenden »Hypothesen« testbare »Vorhersagen« abgeleitet werden. Allerdings ist das leichter gesagt als getan.
Nehmen wir einmal die Frage, nach welchen Kriterien Orangs Schlafbäume auswählen. Wollen sie dabei eine gute Aussicht haben, sollten sie hohe Bäume bevorzugen – was sie auch tun. Dieselbe Vorhersage leitet sich jedoch aus einer konkurrierenden Hypothese ab: daß Schlafbäume Sicherheit vor Raubkatzen bieten sollten. Hinsichtlich eines anderen Merkmales kommen die alternativen Hypothesen allerdings zu unterschiedlichen Vorhersagen: Nur für die Raubfeind-Hypothese trifft zu, daß Bäume mit möglichst astlosen Stämmen gewählt werden sollten, die für Katzen schwer zu erklettern sind. In der Tat haben Schlafbäume oft glatte hohe Stämme. Nun kommt jedoch eine »konfundierende Variable« ins Spiel, ein verwirrender Umstand, der die »Vorhersagemächtigkeit« der Hypothese erschüttert. Denn vielleicht weisen alle hohen Bäume des Waldes astlose Stämme auf. Das müßte durch Auszählen der Baumverteilung überprüft werden. Für die Raubfeind-Hypothese scheint auch zu sprechen, daß meist täglich neue Nachtbäume gewählt werden. Doch auch dieser Befund ist mit der Aussichts-Hypothese verträglich: Vielleicht wollen die Orangs jeden Tag ein neues Stück ihres Wohngebietes einsehen, um die Fruchtproduktion der Bäume zu überwachen. Für die Raubfeind-Hypothese und gegen die Aussichts-Hypothese spricht hingegen, daß Nachtnester nicht in fruchtenden Bäumen errichtet werden. Denn dort könnten Raubkatzen leicht auf ihre Beute warten. Eine bisher nicht in Erwägung gezogene Hypothese konkurriert abermals mit dem Befund: Vielleicht wollen die Orangs nachts schlicht ihre Ruhe haben. In Fruchtbäumen ist aber zuviel Krach, wenn nachtaktive Schleichkatzen, Schlangen und Fledermäuse im Gezweig herumwuseln. Vielleicht ist für Orangs auch die Biegsamkeit der Zweige ausschlaggebend, oder es überlappen sich gar mehrere Beweggründe. Wir könnten beispielsweise ein Zimmer im obersten Stock eines Hotels verlangen, weil nur dort französische Betten stehen *und* weil die Aussicht wundervoll ist. Nach einem Hotelbrand in der Nachbarstadt könnten sich die Wahlkriterien ändern, und wir mögen dann untere Etagen bevorzugen, wegen der besseren Fluchtmöglichkeiten.
Ist schon die Deutung eines recht einfachen Datensatzes wie der Wahl des Schlafbaumes schwierig, so vervielfachen sich die Probleme, wenn es um komplexere Phänomene geht – und die finden sich

in Hülle und Fülle bei Menschenaffen. Beispielsweise: Warum leben Orangs nicht in Gruppen? Warum töten Gorillas ihre Kinder? Warum besitzen Schimpansen so große Hoden? Warum dominieren bei den Bonobos die Weibchen? Wenn auch klare Antworten auf die Fragen ausstehen, so ist die Suche nach bestmöglichen Erklärungen doch spannend und soll deshalb eifrig nachgezeichnet werden.

Die meisten Beobachter wilder Orang-Utans meinen, daß erwachsene Männchen sich mehr oder weniger permanent in einem Streifgebiet etablieren, das kleinere Areale von erwachsener Weibchen einschließt. Die Residenten sichern sich dadurch bevorzugten Zugang zu Fortpflanzungspartnerinnen. Ihr Bestreben führt allerdings automatisch zum Konflikt mit Geschlechtsgenossen – weil mehr Männchen als verfügbare Residenzen existieren. Direkte Kämpfe wurden selten beobachtet – dazu sind die Gebiete zu groß. Im Falle eines Falles scheint es jedoch hart auf hart zu gehen, wofür als stille Zeugen Narben und steife Finger der Orang-Männchen stehen. Nahkampf sollten jedoch auch die Stärksten nach Möglichkeit vermeiden. Denn direktes Kräftemessen selbst mit einem klar Unterlegenen birgt ein gewisses Risiko, weil dieser am Ende nichts zu verlieren hat als das eigene Leben. Deshalb melden Orang-Männer ihre Ansprüche gewöhnlich akustisch an. Sie lassen krachend abgebrochene Äste zu Boden fallen, um dann über ein, zwei Minuten hinweg langsam lauter werdend bellend zu heulen. Die langen Rufe verstärkt ein mächtiger aufblasbarer Kehlsack. Die eindrucksvollen, seitlich abstehenden Backenwül-

Die Mutter-Kind-Einheit ist die häufigste »Ansammlung« von Orangs – denn als Erwachsene gehen die behäbigen Waldbewohner fast immer eigene Wege.

ste erwachsener Männer fungieren wohl als eine Art Megaphon, das Schallwellen in Rufrichtung kanalisiert. (Eine andere Erklärung vergleicht die Wülste mit Satellitenschüsseln, die akustischen Empfang verbessern – doch widerspricht dem die simple Beobachtung, daß die Ohren hinter den Wülsten liegen.)

Die Rufe sind über einen Kilometer hinweg wahrnehmbar. Schwächere Männchen entfernen sich daraufhin aus der Nachbarschaft, während stärkere Geschlechtsgenossen mit eigenen Rufen antworten. Kommt es zu Sichtkontakt, versuchen die Männchen einander durch Anstarren, Aufblasen des Kehlsackes, steife Körperhaltung, Astrütteln und weitere Schreie einzuschüchtern. Derlei Verhalten wird treffend als »Imponieren« bezeichnet. Es erlaubt den Kontrahenten, ihre Stärke einzuschätzen. Eingesetzte optische und akustische Signale sind verläßliche Gradmesser des körperlichen Zustandes. Ganz ähnlich vermeiden Hirsche meist den Kampf mit Gehörnen durch Röhren um die Wette und paralleles Stolzieren. Nur wenn die Kampfpotentiale beider Partner einander ähneln, mögen direkte Händel folgen. Imponierer senden nämlich »ehrliche Signale« aus, die schwer zu fälschen sind: Ein kleiner Orang vermag nur dünnere Äste abzubrechen und nicht tief zu rufen. Denn dunklere Töne gehen einher mit größerer Körpermasse. Wenn Tiere eine Möglichkeit haben, werden sie allerdings die Signale fälschen: Kleinere Frösche tauchen auf den Tümpelgrund, wo die Wassertemperaturen niedriger sind; wieder an der Oberfläche klingt ihr Quaken tiefer. Ein wilder Schimpanse in Tansania lernte, von Primatologen benutzte, leere Blechkanister aneinander zu schlagen. Der Höllenlärm beeindruckte Rivalen so stark, daß er im Rang aufstieg. Besiegte Tiere signalisieren Unterwerfung oft durch hohe Quietsch- und Heultöne, deren Botschaft ebenfalls ein Element der Fälschung enthalten kann: »Von mir geht keine Gefahr aus, da ich viel kleiner bin als du annahmst.« Auch wenn Menschenaffen (oder Menschen) etwas von anderen wollen, wählen sie möglichst hohe Töne, weil die kleinen Wuchs und damit relative Hilflosigkeit signalisieren – ganz ähnlich wie ein Kleinkind um Nahrung bittet. Eine Grauzone zwischen Wahrheit und Unredlichkeit repräsentiert das Aufstellen der Körperbehaarung, mittels dessen der Körperumriß vergrößert wird – eine von Gorillas, Schimpansen und Bonobos vielfach angewandte Methode. Wegen ihrer langen Zottelhaare ist die Umrißvergrößerung bei Orangs hingegen praktisch die Grundeinstellung.

Subadulte Orang-Männchen stehen unten im Sozialrang und fordern die »Platzhirsche« nie rufend heraus, greifen jedoch mit anderen Mitteln ins Fortpflanzungsgeschehen ein. Sie richten eine unter nicht-menschlichen Primaten extrem seltene Botschaft an die weibliche Gestalt: »Bist du nicht willig, so brauch' ich Gewalt«. Dabei klettern sie Weibchen oft tagelang hinterher, obwohl diese selten Interesse an Halbwüchsigen zeigen. Was folgt, wird gemeinhin als »Vergewaltigung« beschrieben. In weniger als 10 Prozent der Fälle vermögen Weibchen sich aus Umklammerungen freizumachen. Die Opfer scheinen psychisch und physisch zu leiden und wollen offenbar nicht ungewollt schwanger werden – was auf Kosten abhängiger Kinder gehen könnte. Berichte über erzwungene

Links: Enorme Kehlsäcke und ausladende Backenwülste zeichnen erwachsene Männer aus. Der Sack hilft, laut zu rufen, während der Wulst den Schall nach vorne richtet. Vielleicht puffert er auch Bisse ab.

Die Rufe der Orang-Männer erlauben Rivalen, den Gegner einzuschätzen. Weibchen mögen sie umso mehr gefallen, je tiefer und lauter sie hallen. Denn nur massige, gesunde Körper können so tönen.

Kopulationen bei Primaten sind praktisch auf Orangs und Menschen beschränkt. (Bonobos kehren die Vorzeichen um: Dort erzwingen Weibchen manchmal Sex von Männchen.) Das hat sicherlich mit räumlicher Isolation zu tun. In den meisten Primatengesellschaften findet Sex öffentlich statt. Würde ein Männchen Geschlechtsverkehr erzwingen, brandmarkte ihn das in den Augen anderer Weibchen, die ihn daraufhin meiden könnten. Zudem kann ein bedrängtes Opfer direkte Hilfe erwarten. Ein männlicher Helfer könnte so die Fortpflanzungsaussichten eines Rivalen schmälern und zugleich guten Eindruck bei dem Opfer schinden, während Gruppengenossinnen sich künftiger Gegenleistung durch das Opfer vergewissern. Der Widerstand der Orang-Weibchen legt nahe, daß sie Sex-Partner am liebsten selbst wählen möchten. Welchen Kriterien weibliches Wahlverhalten folgt, ist jedoch unklar. Zu vermuten wäre, daß Weibchen nur Jünglinge ablehnen, aber sich willig Erwachsenen hingeben. Denn deren langes Überleben bis dato dürfte auf eine gute genetische Grundausstattung zurückgehen, weshalb sie gute biologische Väter abgeben. Doch ist bei Annäherungsversuchen erwachsener Männer zuweilen ebenfalls Abwehr auszumachen. Vielleicht mögen Weibchen auch Sex grundsätzlich nicht und setzen Adulten nur wegen des gesteigerten Verletzungsrisikos weniger augenfälligen Widerstand entgegen. Allerdings – und das erscheint zunächst verblüffend – könnten auch abgelehnte »Jünglinge« in Wirklichkeit bereits erwachsen sein.

Warum aber sollten gestandene Orang-Männer den Halbstarken mimen? Daß »Milchbärte« eine Art Verkleidung sein könnten, läßt sich bereits aus Skeletten von Orangs ableiten, die Alfred Wallace 1850 als »Subadulte« geschossen hatte. Wie bei voll Erwachsenen waren die Schädelnähte geschlossen und das Gebiß komplett entwickelt. Mittlerweile sind wilde Orangs bekannt, die für 10 Jahre und mehr ihre adoleszente Erscheinung behielten – was 50 - 60 Prozent ihrer gesamten fruchtbaren Jahre entspricht. Beobachtungen in Gefangenschaft bestätigen den Eindruck: Ein Heranwachsender bildete keine Backenwülste aus, als er mit einem voll entwickelten Mann zusammengebracht wurde. Derlei Verharren erwachsener Tiere in einer anders wirkenden Körperform ist beispielsweise von Sonnenfischen bekannt. Bei diesen nordamerikanischen Spezies wachsen manche Männchen zu imposanten Territoriumshaltern heran, in deren Nestbauten Weibchen Eier ablegen. In manchen »Weibchen« verbergen sich jedoch Männchen, die Samen statt Eier abgeben – und sich über die Transvestiten-Taktik fortpflanzen. Als voll erwachsen weisen sie ihre Hoden aus, die genauso groß wie die von Residenten sind. Somit existieren zwei »Morphen«, zwei Formen von Männchen: Jene, die auf Weibchen-Verteidigung setzen, und jene, die sich aufs Eier-Erschleichen verlegen. Das könnte der Situation bei Orangs entsprechen: Manche Männer setzen auf eine mit hohem Risiko behaftete Strategie, bei der jedoch ein beträchtlicher Preis winkt und werden zu aggressiven, kampfbereiten Residenten. Andere schlagen eine weniger gefahrvolle Taktik ein, weil sie willig das Feld räumen, sobald ein Resident auftaucht. Ihre subadulte Körperform veranlaßt Residenten zu gewisser Toleranz.

Auch bei Gorillas dulden »silbrige« dominante Männchen andere voll erwachsenen Männchen umso eher, je schwärzer deren Rückensattel noch ist. Duldungsbereitschaft Ranghoher lösen rangniedere Primaten auch durch Präsentieren des Hinterteiles aus, was einer weiblichen Paarungsaufforderung ähnelt. Unterlegene zeigen damit an, daß sie nicht selbst kopulierend aufreiten wollen. Der Übergang zum Transvestiten-Betrug, wie ihn die Sonnenfische praktizieren, ist dabei fließend: Manche männlichen subadulten Stummelaffen äffen Form und Färbung der weiblichen Geschlechtsregion nach und können sich so ungeniert unter die Weibchen mischen. Das Sonnenfisch-System bräche allerdings zusammen, würden alle Männchen Besamungen erschleichen. Es gäbe keine Nestbauer mehr, und Weibchen könnten ihre Eier nirgendwo sicher deponieren. Ganz ähnlich können sich Geldfälscher ihre eigene Grube graben: Ist zuviel Falschgeld im Umlauf, nimmt niemand es mehr an. Somit pendelt sich in sozialen Systemen ein Gleichgewicht ein zwischen »ehrlichen« Signalsendern und »Betrügern« – ein Phänomen, das Biologen eine »gemischte evolutionär stabile Strategie« nennen.

Bei Orangs dürfte sich ein gleichbleibendes Verhältnis zwischen Milchbärten und Residenten einstellen, wenn letztere im Durchschnitt einen mindestens geringfügig erhöhten Erfolg bei der Fortpflanzung hätten. Dann könnte es sich ein Resident leisten, Aggressionen gegenüber den Milch-

Orang-Männer umwandern auf Streifzügen die Wohngebiete mehrerer Weibchen – eine Art Vielweiberei auf Raten.

Rechts: Im lichtdurchfluteten Lianengewirr wollen Früchte erst einmal entdeckt werden. Obst macht fast zwei Drittel der Nahrung aus.

Die Hauptlast der Kinderaufzucht tragen bei Säugetieren die Weibchen. Denn einer aufwendigen Schwangerschaft – bei Orangs dauert sie so lange wie bei Menschen – folgt ein oft jahrelanges Stillen.

bärten zu zügeln. In der Tat schneiden Residenten bei der Reproduktion vermutlich besser ab. Zwar halten sich Milchbärte länger in der Nähe von Weibchen auf und kopulieren öfter. Aber Verpaarung außerhalb der fruchtbaren Tage nützt wenig – und Residenten melden ihre Ansprüche verschärft um die Zeit des wahrscheinlichen Eisprunges an. Den Weg in die Residenten-Strategie sollten nur die verheißungsvollsten Jugendlichen einschlagen. Denn ein lediglich mittelmäßiger »Platzhirsch« dürfte weniger Nachkommen hinterlassen als ein gewiefter Milchbart. Verbirgt sich hinter der subadulten Erscheinung aber die ausgewachsene Tücke einer alternativen Strategie, hätten Weibchen wenig Grund, das nicht als Beweis von Fortpflanzungstauglichkeit zu akzeptieren. Statt sich zu wehren, sollten sie sich willig mit den »junggebliebenen Alten« verpaaren – speziell weil Söhne ja genau deren nützlichen Eigenschaften erben könnten.

Ob und wie Orang-Weibchen wählen, wissen wir mithin bis heute nicht.

Die Existenz verschiedener Morphen zu erklären, fordert die biologische Theorie stark heraus. Das trifft auch und gerade für die Zweigestaltigkeit der Geschlechter zu, den »sexuellen Dimorphismus«, der bei Orangs ausgeprägt ist. Männchen erreichen oft mehr als das doppelte Gewicht von Weibchen und sehen wegen ihres längeren Haars, Backenwülsten und Kehlsack ganz anders aus. Zwei Erklärungsansätze wetteifern, die Unterschiede zu erklären: der der »ökologischen Selektion« (einer Auslese durch Umweltbedingungen) und der der »sexuellen Selektion« (einer Auslese durch geschlechtliche Zuchtwahl).

Die **Theorie der ökologischen Selektion** stützt sich darauf, daß weibliche Säugetiere durch Schwangerschaft und Stillzeit umso stärker belastet sind, je größer ihr Körper ist. Entsprechend mehr Stoffwechselenergie wird für die Fortbewegung und eine gleichbleibende Körpertemperatur benötigt. Zum Grundverbrauch hinzu kommt die Versorgung des Nachwuchses mit Nährstoffen. Qualitativ hochwertige Nahrung vermag das Problem zu mildern. Je weniger Ballaststoffe Weibchen aufnehmen, desto rascher können Nährstoffe assimiliert werden und desto kürzer brauchen die Eingeweide zu sein. Den Verdauungstrakt zu verkleinern, senkt das Gewicht erheblich. Das spart wiederum Energie zur Grundversorgung des Körpers, die Fortbewegung wird kostengünstiger, und die kleineren Tiere können Früchte von dünneren Ästen aus erreichen. Qualitativ hochwertige Nahrung ist allerdings rarer als jene mit hohem Faseranteil. Darauf können männliche Säugetiere – eben weil sie nicht säugen – zurückgreifen. Ihr Körper muß jedoch entsprechend größer sein, weil mehr Nahrung benötigt wird, die überdies länger in einem entsprechend ausgedehnteren Verdauungstrakt verweilen muß.

Die **Theorie der geschlechtlichen Zuchtwahl** geht davon aus, daß Artgenossen untereinander ihre Fortpflanzungschancen beeinflussen.

- Einerseits kommt Auslese in Gang, wenn Geschlechtsgenossen um das andere Geschlecht wettstreiten – was als inner-geschlechtliche Auslese bezeichnet wird (intra-sexuelle Selektion). Bei Säugetieren konkurrieren gewöhnlich Männchen um Weibchen. Größere Männchen haben dabei die Nase vorn, weil sie kleinere aus dem Feld schlagen können. Dem Größenzuwachs ist allerdings eine Obergrenze gesetzt. Kein Rivale könnte es mit einem Orang-Männchen von der Größe eines Waldelefanten aufnehmen. Doch müßte der Mega-Mann ständig essen und hätte außerdem ein echtes Problem beim Bäumeerklettern. Die schweren Körper der Orang-Männchen, ihre großen Eckzähne und lauten eindrücklichen Rufe wären mithin ein Resultat der Auseinandersetzung mit anderen Männchen.

● Andererseits kann ein Geschlecht durch wählerisches Verhalten bestimmte Merkmale beim anderen heranzüchten – was zwischengeschlechtliche Auslese genannt wird (intersexuelle Selektion). Wenn beispielsweise Orang-Weibchen Männchen roter Fellfarbe bevorzugen, wird sich deren Erbgut im Bestand ausbreiten, während Gene für schwarze Haare allmählich verschwinden. Töchter roter Väter werden mit größerer Wahrscheinlichkeit wiederum rote Partner wählen – was männliche Nachkommen roter Väter zu »sexy Söhnen« macht. Unter Umständen zeigt ein langes, leuchtend rotes Haarkleid auch an, daß die Männchen gesund sind, wenig Hautparasiten haben und ein starkes Immunsystem besitzen. Laute und ausdauernde Rufe könnten für die Orang-Weibchen ebenfalls attraktiv sein: Je schöner die Serenaden, desto fitter der Barde.

Auf Einfluß weiblichen Wahlverhaltens deutet hin, daß Weibchen sich rufenden Männchen nähern. Andererseits entfernen sich auch chancenlose Rivalen beim Erklingen der Signale. Dies spricht ebenso für intra-sexuelle Selektion wie die Tatsache, daß größere Männchen kleinere aus der Nähe von Weibchen vertreiben. Vielleicht brachten auch verschiedene Auslesefaktoren den Sexualdimorphismus bei Orangs hervor. In jedem Falle wird es dauern, das Knäuel an Zusammenhängen zu entwirren.

Geschlechtstypische Größenunterschiede – wie immer sie zustandegekommen sein mögen – machen es zugleich schwieriger, daß Männchen räumlich eng bei den Weibchen bleiben. Denn die Weibchen sind ihnen im wahrsten Sinne über den Kopf gewachsen. Das schwerere Geschlecht muß sich in tieferen Baumabschnitten fortbewegen. Altgediente Orang-Greise folgen überdies oft lieber den Trampelpfaden der Waldelefanten, als sich an die Huschrouten der Hörnchen zu halten. Orang-Männchen erlauben sich Spaziergänge, weil für sie

Zwischen Geburten [illegible] 9 Jahre. Obwohl wilde Orang-Weibchen – wie alle Menschenaffen – daher selten fruchtbar sind, bestimmt die räumliche Verteilung empfängnisbereiter Weibchen die soziale Dynamik ihrer Gesellschaften.

die Gefahr, von einer Raubkatze gefressen zu werden, geringer ist. Auch die schwersten Orang-Männer sind allerdings auf Sumatra, wo Leoparden und Tiger leben, vorsichtiger mit Bodenwanderungen als auf Borneo, wo bestenfalls Nebelparder sie reißen könnten. Optimal ist die Kletterei jedenfalls für solch schwere Jungs in keinem Falle. Häufig brechen Äste, und zumindest ein Orang-Jüngling wurde im Gunung-Leuser-Nationalpark tot aufgefunden, der sich beim Sturz aus lahmen 5 Metern Höhe schlichtweg das Genick brach. Die Absturzgefahr läßt sich auch indirekt belegen: 34 Prozent der Exemplare eines Museums wiesen verheilte Knochenbrüche auf – beinahe identisch mit den 33 Prozent verheilter Frakturen bei Gibbons, den weitaus arborealsten Menschenaffen. Es ist sicher kein Zufall, daß die Raten für Schimpansen und Gorillas wesentlich niedriger liegen (18 bzw. 21 Prozent), verbringen diese Arten doch wesentlich weniger Zeit in hohen Bäumen. Entsprechend bevölkern Primaten, die schwerer als 20 kg sind, vorwiegend den Boden – gleich ob Bärenmakaken, Paviane, Drills, Mandrills oder Menschen.

Das Schwergewicht der Orangs verhindert überdies ein geordnetes Gruppenleben in den Wipfeln. Welche Äste bieten schon Komfort für Kommunikation zwischen einem Haufen 30 - 90 kg schwerer Wesen? Zudem ginge gemeinsame Lebensgestaltung automatisch mit Abstimmungsproblemen einher. Denn Orang-Männchen sind langsam und müssen viel Zeit für Nahrungsaufnahme aufwenden. Die kleineren Weibchen verzehren hingegen rasch ihre hochwertigen Leckerbissen, ziehen schneller herum und können sich längeres Ruhen gönnen. Auch als Väter haben Männchen wenig Grund zum geselligen Miteinander. Denn mehr als Samen stellen sie Kindern nicht zur Verfügung. Orang-Väter kümmern sich nicht direkt um den

Nachwuchs. Das beste, was sie machen können, ist ohnehin, den Müttern nicht im Wege herumzuklettern und ihnen möglichst wenig wegzuessen. Wie Schiffe in der Nacht, die einander zufällig begegnen, so treffen auch Orangs gelegentlich aufeinander. Ein überzufällig langes Beieinandersein ergibt sich lediglich bei zwei Gelegenheiten. Zum einen kommen mancherorts Nicht-Residenten beiderlei Geschlechts zusammen, wenn Bäume besonders reich in Frucht stehen. Und zum anderen werden Männchen von empfängnisbereiten Weibchen wie Magneten angezogen – wobei sich in der Regel der dominante Resident den Logenplatz sichert. Manche Forscher meinen, daß es auch subadulte Nicht-Residenten zu den fruchtbaren Weibchen zieht – und daß die Heimatlosen weiterwandern, wenn das Weibchen schwanger wurde. Andere Orang-Forscher halten es für wahrscheinlicher, daß relativ wenige subadulte Nicht-Residenten existieren. Vielmehr seien praktisch alle Orangs Bestandteil einer jeweils größeren Gemeinschaft, deren Zusammengehörigkeit wegen der einzelgängerischen Lebensweise lediglich schwer auszumachen sei. Beispielsweise könnten Subadulte gewöhnlich Söhne des Residenten sein – was dessen relative Toleranz ihnen gegenüber erklären würde. Ist die Orang-Gesellschaft somit vielleicht geselliger als sie wirkt? Wale und Delphine bleiben schließlich gleichfalls nicht immer räumlich nahe beieinander, doch halten sie akustischen Kontakt im Ozean. Haben die Rufe der Männchen im Blättermeer vielleicht noch eine andere Aufgabe, als gegenüber anderen Ansprüche anzumelden? Liegt der Orang-Gemeinschaft vielleicht eine ganz andere soziale Struktur zugrunde, als es die eher als Meideverhalten wirkende räumliche Verteilung nahelegt?

Wirklich verstehen können werden wir die Orang-Gesellschaft erst, wenn die reproduktive Karriere zahlreicher Tiere genau bekannt ist – ein Unternehmen, das sich auf die neuen Techniken der Erbgutanalyse aus Haaren oder Kot stützen muß. Es ist zumindest wahrscheinlich, daß die eingefleischten Einzelgänger sozialer sind, als es der Augenschein nahelegt. Indirekt läßt sich das auch ableiten aus der bemerkenswerten Intelligenz, die Orangs auszeichnet. So konnte der Verhaltensforscher Jürgen Lethmate bereits vor einem Vierteljahrhundert zeigen, daß Orangs in Gefangenschaft mit Stöcken und Kisten zu ganz ähnlichem Problemlöseverhalten fähig sind wie Schimpansen, die als die IQ-Athleten nicht-menschlicher Primaten gelten. Zahlreiche Evolutionsbiologen meinen, daß sich solch hohe Intelligenz nur innerhalb eines komplexen Gruppenlebens entwickeln kann, das den Einzelnen ein Höchstmaß an sozialen Berechnungen und Taktiken abverlangt, die bis zur gezielten Intrige gehen. Die »technologische Intelligenz« beruht demnach auf einem Transfer der »sozialen Intelligenz« in ein anderes Anwendungsgebiet. Vielleicht durchliefen Orangs in der Tat vormals eine soziale Phase – beispielsweise in bodenlebenden Gruppen – und wurden erst spät eingefleischte Baumbewohner. Knochenfunde in Höhlen auf Sumatra und Borneo zeigen jedenfalls, daß Orangs in den letzten 30 000 Jahren um etwa 30 Prozent auf ein Gewicht schrumpften, das für permanente Baumbewohner eben noch »tragbar« ist.

Jeder dritte Orang-Utan bricht sich im Laufe des Lebens seine Knochen. Meist heilen die wieder. Doch gelegentlich führt das »Berufsrisiko« zu Genickbruch und Tod.

Je schwerer ein Orang-Mann ist, desto leichter kann er Kontrahenten besiegen. Doch zugleich muß er mehr essen und das Absturzrisiko steigt. Die moderne Verhaltensforschung stellt für alle Merkmale in Körperbau und Verhalten derlei Kosten-Nutzen-Bilanzen auf.

Rechts: Gelegenheit zum Spiel mit Gleichaltrigen haben Orang-Utans fast nie. Denn nur äußerst selten klettern stillende Mütter einander über den Weg.

Vielleicht müssen wir auch unser Bild von Sozialität revidieren. So könnten die Orangs einer Dschungelpopulation entgegen ihres augenscheinlichen Eigenbrötlertums regelmäßig miteinander Kontakt haben. Nur lägen zwischen solchen Begegnungen Monate oder gar Jahre – ein Zusammenhalt in Zeitlupe eben.

Ist der Wald-Mensch der Schnee-Mensch?

Abermillionen haben von ihm gehört, Hunderte, vielleicht Tausende nach ihm gesucht: dem Yeti. Bloß gefunden hat ihn noch niemand. Dabei könnte im Gewand des im Himalaya herumspukenden Schneemenschen vielleicht niemand anders stecken als – ein Orang-Utan!
Auf diesen Gedanken kam der Textautor dieses Buches bereits im Jahre 1985, als er eine kleine Expedition ins Gebiet des Makalu unternahm, eines Achttausenders in Ost-Nepal, dessen Einzugsgebiet seinerzeit von Touristen wegen des langen Anmarsches nur wenig besucht wurde. Ausgehend von Dhankuta, einem Städtchen im Südosten des Landes, wurde zwei Wochen lang abseits aller Straßen- und Flugverbindungen gen Norden marschiert. Nach gut 150 km tauchte im Grenzgebiet zu China das mächtige Makalu-Massiv auf. Die Überlegung war: Wenn ein solches Wesen existiert, hat eine kleine Mannschaft vermutlich bessere Chancen, es aufzuspüren, als lärmige Suchtrupps. Mitte der 1950er Jahre machte sich beispielsweise die berühmt gewordene Yeti-Expedition der englischen Zeitung »Daily Mail« mit 300 Trägern auf den Weg. Die Makalu-Expedition kam mit 3 Trägern ins Ziel. Beide Fahndungsaktionen haben allerdings eine wichtige Kleinigkeit gemeinsam: Sie blieben gleichermaßen erfolglos. Wichtigstes Mitbringsel war jedoch die gestärkte Überzeugung, daß an der Geschichte mit dem legendären Schneemenschen etwas Wahres ist.
Im Westen steht »Yeti« gewöhnlich stellvertretend für ein wildes, behaartes Monstrum. Dabei ist die King-Kong-Assoziation ein Produkt sensationslüsterner Berichterstatter, die mit den ursprünglichen Vorstellungen der Bewohner des Königreiches Nepal wenig zu tun hat. Die um die Hochgebirgswelt lebende Bevölkerungsgruppe der Sherpas unterscheidet sogar zwei Arten von Schnee-»Menschen« (»yeh-teh«): einen großen roten Bären, der

dem Vieh nachstellt (»dzu-teh«), und eine kleinere, affen- oder menschenähnliche Form (»meh-teh«), auf die sich das anglisierte »yeti« bezieht. Unabhängig davon existiert die Legende von einem kannibalischen Riesen, dem »abstoßenden Mann im Schnee« (»meteh kang-mi«).
Zum Highlight abenteuerlicher Lagerfeuergeschichten entwickelte sich der Yeti, als der britische Major Waddell im Jahre 1899 in Tibet enorme Fußspuren im Schnee ausmachte. Berichte der Einheimischen wurden hinzugemixt und das Ganze zu Beginn des 20. Jahrhunderts publikumswirksam zu einem »gräßlichen Schneemenschen« (»abominable snowman«) verknetet. Vielköpfige britische Expeditionen brachen schließlich ins Gebiet des Mount Everest auf und sichteten auch mehrmals menschenähnliche Spuren im Schnee. Zum Ausbruch des Yeti-Booms trug Ende der 1930er Jahre eine Entdeckung des Fossilien-Forschers Ralph von Koenigswald bei. Der spätere Abteilungsleiter im naturgeschichtlichen Frankfurter Senckenberg-Museum hatte in chinesischen Apotheken sogenannte »Drachenzähne« erstanden, die pulverisiert als Arznei verwendet wurden. Darunter fanden sich mächtige Backenzähne, die einem kolossalen Affen oder gar riesigen Menschen gehört haben mußten. Heute werden sie der vor etwa 5 Millionen Jahren ausgestorbenen Gattung *Gigantopithecus* (»Riesiger Affe«) zugeordnet. Die trägt ihren Namen zu recht, denn es handelt sich um die größten Primaten, die jemals lebten. Zoologen erklärten die Zahnbesitzer seinerzeit zu eiszeitlichen Vorfahren des Yeti. Die dergestalt angeheizte Phantasie von Bergsteigern und Journalisten wob aufgrund allerlei verschwommener Fährten und dubioser Silhouetten im Schatten des Himalaya eifrig weiter am Legendenteppich der Schreckenswesen – bis hin zur Beschreibung eines Dutzends 3 - 4 m großer Yetis, die trommelschlagend ein magisches Fest feierten. Allerdings können nicht alle Vorkämpfer für die Anerkennung des Yeti als ruhmsüchtige Phantasten abgetan werden. Zu denen, die auffällige und schwer deutbare Spuren im Schnee ausmachten, gehören beispielsweise auch Pioniere der britischen Mount-Everest-Expeditionen von 1951 und 1953 wie John Hunt, Eric Shipton oder Edmund Hillary, dem im Mai 1953 zusammen mit Sherpa Tensing die Erstbesteigung des höchsten Berges der Erde gelang. Und selbst Reinhold Messner, der als erster alle 14 Achttausender dieser Erde ohne

Höhenatemgerät bezwang, hat sich inzwischen als Yeti-Gläubiger geoutet.

Fast alle – aber nicht sämtliche – im Schnee entdeckten, oft überdimensionalen Fußabdrücke könnten von bekannten Arten herrühren, deren Trittsiegel sich im schmelzenden Schnee vergrößerten. Zu den möglichen Verursachern solcher Yeti-Fährten zählen Kragenbären, Langurenaffen – die nachweislich in Eisklimate hinaufsteigen –, ins Gebirge entflohene Strafgefangene oder barfüßige Eremiten, die ihre asketischen Kräfte mit den grausamen Wintern in Höhen bis 5000 m messen.

Als trügerisch erwiesen sich auch Hoffnungen, bei des Rätsels Lösung könnten Yeti-Skalpe weiterhelfen, die im Tempelkult nepalesischer Klöster wie Pangpoche, Tengpoche und Khumjung Verwendung fanden. Hillary konnte 1960 den helmförmigen Khumjung-Skalp ausleihen. Die Untersuchung ergab, daß hier vermutlich das Fell eines Serau, einer im Himalaya heimischen Ziegenartigen, über eine Holzform gepreßt worden war. Für tibetische Buddhisten ist derlei rationale Analyse indes kein Grund, an der Echtheit der Skalpe zu zweifeln. Denn ihre in schamanistischem Analogiezauber wurzelnde Religion sieht keinen Unterschied zwischen einem »echten« Yeti und einem Yeti-Darsteller, der die Haut bei Mysterienspielen als Kopfbedeckung trägt.

Seit den 1950er Jahren sucht die nepalesische Regierung ihrerseits Kapital aus dem Schneemenschen-Rummel zu schlagen und stellte zeitweise sogar Jagdlizenzen zu 400 Pfund pro Yeti aus.

Heute gehört die Yeti-Heraldik – Transfer durch »Yeti Travels« ins »Yak and Yeti Hotel« mit »Yeti Burger« zum Lunch inbegriffen – zum Touristengeschäft Kathmandus wie die Gebeine des heiligen Petrus zu Rom. Solange niemand handfeste Beweise für die Existenz eines yeti-ähnlichen Wesens vorlegt, verhält es sich wie mit dem Psi-Phänomen der Parapsychologie: Folklore, Schwindel und seriöse Indizien können kaum auseinandergehalten werden, und jene, die sich damit beschäftigen, geraten leicht in eine wissenschaftliche Halbwelt.

Zudem gilt für den Schneemenschen, was auch für den lieben Gott gilt: Nichtvorhandensein kann nicht widerlegt werden. Damit bleibt nur eine seriöse Möglichkeit, die Gerüchte aus der Welt zu schaffen: Der Yeti muß gefunden werden.

Riesenmaße und rotglühende Augen in der Volksüberlieferung beweisen nicht automatisch, daß die

Landbrücken verbanden Indonesiens Inseln noch vor ein paar tausend Jahren mit dem Festland. Orangs tummelten sich damals weithin in Südasien.

Sache nicht doch einen wahren Kern hat. Dergleichen Schauermärchen eilten auch Gorillas und Schimpansen voraus, ehe sie im 19. Jahrhundert aus dem Dschungelzwielicht ins Rampenlicht abendländischer Menagerien verfrachtet wurden. Wird aus den vielen Sherpa-Erzählungen und Berichten von Europäern ein »Durchschnittsyeti« extrahiert, zeichnen sich die Umrisse einer durchaus diskutablen Kreatur ab: Das Geschöpf bewegt sich teils zweibeinig, vor allem in Eile aber vierbeinig. Es ist langarmig, gänzlich rot-braun behaart, schwanzlos, 1,50 - 2,20 m groß und kaum angriffslustig. Das Wesen ist ein meist dämmerungs- und nachtaktiver Allesfresser, der typische hohe Laute von sich gibt. Nur vereinzelt wurden mehrere Exemplare beobachtet, meist aber Einzelgänger. Die Sichtungen konzentrieren sich auf die über 4000 m hohen Hänge zu Füßen der Himalayariesen, wo die Rhododendronwälder zunächst in schüttere Strauchvegetation und schließlich in Schneefelder übergehen. Yetis flechten Schlafplattformen in Bäumen oder besitzen Lager zwischen den Felsen, die an Kot- und Haarsammlungen erkennbar sind (aber noch nie wissenschaftlich untersucht werden konnten).

Unter den etwa 200 lebenden Primatenarten trifft dieser Steckbrief nur auf einen einzigen Kandidaten zu: den Orang-Utan. Zwar leben die bekannten Populationen der Spezies 3000 km südöstlich des Himalaya. Dort sind Orangs in der Tat Einzelgänger und sie wirken, besonders aufgerichtet, durchaus menschenähnlich. Mit anderen Worten: Sie gäben einen guten Yeti ab. Ist der »Wald-Mensch« Indonesiens also vielleicht auch der »Schnee-Mensch« des Himalaya? Wenn der Himalaya-Yeti wirklich mit dem Orang identisch wäre, kämen nicht die kargen Schneefelder, sondern eher die bis auf 4000 m aufsteigenden Nebelwälder in den Hochtälern als eigentlicher Lebensraum in Frage. Tatsächlich läuft das Makalu-Massiv nach Süden in 30 - 40 km lange Täler mit nahezu unberührtem Wald aus, die an Gletscherströmen vor über 7000 m hohen Kämmen enden. Ein ideales Rückzugsgebiet für eine Primatenpopulation. Während des Sommers mögen Einzelgänger gelegentlich in die offene, baumlose Hochgebirgslandschaft hinaufsteigen, wo sie natürlich viel leichter zu sichten wären als im Dickicht. Auch andere Menschenaffen können äußerst heimlichtuerisch sein: Forscher in Gabuns Lopé-Regenwald studieren seit mehr als einem Jahrzehnt die Ökologie der dort lebenden Schimpansen anhand indirekter Indizien wie Kotresten und Nestbauten. Zu Gesicht bekommen sie die Schimpansen so gut wie nie – und wenn, dann nur für sprichwörtliche Augenblicke.

Und wenn alle Bemühungen Phantomjagden bleiben müssen, nicht weil der Yeti nie existiert hätte, sondern weil er vor kurzem ausgestorben ist? Selbst dann bleibt eine vielversprechende Alternative, ihm auf die Schliche zu kommen. Die Träger führten die Makalu-Expedition abends regelmäßig zu überhängenden Felsen, die guten Schutz vor Wind und Wetter bieten. Hirten nutzen die trockenen Schlafgelegenheiten bei den Auftrieben zu den Triftweiden im Hochgebirge. Andernorts wurden bedeutende Fossilfunde unter solchen Felsüberhängen und in Höhleneingängen gemacht. In Südafri-

Der Yeti des Himalaya wird gern als rotbehaart und menschenähnlich beschrieben. Orang-Utans geben dafür einen passablen Prototypen ab.

ka dienten sie bereits vor 3 Millionen Jahren den *Australopithecinen,* unmittelbaren Vorfahren der Gattung *Homo,* als Unterschlupf. Vor 400 000 Jahren suchte *Homo erectus* in China Schutz in solchen Spalten, und seit dem Beginn der letzten Eiszeit vor 70 000 Jahren bargen sich in Südfrankreich die Neandertaler darunter. Aber nicht nur der moderne Mensch und dessen Vorläufer benutzten diese Ob-Dächer. Der Entdecker des »Javamenschen«, der Holländer Eugène Dubois, sammelte um 1890 in Höhlen des Hochlands von Sumatra 3170 Einzelzähne von den zur Rede stehenden Orang-Utans. Da hierunter auffallend wenig Milchzähne waren, dürfte es sich kaum um eingeschleppte Raubtierbeute handeln. Der Anteil jugendlicher, unerfahrener Tiere, die Raubtieren leichter zum Opfer fallen, müßte dann beträchtlich höher sein. Vermutlich wurden die Felsunterschlupfe zumindest auch von kranken und sterbenden Tieren aufgesucht. Deshalb würde es kaum überraschen, wenn der Boden unter den Felsdächern im [illegible] birgt. Gegraben hat an diesen idealen Sterbeplätzen des Yeti bisher niemand. Vielleicht gelingt es, das Geheimnis eines Tages zu »exhumieren«. Zusätzlich wahrscheinlich wird das durch eine Entwicklung in der Fossilforschung. Knochenfunde belegen, daß Orangs vor wenigen tausend Jahren noch in ganz Südostasien bis hin nach Südchina verbreitet waren, während im Himalaya lange jede Spur fehlte. Das änderte sich um 1980, als eine Fossiliengruppe, die zwei Jahrzehnte lang als direkte Stammform des Menschen galt, zu schlichten Menschenaffen degradiert wurde. Die fossilen Primaten, von denen hauptsächlich Kieferbruchstücke bekannt waren, lebten vor etwa 8 - 14 Millionen Jahren in den Vorbergen des Himalaya, den Siwaliks. Als *Ramapithecus* durften sie die Ehre in Anspruch nehmen, die ersten Nicht-mehr-Affen zu sein. Die Annahme stützte sich vor allem auf einen Oberkiefer-Fund. Der war allerdings in der Mitte zerbrochen. Deshalb konnte er auf zweierlei Arten rekonstruiert werden: in einer U-Form, wie sie für Menschenaffen typisch ist, oder in einer eher V-ähnlichen Kurve, die Menschen charakterisiert. Zwei prominente amerikanische Fossilforscher, Elwyn Simons und David Pilbeam, setzten die Bruchstücke V-förmig zusammen und erklärten *Ramapithecus* zum ersten Menschen. Der deutsche Primatologe Christian Vogel wies demgegen-

Geradezu unheimlich urmenschlich können Orangs wirken – etwa wenn sie auf Borneo stockgestützt die Tiefe einer Furt prüfen. Szenen wie diese standen vielleicht bei den Yeti-Mythen des Himalaya Pate.

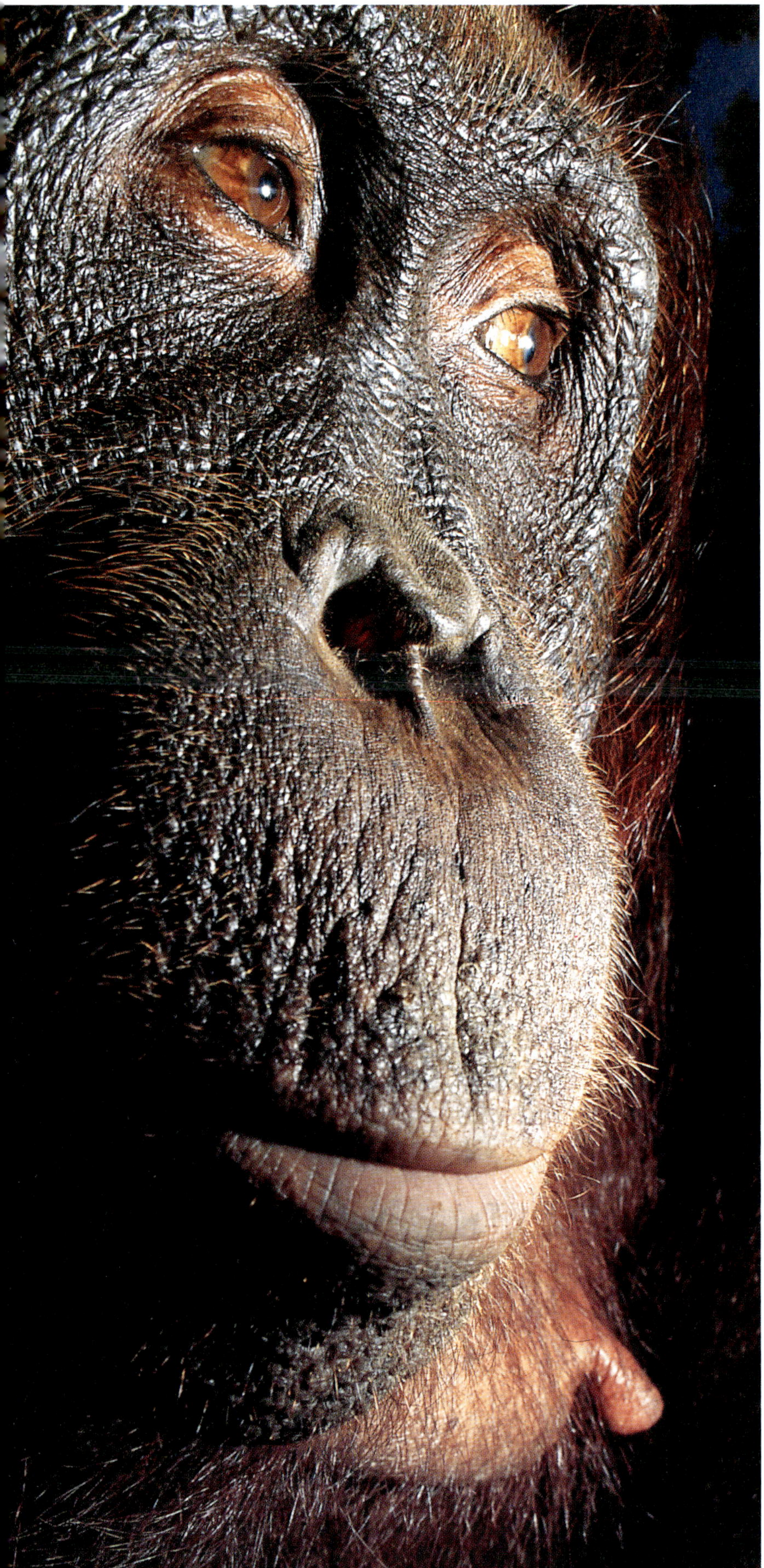

Im Halbdunkel tropischer Wälder leben wohl noch immer zahlreiche Arten unbekannter Säugetiere. Schließlich kennt die westliche Wissenschaft selbst die unverkennbare Gestalt des Orang-Utan erst seit gut 200 Jahren.

über darauf hin, daß auch eine U-Form nicht auszuschließen sei und in diesem Falle der Orang der nächste Verwandte des *Ramapithecus* wäre. Die Vermutung wurde praktisch zur Gewißheit, als weitere Funde von *Ramapithecus* und dem verwandten *Sivapithecus* ans Licht kamen. Gemeinsam mit *Gigantopithecus* waren sie nichts anderes als urtümliche Orang-Utans.

Seither tappen die Ausgräber bei ihrer Suche nach unseren Ur-Ur-Ahnen zwar wieder ziemlich im dunkeln. Den Yeti-Spekulationen eröffnete das indes neue Perspektiven. Richard Dehm, ehemaliger Professor für Paläontologie an der Universität München, formulierte das mit aller Vorsicht bereits um 1985: »Wenn es den rätselhaften Himalaya-Menschen geben sollte, hätte die Paläontologie einen Platz für ihn: als Nachfahren des *Sivapithecus*.« 1994 fand der Orang-Yeti eine weitere Lobby in der Society of Cryptozoology (Gesellschaft für Kryptozoologie). Diese wissenschaftliche Vereinigung beschäftigt sich mit »versteckten« Arten. Denn selbst heute noch werden immer wieder neue Spezies entdeckt – und zwar nicht lediglich Kleingetier, sondern großwüchsige Säugetiere wie etwa Waldantilopen in Südasien, Krallenaffen in Südamerika und Lemuren in Madagaskar. Im Jahre 1997 suchten Primatologen der weltberühmten Universität Cambridge in den Regenwäldern Sumatras überdies nach dem »Orang Pendek«, einem aufrecht gehenden Menschenaffen. Weder dort noch auf dem Festland wurden Forscher bisher fündig. Doch das »Nicht« ist mit einiger Wahrscheinlichkeit ein »Noch-Nicht«.

Daß eine wohlbekannte Menschenaffenart des Yetis Kern sein soll, nimmt der Affäre zwar das mystische Mäntelchen, macht sie aber für Biologen kaum weniger aufregend. Von halbprofessionellen Wildmenschen-Protagonisten wird die Orang-Hypothese hingegen so gut wie nie abgeklopft. Mag sein, daß eine solche Lösung weniger publicityträchtig wäre. Die Jagd auf den »gräßlichen Schneemenschen« verkauft sich selbstredend besser als die Suche nach einem bereits vertrauten Menschenaffen.

Warum gerade Orang-Utans?

Ein Gespräch mit Jürgen Lethmate

Wie kamen Sie zur Primatenforschung?

Ich suchte ein Thema für meine Examensarbeit und las 1972 über die »Schimpansin Janice: Selbsterkenntnis im Spiegel«. Das auch mit Orangs probieren zu wollen, fand der Direktor des Osnabrücker Zoos gewagt: »Schimpansen, das sind die Afrikaner unter den Menschenaffen – temperamentvoll, kooperativ. Orangs? Das sind sture Asiaten, phlegmatisch, introviert.« Bei mir dachte ich: »Deswegen müssen sie ja nicht dümmer als Schimpansen sein.«

Wie schnitten die Orangs schließlich ab?

Ihre »technische Intelligenz« zeigte sich nicht zuletzt darin, daß sie meine ausgeklügelten Versuchsanordnungen mit Fingerfertigkeit und Ausdauer immer wieder zerstörten... Insgesamt aber waren die Orangs sehr erfolgreich, nicht nur vor Spiegeln, sondern ich konnte sie sogar zu ausgeprägtem Gebrauch von Werkzeug animieren. Bis dahin galten Schimpansen als die »Paradepferde« der Tierintelligenz. Dem seinerzeitigen »Schimpozentrismus« nahmen meine Orangs den Wind aus den Segeln, weil sie alle klassischen Tests mit Bravour meisterten. Sie lernten sogar, Steinwerkzeuge herzustellen, was bis heute unter den Menschenaffen nur einem Bonobo gelang. Zur Korrektur des Orang-Bildes trugen auch andere Forscher bei, die sie an die Gestensprache ASL (American Sign Language) heranführten. So gibt es heute wenig Zweifel, daß auch die asiatischen Großaffen über wesentliche Vorleistungen von Denken und Sprache verfügen, wie einsichtiges Verhalten und Symbolverständnis.

Ihre Versuche führten aber doch zum Orang-Puzzle: Wieso sind lediglich Zoo-Orangs so werkzeugbegeistert?

Des Rätsels Lösung hängt wohl mit unserer Unkenntnis wilder Orangs zusammen, die ja im Regenwald nur enorm schwierig zu beobachten sind. So entdeckte jüngst Carel van Schaik bei Orangs der Sumpfwälder Sumatras etliche Werkzeugtechniken, die für wilde Schimpansen typisch sind. Das Dilemma der Menschenaffenforschung ist eben, daß sogar eine 20jährige Freilandstudie das Verhaltensspektrum keinesfalls vollständig wiedergeben muß. So mehren sich auch Hinweise auf eine ausgeprägte soziale Intelligenz der Orangs, die sich im taktischen Täuschen von Artgenossen widerspiegelt, im Nachahmen, Lehren und Gedankenlesen.

Wenn Orangs so intelligent sind – dürfen wir sie dann einsperren?

Menschen sind unter den Primaten besonders gut darin, sich in andere hineinversetzen zu können. Deshalb sind wir hinsichtlich Menschenaffen zur Vermenschlichung geradezu verdammt, setzen vorschnell gleich und reagieren ungeheuer gefühlsmäßig. Doch können wir von Orangs, die sich im Spiegel »selbstbewußt« zu betrachten scheinen, darauf schließen, daß sie auch über den Unterschied zwischen Freiheit und Gefangenschaft nachdenken? Wie gering die genetische Distanz sein mag und wie hoch die Intelligenz – es macht keine Menschen aus ihnen. Die Stoßrichtung der spektakulären Kampagne »Menschenrechte für Menschenaffen« halte ich deshalb für verfehlt. Stattdessen sollte – und das mit Nachdruck! – gefordert werden: Eine ihrer Ähnlichkeit und sich den daraus ergebenden psychischen und physischen Bedürfnissen entsprechende gleich gute Behandlung der Menschenaffen.

Wagen Sie einen Blick in die Zukunft?

Alle weitere Forschung mit Menschenaffen steht vor der bangen Frage: Wie lange noch? Ihr Überleben ist eng an den Erhalt ihres Lebensraumes geknüpft, die Aussichten sind düster. Die Evolution der Primaten wird von den Lebenstypen der Tieraffen dominiert, nicht der Menschenaffen. Wir müssen wohl davon ausgehen, daß letztere auslaufende Fitness-Modelle sind, trotz ihrer Intelligenz. Aber Intelligenz ist eh keine Überlebensgarantie, weder für Menschenaffen, noch für Menschen.

(Prof. Dr. Jürgen Lethmate, geb. 1947, studierte Biologie und Geographie. Promovierte über Orang-Utans. Ab 1975 Schuldienst, seit 1996 Professur im Fachbereich Geowissenschaften an der Universität Münster.)

Gorillas

Harems schwarzer Riesen

Die größten lebenden Primaten sind Vegetarier – was ihnen »milde Wilde« als Spitznamen eintrug. Unter der trügerischen Idylle schwelt jedoch ein oft lebensgefährlicher Konflikt zwischen den Geschlechtern.

Die Entdeckung der Gorillas

Von den größten heute lebenden Primaten hat die westliche Welt vermutlich seit der Antike eine Ahnung. Zuweilen wurde sogar die legendäre Begegnung des Odysseus mit einem Zyklopen auf ein Zusammentreffen mit Gorillas zurückgeführt – weil des Giganten rundgeschnittene Augenöffnung der des Menschenaffen ähnelt. Ein historisch glaubwürdigerer Seefahrer – der karthagische Admiral Hanno – beschreibt, wie er nach Westafrika segelte, wo die Küstengebiete noch heute von Gorillas besiedelt sind, die dort »N'Guyala« heißen. Hannos Reiseaufzeichnungen aus dem Jahr 470 v. Chr. schildern Berge, »von Waldmenschen in Tierfellen bewohnt« und »wilde Menschen, [...] darunter viele Weiber mit zottigen Köpfen, die unsere Dolmetscher Gorillas nannten.« Hannos Leute verfolgten »die Männer, konnten aber keinen fangen, da sie allesamt flohen, über steile Anhänge kletterten und sich mit Steinen verteidigten. Drei Weiber fingen wir; sie bissen jedoch, zerkratzten unsere Anführer und wollten nicht folgen. Wir mußten sie töten. Ihre abgezogenen Häute brachten wir nach Karthago.«

Erst 2 Jahrtausende später nahm das Bild der Gorillas im Westen konkretere Formen an. Damals lebte der Engländer Andrew Battel (ca. 1589 - 1614) als Gefangener der Portugiesen an der Kongo-Küste und berichtete über »Pongo« genannte »Ungeheuer« in den dortigen Wäldern, die »im höchsten Grade gefährlich sind.« Mit »Pongo« meinte Battel zweifellos den Gorilla, der bei den Eingeborenen »M'Pungu« oder »Mpongwe« hieß. Der »Pongo«

Quer durch Afrika waren Gorillas einst verbreitet – vom atlantischen Ufer bis zur östlichen Seenkette. Braune Fellpartien sind typisch für die westliche Variante.

wird von Battel erstaunlich exakt beschrieben. Er »hat den Gliederbau eines Menschen, ähnelt aber mehr einem Riesen als einem Manne, denn er ist sehr groß, hat eines Menschen Anlitz, tief in den Höhlen liegende Augen, und langes Haar auf den Brauen. Gesicht und Ohren sind haarlos, die Hände ebenfalls; der Leib dagegen ist, wenn auch nicht dicht, mit Haaren bekleidet, welche eine düster braunschwarze Farbe haben.« Sogar was Battel an grundlegenden Lebensgewohnheiten des Pongo beschreibt, könnte durchaus einer modernen Studie entstammen: »Er schläft in Bäumen und baut sich Schutzdächer gegen den Regen. Seine Nahrung besteht aus Früchten, welche er in den Wäldern findet, auch wohl aus Nüssen. Fleisch ißt er niemals. Sprechen kann er nicht, und sein Verstand ist nicht größer als der eines Tieres.« Dann allerdings fällt Battel in einen Fabelton zurück, der für die kommenden 200 Jahre das Bild von Gorillas prägen sollte: »Haben die Eingeborenen, wenn sie die Wälder durchstreifen, nachts ein Feuer angezündet, so erscheinen die Pongos am Morgen, sobald das Lager verlassen ist, und setzen sich ans Feuer, bis es ausgeht. Denn sie begreifen nicht, daß man Holz nachlegen muß, um es zu erhalten. Oft vereinigen sie sich zu Gesellschaften und töten im Walde manchen Neger. Oft auch überfallen sie Elefanten, die weidend in ihre Nähe kommen, und schlagen mit den mächtigen Fäusten auf sie ein, bis diese brüllend davonlaufen.«

Die wissenschaftliche Erstbeschreibung des Gorilla erfolgte 1847. Thomas Savage, ein amerikanischer Missionar, versorgte seinen Landsmann Jeffries Wyman, einen Anatomen, mit Schädeln und Skeletten, die er in Gabun fand. Das führte zu einer Veröffentlichung über den Körperbau des *»Troglodytes gorilla,* eine neue Orang-Art«. Ansonsten wurde der Gorilla weitgehend aus der Warte des Waidwerks betrachtet. Originalton Savage: »Der Jäger wartet, bis das Tier den Lauf des Gewehrs umfaßt, und wie es ihn zum Mund führt, feuert er. Sollte das Gewehr Ladehemmung haben, wird der Lauf zwischen den Zähnen zerquetscht, und die Begegnung erweist sich alsbald als fatal für den Jäger.« Verstärkt wurde das Zerrbild durch die Reiseaufzeichnungen des amerikanischen Händlers Paul du Chaillu, die zwischen 1856 und 1859 erschienen. »Ich kann mich nicht erinnern«, heißt es dort in sensationsheischendem Ton, der beim nordatlantischen Publikum nicht auf taube Ohren

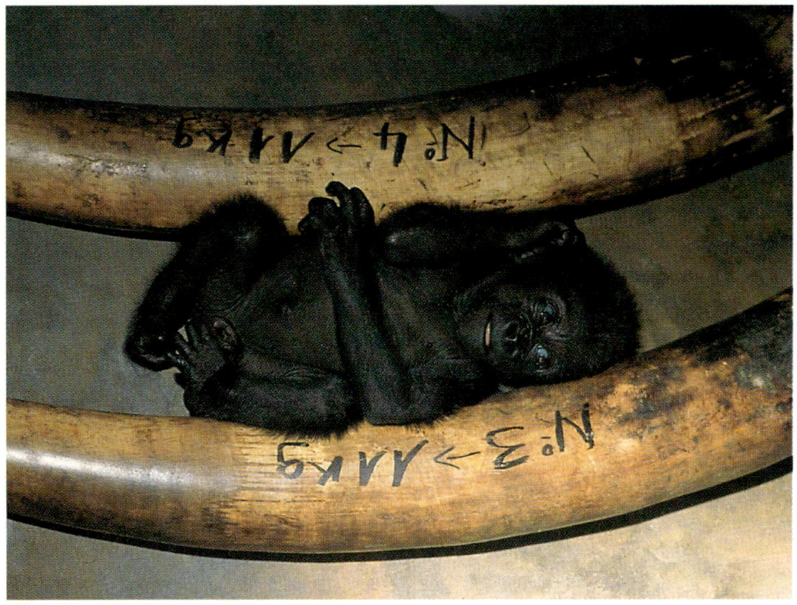

Trophäenjagd reduzierte die Bevölkerungen der Gorillas bereits im 19. Jahrhundert. Jäger brüsteten sich gern damit, solche »Monster« erlegt zu haben.

stieß, »je ein so höllisches Wesen so gräßlicher Art, halb Mensch, halb Bestie, gesehen zu haben, etwa so wie alte Künstler in Höllenscenen es dargestellt haben«. Du Chaillu brüstet sich, Gorillas zur Strecke gebracht zu haben: »Es ist der Grundsatz eines gutgeschulten Gorillajägers, sein Feuer bis zu dem letzten Augenblick zu bewahren. Die Erfahrung hat gelehrt, daß, wenn der Jäger feuert und fehlt, der Gorilla augenblicklich auf ihn stürzt. Und seinem Anprall kann kein Mann widerstehen! Ein einziger Schlag der gewaltigen, mit mächtigen Nägeln bewehrten Hand, und das Eingeweide des armen Jägers liegt bloß, seine Brust ist zertrümmert, sein Schädel zerschmettert«. Die naive Mitleidlosigkeit eines Sportjägers aus der kolonialen Zeit wurde nur ansatzweise von der Erkenntnis getrübt, daß offenbar hochsensible, dem Menschen nahe verwandte Kreaturen hingemetzelt wurden: »Glücklicherweise stirbt der Gorilla ebenso leicht, als der Mensch: ein Schuß in die Brust bringt ihn sicher zu Falle. Er stürzt vorwärts auf sein Gesicht, die langen, gewaltigen Arme ausstreckend, und mit dem letzten Athem ein Todesröcheln ausstoßend, halb Brüllen, halb Stöhnen, welches, obgleich es dem Jäger seine Rettung kündet, denoch sein Ohr peinigt, wegen der Aehnlichkeit mit dem letzten Seufzer eines sterbenden Menschen.«

Der deutsche Zoologe Alfred Brehm, als »Tiervater« Generationen von lesefleißigen Deutschen ein Begriff, gab in seiner 1. Auflage von »Illustrirtes Thierleben. Eine allgemeine Kunde des Thierreichs« aus dem Jahre 1864 noch völlig kritiklos den tierquälerischen Umgang du Chaillus mit

Gorillas

Bezeichnung

Deutscher Name: Gorilla
Englischer Name: Gorilla
Wissenschaftlicher Name:
Gorilla gorilla
Unterarten:
- *Gorilla gorilla gorilla,* Flachlandgorilla, auch Westlicher Flachlandgorilla oder Westlicher Tieflandgorilla (engl.: Western lowland gorilla);
- *Gorilla gorilla graueri,* Grauergorilla, auch Östlicher Flachlandgorilla oder Östlicher Tieflandgorilla (engl.: Eastern lowland gorilla);
- *Gorilla gorilla beringei,* Berggorilla (engl.: Mountain gorilla)

Bemerkung: Diskutiert wird eine Aufteilung in zwei Gorilla-Arten (östliche und westliche).

Verbreitung

Vorkommen:
Flachlandgorilla: Zentralafrikanische Republik, Kamerun, Kongo, Äquatorial-Guinea, Nigeria, Gabun, Angola (?)
Grauergorilla: Östliche Demokratische Republik Kongo (vormals Zaïre)
Berggorilla: Länderdreieck Uganda – Ruanda – Zaire
Populationsschätzung (um 1995):
Flachlandgorilla: > 111 000 (?)
Grauergorilla: > 10 000 (?)
Berggorilla: 620 (ziemlich genaue Zahl)

Status:
Flachlandgorilla: Bedroht (kritisch bedroht in Äquatorial-Guinea, Nigeria)
Grauergorilla: Bedroht
Berggorilla: Bedroht bis kritisch bedroht

Körper

Länge: Männchen im Mittel 172 cm, beim Grauergorilla maximal 196 cm; Weibchen im Mittel 150 cm
Gewicht: Männchen 130 - 267 kg, im Zoo oft korpulent mit ausnahmsweise bis 350 kg; Weibchen 60 - 100 kg
Aussehen: Knöchelgänger, massiger Körperbau, schwarze, oft schüttere Behaarung
Flachlandgorilla: Braungraues Fell; silbriggrauer Rückensattel erwachsener Männchen zieht sich über Rumpf und Oberschenkel
Grauergorilla: Schwarzes Fell; silbriggrauer Sattel erwachsener Männchen auf Rücken beschränkt; Brust und Körper breiter und glänzender als beim Flachlandgorilla
Berggorilla: Fell und Körperform wie Grauergorilla, doch besonders an Armen längere Haare

Auffälliges Verhalten

Tendenz zur Haremsbildung; männliches Imponieren u.a. durch zweifüßiges Laufen und Brusttrommeln; Kindestötung durch neue Haremshalter; wenig Sozialkontakte unter Weibchen

Fortpflanzung

(F = Freiland, G = Gefangenschaft)

Weiblicher Zyklus: 28 Tage (F), 30 - 32 Tage (G)
Schwangerschaftsdauer:
257 Tage, Spanne 234 - 289 Tage
Kinder pro Geburt: 1, sehr selten Zwillinge
Geburtsgewicht: 2,2 kg; Spanne 1,8 - 2,3 kg

Entwöhnungsalter: 2 - 4 Jahre
Geburtenabstand: 4 Jahre, Spanne 3 - 12 Jahre
Alter bei 1. Geburt: Frühestens 7 Jahre (G) bzw. 9 Jahre (F); Mittel 10 Jahre (F)
Männliche Geschlechtsreife: Frühestens 7 Jahre (G)
Sterblichkeit im 1. Jahr: 26 % (F), 22 % (G)
Maximale Lebensdauer: In Menschenobhut mehr als 50 Jahre, in der Wildnis sicherlich mehr als 35 Jahre

Ernährung (% Eßzeit)

Früchte: Flachlandgorilla 40 %, Berggorilla 1 %
Blätter: Flachlandgorilla 34 %, Berggorilla 68 - 86 %
Stengel, Mark, Sprosse: Flachlandgorilla 21 %, Berggorilla bis 27 %
Rinde, Holz: Berggorilla 4 %
Blüten: Berggorilla 2 %
Wurzeln, Knollen: Berggorilla 3 %
Tiere: < 0,1 %, d.h. zufällig aufgenommene Insekten, Spinnen, Schnecken; gezielt Treiberameisen, Weberameisen, Termiten, Regenwürmer; je ein einziger Bericht über Verzehr von Vogeleiern und Kannibalismus
Mineralien: Sehr selten Erde
Kot: Sehr selten eigener Kot

Lebensweise

Tagaktiv; bauen Tag- und Nachtnester; Berggorillas zu etwa 95 % bodenlebend, Gorillas im Tiefland etwa 35 % auf Bäumen
Biotop:
Flachlandgorilla: Tieflandwald, Bergwald, Sumpf, überfluteter Wald, Savanne
Grauergorilla (bis auf 2600 m): Wiesen, *Hagenia*-Wald des Rosengewächses *Hagenia abyssinica*, Zypergrassumpf, Sumpfwald, Bambuswald, Bergwald
Berggorilla (bis auf 4300 m): Berg-, Bambus-, *Hagenia*-Wald, Baumheide, Wiesen, Riesenlobelienzone, alpine Zone
Streifgebiete:
Flachlandgorilla: 2 - 12 km^2, durchschnittlich 6 km^2
Grauergorilla: 23 - 31 km^2
Berggorilla: 4 - 35 km^2, durchschnittlich 8 km^2
Tageswanderung:
Flachlandgorilla: 0,3 - 2,6 km, durchschnittlich 1,1 km
Grauergorilla: 0,1 - 3,4 km, durchschnittlich 1,1 km
Berggorilla: 0,1 - 3,3 km, durchschnittlich 0,5 km
Feinde: Leopard, Mensch

Soziales Leben

Sozialstruktur: Haremsgruppen mit durchschnittlich 11 Mitgliedern, darunter 1 voll erwachsener Mann (»Silberrücken«), 5 Jungtiere und 5 andere Erwachsene (meist Weibchen). 40 % der Gruppen haben 2 - 4 Silberrücken. 5 - 10 % der Bestände sind Silberrücken ohne Weibchen; bis 10 % der Bestände können aus Mitgliedern von Männergruppen bestehen. Weibchen suchen sich in der Regel ihre Haremsgruppen durch mehrfachen Transfer aus. Wechsel des Haremshalters durch Vertreibung oder Tod, wobei dann oft Sohn Harem übernimmt.
Tiere pro Gruppe:
Flachlandgorilla: Im Mittel ca. 6 bis maximal 52
Grauergorilla: Im Mittel ca. 13 bis maximal 42
Berggorilla: Im Mittel ca. 10 bis maximal 27
Wanderndes Geschlecht: 55 % aller Männchen, 80 % aller Weibchen

Ausgewählte Freilandstudien

(Ort, Land; Beginn; Teamleiter)

- Lopé Reserve, Gabun; seit 1984; Caroline Tutin, Michel Fernandez.
- Nouabalé-Ndoki, Kongo; 1989 bis 1992, seit 1994; Suehisa Kuroda.
- Kahuzi-Biega, Zaïre; 1978 bis 1979, seit 1987; Juichi Yamagiwa.
- Karisoke Research Centre, Ruanda; seit 1967; Dian Fossey (†), David Watts u. a.

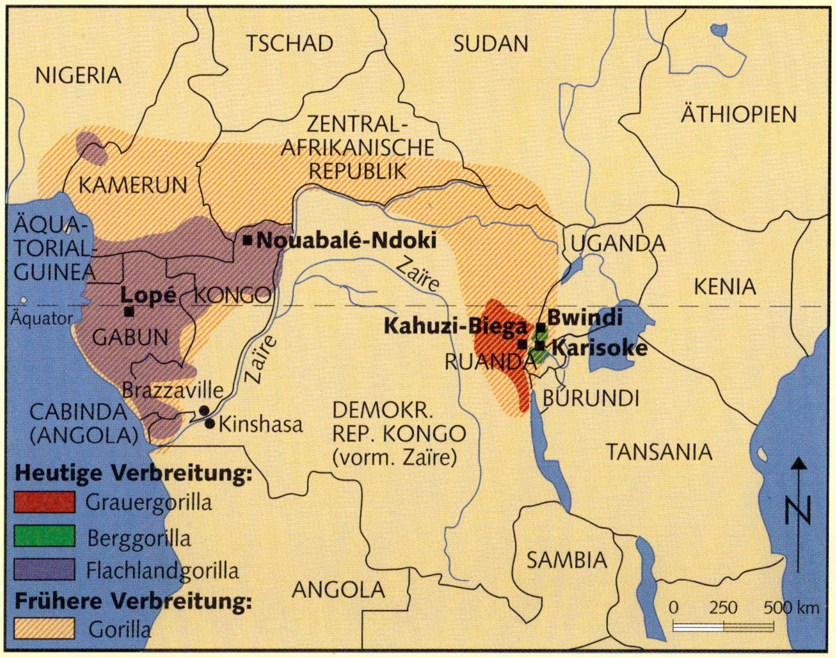

Gorillas wieder. Dessen Hilfskräfte hatten ein 2 - 3jähriges Jungtier gefangen: »Am 4. Mai lieferten einige Neger, welche in meinem Auftrage jagten, einen jungen, lebenden Gorilla ein. [...] Das Junge saß einige Schritte entfernt von seiner Mutter auf dem Grunde und beschäftigte sich, Beeren zu pflücken. [...] Meine Jäger machten sich augenblicklich zum Feuern fertig, – und nicht zu spät! – denn das alte Weibchen erblickte sie, als sie ihre Gewehre erhoben. Glücklicher Weise tödteten sie die besorgte Alte mit dem ersten Schusse. Das Junge, erschreckt durch den Knall der Gewehre, rannte zu seiner Mutter, hing sich an sie, umarmte ihren Leib und versteckte sein Gesicht.« Beim Herbeieilen der Jäger floh es auf einen Baum »und brüllte wütend auf seine Verfolger herunter. Doch die Leute ließen sich nicht verblüffen. Nicht ein Einziger fürchtete sich, von dem kleinen, wütenden Vieh gebissen zu werden. Man wollte das seltene Wild nicht schießen und hieb deshalb den Baum um. Als es fiel, deckte man schnell ein Kleid über seinen Kopf und konnte es so geblendet leichter fesseln.« Brehm erzählt, wie »das kleine Scheusal« wegen seines »bösen« Gebarens »trotz allen Widersträubens in Ketten gelegt wurde und zehn Tage darauf plötzlich starb« – was dem deutschen Tiervater als durchaus gerechte Strafe erschien: »Er lernte seinen Herrn zuletzt wohl kennen«. Brehm ergötzte sich auch an der angeblichen Schrecklichkeit des Gorilla, obwohl du Chaillu derlei Schilderungen eindeutig ins Reich der Fabel verbannt hatte: »Ein Jägertrupp zieht ruhig seine Straße durch den Wald; plötzlich wird einer der Mannschaft vom Boden erhoben: Ein Gorilla, welcher an einem niedrigen Aste hing, hat ihn mit der hintern Hand am Genick gepackt und zieht ihn zu sich auf den Ast empor, schwingt sich mit seiner Beute höher und höher zum Wipfel des Baumes hinauf, würgt den ihm gegenüber vollkommen wehrlosen Menschen, daß er auch nicht einen Laut von sich geben kann, und läßt ihn dann plötzlich wieder herunterfallen, erdrosselt, eine Leiche!«

Wolkenverhangen erheben sich die Kegel der ostafrikanischen Virunga-Vulkane: Lebensraum der selten gewordenen Berggorillas.

Brehm gibt außerdem Erzählungen wieder, wonach der Gorilla »die Zähne aus dem Gerippe eines Elefanten bräche und sie lange Zeit mit sich herumtrüge, gleichsam als Keule«.
Das Gewehr war bis in die 1930er Jahre das Hauptinstrument, mit dem »Naturwissenschaft« an Gorillas betrieben wurde. So auch, als erstmals nicht Gorillas des westlichen, sondern des östlichen Verbreitungsgebietes ins Visier rückten. Am 17. Oktober 1902 bestieg der deutsche Armee-Offizier Oskar von Beringe mit seinem Trupp die Virunga-Vulkane Ostafrikas bis auf 3100 m: »Von unserem Lager aus machten wir eine Gruppe schwarzer, großer Affen aus, die sich anschickten, auf den höchsten Gipfel des Vulkans zu steigen. Es gelang uns, zwei dieser Affen zu schießen, die mit viel Getöse in eine Schlucht herunterfielen, die sich von uns aus im Nordwesten öffnete. Nach fünf Stunden harter Arbeit konnten wir eines dieser Tiere mit Stricken hinaufhieven. Es war ein großer, menschenähnlicher Affe, ein Männchen, etwa anderthalb Meter groß und über 200 Pfund schwer. Die Brust war haarlos, die Hände und Füße von enormem Ausmaß. Unglücklicherweise konnte ich die Gattung des Affen nicht bestimmen. Er war für einen Schimpansen von zuvor unbekannter Größe, und die Gegenwart von Gorillas in der Seenregion wurde bisher noch nicht festgestellt.« Beringe hatte als erster Weißer nachweislichen Kontakt mit Berggorillas, jener Unterart, die deshalb den Namen *Gorilla gorilla beringei* trägt.
Später erweiterte Carl Akeley, Sammler in Diensten des Naturhistorischen Museums von New York, die Kenntnisse über die Unterart. Als passionierter Jäger war Akeley mehrfach von potentiellen Opfern beinahe getötet worden – etwa durch einen verwundeten Büffel und einen ausgewachsenen Leoparden, den er umbrachte, indem er seinen unbewaffneten Arm in dessen Speiseröhre zwang. Akeley schoß zudem viele Berggorillas – und die Leidenschaft für diese Tiere sollte ihm schließlich den Tod bringen. Akeley wandelte sich im letzten Lebensabschnitt immer mehr vom tötenden Kain in einen hegenden Abel, als er erkannte, daß die großartigen Menschenaffen bei anhaltendem Jagdeifer bald ausgerottet sein würden. Erstmals wurden diese Primaten nun anders als als Bestien wahrgenommen: »Der Gorilla ist normalerweise eine vollkommen liebens- und ehrenwerte Kreatur. Ich glaube, daß er Menschen angreift, weil er angegriffen wird oder denkt, er würde angegriffen. Ich glaube, er kämpft in Selbstverteidigung, wahrscheinlich, um seine Familie zu schützen.« Derlei gewandelte Wahrnehmung – nicht konkrete wissenschaftliche Beobachtung – machte Akeleys Hauptverdienst aus. Als er an den Hängen des Mt. Mikeno eine erste Verhaltensstudie an Berggorillas unternehmen wollte, erlag er 1926 einem Fieber.
In der Folgezeit besuchten weitere Naturforscher sporadisch die Heimat der Berggorillas, so Harold Bingham im Jahre 1929 und etwa 20 Jahre später Rosalie Osborne, Jill Donisthorpe und Walter Baumgärtel. Abgesehen von einer Studie an Flachlandgorillas, die der Spanier Jorge Sabater Pi in Äquatorial-Guinea durchführte, beschränkte sich Freilandforschung bis in die 1980er Jahre mehr oder weniger vollständig auf Berggorillas. Systematische Forschung begann mit dem Amerikaner George Schaller, der gemeinsam mit seiner Frau 1959/60 Ostafrika besuchte. Schaller setzte nicht auf kopfstarke Begleittrupps, sondern versuchte die Gorillas allein oder in kleinen Gruppen allmählich an Menschen zu gewöhnen. Die Methode der schrittweisen »Habituation« an Verhaltensbeobachter sollte in der Folgezeit die großen Durchbrüche in der Feldforschung an nicht-menschlichen Primaten bringen.
Hinsichtlich Gorillas ist derlei Freilandarbeit vor allem mit dem Namen der Amerikanerin Dian Fossey verknüpft. Sie hatte sich – vom ersten Ruhm der Schimpansenforscherin Jane Goodall angeregt – als 34jährige bei dem Urmenschenforscher Louis Leakey als »Gorilla-Girl« gemeldet. Fossey machte sich 1967 in die verregneten Hänge der bis 4500 m aufsteigenden Virunga-Vulkane im Länderdreieck Uganda – Ruanda – Zaïre (heute Demokratische Republik Kongo) auf. Wie Goodall – die ursprünglich als Sekretärin arbeitete – besaß auch Fossey keine akademische Fachausbildung, sondern war Beschäftigungstherapeutin. Beiden wurde später die Ehre zuteil, ihre Doktorarbeiten an der Universität Cambridge anfertigen zu können. Fossey gewöhnte mehrere Gruppen von Berggorillas an ihre Gegenwart und erweiterte auf sensationelle Weise unser Wissen um die »Gorillas im Nebel«. Zwischen den Vulkanen des Karisimbi und des Visoke baute sie eine Forschern aus aller Welt zugängliche Feldstation auf – das Karisoke Research Centre. Radikal setzte sie Schutzmaßnahmen für

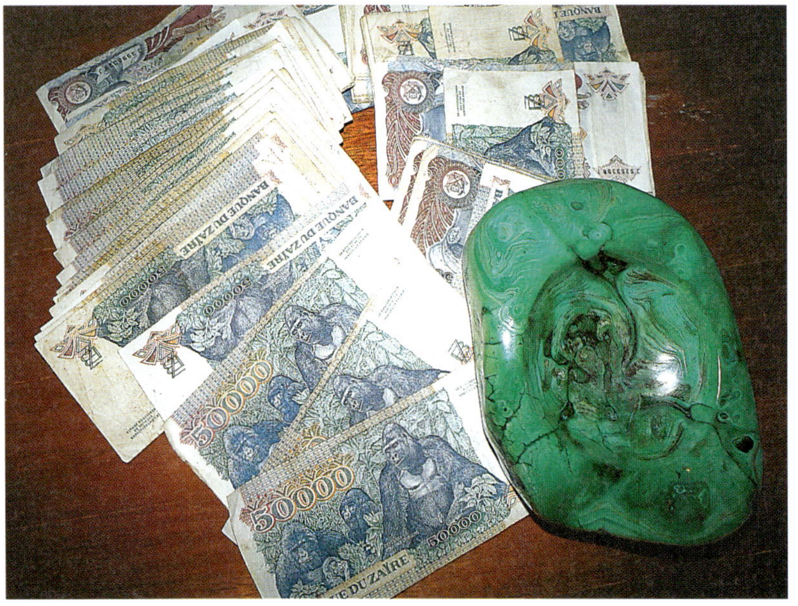

Gorillas auf Banknoten sind ein Versuch, um in Afrika auf die Schätze der heimischen Natur aufmerksam zu machen.

die Bergorillas durch, vor allem durch die systematische Vertreibung von Wilderern. Dank dessen erholten sich die Bestände der Gorillas im Virunga-Gebiet aus einem Tief von 261 im Jahre 1971 auf [illegible] im Jahre [illegible]. Dian Fossey bezahlte ihr Engagement mit dem Leben: Weihnachten 1985 wurde sie in ihrer Hütte in den Virungas ermordet. Die politischen Wirren und Bürgerkriege der letzten 3 Jahrzehnte in Ruanda, Uganda und Zaïre überschatten dauerhaft die Arbeit im Berggorilla-Gebiet. Die Karisoke-Station wurde mehrfach geplündert und zerstört – zuletzt 1997 –, doch kamen vergleichsweise wenige Gorillas ums Leben. Der Dian Fossey Gorilla Fund setzt als wissenschaftliche Stiftung trotz alledem das Lebenswerk der engagierten Primatologin fort. Gleichzeitig wurde die Forschung an den anderen Gorilla-Unterarten in Afrikas Dschungeln intensiviert.
Ein für allemal verschwunden ist damit das frühere Jägerlatein einer kämpferischen Bestie. Heute dominiert im Westen das Bild vom Gorilla als dem »milden Wilden«.

Gorillawelten

Die Wälder des östlichen und westlichen Zentralafrika sind die Heimat der Gorillas. Der Zaïre-Fluß trennt die Bestände und markiert zugleich die Grenze der südlichen Verbreitung. Ein Korridor von tausend Kilometern tut sich zwischen den östlichen und westlichen Formen auf. Dort gedeiht Urwald mit hohem, geschlossenem Kronendach. Entsprechend wenig Licht erreicht den Waldboden. Vielleicht erklärt sich so das Fehlen von Gorillas, bevorzugen sie doch Lebensräume mit üppiger Bodenvegetation – also lichte Wälder, Waldränder, Berg- und Galeriewälder, Bambusdickichte und mancherorts auch Sümpfe. Schädelfunde nahe Bondo in Nord-Zaïre – etwa in der Mitte des Korridors – weisen allerdings auf eine recht junge Trennung der Populationen hin. Während Gorillas in Westafrika auf Meereshöhe leben können, steigen sie in Ostafrika bis auf 3790 m. Um die Gipfel der Virunga-Vulkane herrscht naß-kühles Klima. So verwundert es nicht, wenn Berggorillas an den Atemwegen erkranken. Häufig leiden sie an Husten, Schnupfen, Entzündungen der Kieferhöhle und des Kehlsackes, zuweilen sterben sie gar an Lungenentzündung. Zum Wärmen legen Berggorillas sich gerne in die Sonne. Ihre Kollegen im Flachland bevorzugen hingegen den Schatten. Knapp die Hälfte des Tages beschäftigen Gorillas sich mit

Nahrungsaufnahme – vornehmlich frühmorgens und am späten Nachmittag. Die Tiere verteilen sich dabei in der dichten Vegetation und bewegen sich langsam foragierend – »freßwandernd« – fort. Ortswechsel gehen rasch und koordiniert vonstatten und addieren sich zu Tageswanderungen von einem halben bis zu einem Kilometer. Die ausgedehnte Mittagsruhe wird vornehmlich zu Sozialkontakten genutzt und von den Jüngsten zum Spiel.

Gorillas sind strikte Vegetarier und ergänzen ihren Speiseplan selten um wirbellose Tiere wie Insekten und Spinnen. Ein gezieltes Erbeuten von Ameisen oder Termiten, wie es Schimpansen mit Holz-»Angeln« betreiben, wurde bei Gorillas nie beobachtet. Berggorillas verzehren vorzugweise Wurzeln, Stengel und Mark von bodenwachsenden Kräutern, Schlingpflanzen, Büschen und Bambus. Maximal 2 Prozent der Eßzeit entfällt auf Früchte – was wohl schlicht und einfach daran liegt, daß in den Bergen wenig Obst wächst. Im Flachland, speziell in Westafrika, verbreiten sich hingegen 70 - 90 Prozent der Pflanzenarten über Verzehr durch Tiere. Entsprechend machen Früchte hier bis 40 Prozent der Gorillanahrung aus.

Ernährung beeinflußt das Verhalten der Unterarten vielfältig – beispielsweise ob sich Gorillas auf oder über dem Boden aufhalten. Bei Berggorillas klettern vornehmlich Jungtiere in Bäumen herum, während Erwachsene 90 Prozent der Zeit auf dem Boden bleiben und dort auch ihre Tag- und Nachtnester bauen. Gorillas im Tiefland halten sich ein gutes Drittel des Tages über dem Boden auf und schlafen auch ein gutes Drittel der Zeit in Bäumen. Nester schützen Berggorillas vor der Kälte am Boden. Offenbar stehen sie nachts ungern auf, denn oft koten sie hinein. Ähnlich wie bei Pferden sind die Ausscheidungen jedoch trocken und verkleben kaum im Fell. Flachlandgorillas vermeiden die sprichwörtliche Nestbeschmutzung – vermutlich

Ausgiebige Siestas zur Verdauung pflegen die Bergorillas – wie alle passionierten Pflanzenesser.

wegen des Fruchtanteils der Nahrung. Berggorillas praktizieren in seltenen Fällen auch Koprophagie, verzehren also ihren Kot. Vielleicht frischen sie damit ihre Darmflora auf, die beim Verdauen der schwer aufspaltbaren Blätternahrung hilft. Zahnkrankheiten spiegeln – wie beim Menschen – verläßlich die Ernährungsweise. An einem knappen Drittel von Kiefern der überwiegend früchteessenden Schimpansen läßt sich Karies nachweisen, während wegen ihrer zuckerärmeren Nahrung nur 3 Prozent der Berggorillas darunter leiden. Deren Zähne färben sich allerdings oft gänzlich schwarz.

An dicken Stengeln tut sich ein Grauergorilla des Kahuzi-Biega-Nationalparks gütlich.

Starker Zahnstein führt zu Zahnbettschwund und Zahnverlust. Greise Männer sterben zuweilen, weil ihre Zahnwurzeln freiliegen und sie nicht mehr genügend essen können. Alte Berggorillas entwickeln zudem Entzündungen der Hand- und Fußgelenke. Die Rheumageplagten hinken dann ihren Gruppen hinterher.

Andere Gorillas richten zuweilen ihren Tagesablauf nach jenen, die nicht mehr so gut auf den Beinen sind. Vom Silberrücken Rafiki in Ostafrika wird besonders rührend berichtet. Der verlangsamte über Monate hinweg die Wanderungen seiner Berggorilla-Gruppe, damit seine jahrzehntelange Gefährtin Coco im Unterholz Schritt halten konnte. Rafiki gab scharfe fragende Laute von sich, wenn Coco sich verirrt hatte. Als Rafiki sie wieder sah, ging Coco auf ihn zu und tauschte mit ihm sanfte Begrüßungsgrunzer aus. Sie legte ihm den Arm über den Rücken und er tat das gleiche bei ihr. Mitleid verhalf der Gorilla-Dame Binti des Zoos von Brookfield in den USA zu Weltruhm. Im Sommer 1996 überkletterte dort ein 3jähriger Junge ein Bambusgitter und fiel 8 m tief auf den Betonboden des Gorillageheges. Bewußtlos und blutend blieb er liegen. Binti näherte sich sofort dem Verletzten und versuchte, ihn wieder auf die Beine zu stellen. Als das nicht gelang, spürte sie wohl, daß weitere Hilfe nötig war. Sie nahm den Jungen vorsichtig hoch, trug ihn durchs Gehege zur Tür des Affenhauses, um ihn dann sachte vor den entsetzt zuschauenden Tierpflegern auf den Boden zu legen. (Ironischerweise wurden die Gorillas zur »Sicherheit« postwendend per Wasserstrahl auf Abstand getrieben.) Der Klettermaxe konnte im Hospital wieder hochgepäppelt werden. Derlei Beobachtungen machen es wahrscheinlich, daß Gorillas zu Empathie fähig sind, also dazu, sich in andere hineinzuversetzen. Leisten können das vermutlich nur Lebewesen, die über ein Selbst-Bewußtsein verfügen, also eigene Erfahrungen auf andere übertragen können – eine wesentliche Voraussetzung für intelligentes Handeln, das die Großen Menschenaffen vor den sogenannten »Tieraffen« generell auszeichnet.

Die innere Dynamik der Gesellschaften von Gorillas ist durch jahrzehntelange Arbeit in der Wildnis gut geklärt. Demnach formen Gorillas die stabilsten Gruppen aller Menschenaffen. Ihr soziales System setzt sich aus drei Grundeinheiten zusammen:

Brusttrommeln ist ein »ehrliches Signal«, das verläßlich Rückschluß auf Körpermasse und damit Kampfkraft erlaubt. Dieser Grauergorilla des Kahuzi-Biega-Parks verlor allerdings eine Hand in der Drahtschlinge von Wilderern.

- Zweigeschlechtliche (bisexuelle) Gruppen mit erwachsenen Männchen, durchschnittlich 5 Weibchen und 5 Kindern. 60 Prozent der Gruppen sind Harems, in denen nur 1 voll erwachsener Mann mit den Weibchen lebt. In den übrigen Gruppen halten sich 2 - 4 Männer auf.
- Einzelgängerische erwachsene Männchen machen 5 - 10 Prozent der Bestände aus (während Weibchen niemals allein herumwandern).
- Eingeschlechtliche (unisexuelle) reine Männchengruppen – auch Junggesellengruppen genannt – stellen bis zu 10 Prozent der Populationen.

Gorillagruppen durchlaufen zyklische Entwicklungen. Ein Harem entsteht, wenn sich Weibchen einem »Silberrücken« anschließen, einem voll erwachsenen Mann, dessen Rückensattel sich im Alter von etwa 15 Jahren silbrig färbte. Etwa alle 4 Jahre gebären Weibchen. Die Kinder wachsen heran, und wenn die Söhne nicht auswandern, wandelt sich die Haremsgruppe allmählich zur Mehr-Männchen-Gruppe. Nach dem Tod des Silberrückens kehrt die Gruppe entweder zur Ein-Männchen-Struktur zurück – indem ein Sohn Haremshalter wird. Oder die Gruppe zerfällt, und die Weibchen gehen zu neuen Männchen über. Gruppen von Junggesellen entstehen durch Zusammenschluß einzelner Männchen.

Bei den meisten Primatenarten bleiben die Weibchen in ihrer Geburtsgruppe. Nicht so bei Gorillas. Hier praktizieren 4 von 5 Weibchen den »Natal-Transfer«. Wechseln sie ein weiteres Mal, handelt es sich um einen »Sekundär-Transfer«. Weibchen ziehen allerdings nie ohne männliche Begleitung herum. Transfer und Bleiben beruhen offenbar auf Freiwilligkeit – im Unterschied etwa zu Mantelpavianen, bei denen Paschas Weibchen mit mehr oder weniger offener Gewalt an sich binden. Gorilla-Weibchen wählen selbst – gewöhnlich, wenn ihre Gruppe einer anderen begegnet oder einem einzellebenden Silberrücken. Solche Wechsel gehen dabei von Seiten des schwachen Geschlechts recht unzeremoniell vonstatten: Das Weibchen entfernt sich von seiner bisherigen Gruppe, nähert sich dem neuen Männchen und zieht mit ihm von dannen. Um Weibchen während Gruppenbegegnungen zu halten oder abzuwerben, preisen Gorilla-Männer ihre eigenen Qualitäten und drohen Rivalen an. Sie reißen Vegetation ab, brüllen, ver-

Kaum Karies – weil sie selten Früchte essen –, doch dafür Zahnbettschwund erleiden Berggorillas. Eine Schädelsammlung im Hauptquartier des ruandischen Parc National des Volcans legt davon Zeugnis ab. Mancher Zahn wurde allerdings für magische Zwecke ausgebrochen.

steifen den Körper, galoppieren herum und trommeln mit den Handflächen auf ihre Brust. Bei der Imponierveranstaltung werden – ähnlich dem Ruf der Orang-Männer – »ehrliche« Signale ausgesandt. In der Regel stellen sich dabei unterschiedliche Kampfstärken heraus, und einer der Kontrahenten zieht sich zurück. In etwa der Hälfte aller Fälle kommt es zu körperlichen Auseinandersetzungen, von deren Dramatik bereits du Chaillu eine Vorstellung besaß: »Ich habe oft Gorillaschädel untersucht, in welchen die gewaltigen Reißzähne ausgebrochen waren, und von den Negern erfahren, daß solcher Verlust in den Kämpfen entstand, welche zwei Gorilla-Männchen in Sachen der Liebe ausgefochten haben. Solch ein Streit muß ein in jeder Hinsicht gewaltiges, großartiges Schauspiel gewähren.«

In der Tat finden sich zuweilen Schädel, in denen die abgebrochenen Eckzähne eines Gegners stecken. Zwei Drittel aller Verletzungen von Berggorillas entstehen bei Begegnungen von Gruppen. Meist heilen Wunden schnell – doch manche Kämpfe enden tödlich.

Etwa jeder zweite heranwachsende Gorilla-Mann verläßt ebenfalls seine Geburtsgruppe. Solche halbstarken »Schwarzrücken« schließen sich jedoch fast nie anderen gemischtgeschlechtlichen Einheiten an. Zeitweilig mag ein im Transfer befindliches Weibchen mit einem Schwarzrücken herumziehen, und manchmal bilden Junggesellen einen Klub. Gewöhnlich aber wandern Emigranten allein herum – oft für Jahre, bis ihr Rückensattel eindrucksvoll silbrig zu schimmern beginnt. Erst dann, im Zenit ihrer Körperkraft, können Gorilla-Männer hoffen, einen Harem zu übernehmen oder aufzubauen. Denn Weibchen müssen ja nicht nur angelockt, sondern auch verteidigt werden.

Gruppen zwischen Für und Wider

Feindseligkeit unter Männchen prägt Begegnungen zwischen Gruppen – was ganz im Gegensatz zum konfliktlosen Leben innerhalb der Gruppen steht. Dort dreht sich zumindest rein äußerlich alles um den Silberrücken. Seine Beziehung zu den Mitgliedern kittet den Harem zusammen. Weibchen und Männchen pflegen einander das Fell, und speziell Mütter mit Kindern suchen die Nähe des Silberrückens. Er schreitet bei Wanderungen voran, und seine Topposition in der Rangordnung ist unangefochten. Jüngere Männchen spielen eine untergeordnete Rolle. Erst, wenn sie nach der Pubertät – mit etwa 11 Jahren – zu eindrucksvoller Größe herangewachsen sind, steigen auch sie im Rang über die erwachsenen Weibchen, die untereinander in einem eher neutralen Verhältnis stehen. Gegenseitiges Kraulen und Durchsuchen des Fells nach Schmutzpartikeln kommt selten vor. Handfester Streit ist jedoch ebenfalls rar – so rar, daß Wissenschaftler oft keine klare Rangordnung unter den Haremsdamen ausmachen können.

Bei Berggorillas hängt das mit einem Überfluß an Nahrung zusammen: Kräuter und Blätter wachsen praktisch überall, so daß es sich nicht lohnt, eine Geschlechtsgenossin vom Futter zu verdrängen. Gleichwohl kommt milde Aggression während Essenszeiten häufiger vor als während Ruhephasen. Die Weibchen wahren dann zugleich größeren Abstand voneinander.
Anders ist es im früchtereichen Flachland Westafrikas: Hier kann sich Vortritt auszahlen. Der relativ höhere Wert einzelner Nahrungsbrocken erklärt, warum Gruppen von Flachlandgorillas im Durchschnitt nur halb so groß sind wie die ihrer östlichen Vettern. Weil es um mehr geht, sind Aggressionen in Westafrika häufiger, was größere Gruppen zersprengt. Blutsverwandten Haremsgenossinnen zeigen Gorilla-Damen allerdings nicht die kalte Schulter. Mütter und Töchter sowie Schwestern untereinander halten sich zweieinhalbmal so häufig im 5-m-Kreis auf wie nicht Verwandte. Streit ist unter Verwandten dreimal seltener. Fellpflege wird dort in 80 Prozent aller möglichen Kombinationen betrieben, bei Nichtverwandten hingegen nur in 10 Prozent. Überdies kommen nur Verwandte einander gegen Dritte zu Hilfe.
Also Eigennutz unter Fremden und Selbstlosigkeit unter Blutsverwandten? Keineswegs, meinen Verhaltensbiologen, denn auch hinter selbstlos wirkenden Handlungen verbergen sich eigennützige Motive. Gemäß dem von Charles Darwin beschriebenen Vorgang der natürlichen Auslese ist nämlich Erbgut nur jener Organismen in zukünftigen Generationen vertreten, die sich fortpflanzen. Die Selektion bewertet dabei Erfolgsereignisse und Mißerfolge: Jene Gorillas, die Kämpfe mit Rivalen gewinnen, werden mit größerer Wahrscheinlichkeit im künftigen Genpool von Gorillas vertreten sein als jene, die verlieren. Und auch die Gene jener Gorilla-Weibchen, die sich oft von Früchten verjagen lassen, werden in zukünftigen Generationen spärlicher repräsentiert sein. Gemäß Erfolg und Mißerfolg verändern sich die Genhäufigkeiten; sie sind Dokumentationszentren, ein Gedächtnis für Ereignisse. Die moderne »Verhaltensökologie« versucht zu verstehen, wie sich Strategien der Fortpflanzung im Wechselspiel von Erbgut und Umwelt entfalten. Angeblich »selbstloses« Verhalten läßt sich dabei in der Regel relativ einfach um-

Im Mittelpunkt jeder Gorillagruppe steht der »Silberrücken«. Um das ranghöchste Männchen scharen sich in den Virunga-Bergen im Durchschnitt ein Dutzend Mitglieder, die Hälfte davon Weibchen.

Nahrungsgewohnheiten programmieren vor, wie oft Streit vorkommt. Westafrikas Gorillas laben sich gerne an Früchten. Hader um die knappen Köstlichkeiten läßt bestenfalls kleine Gruppen entstehen.

deuten als im Grunde dem eigenen genetischen Interesse dienlich. Die Selbstlosigkeit sähe demnach nur so aus, wäre lediglich »phänotypisch« (äußerlich). Als Postulat ließe sich dann formulieren: Wahre Selbstlosigkeit existiert nicht – jeder »Altruismus« ist nur »phänotypisch« und läßt sich entlarven als »genetischer Egoismus«.

Betont sei, daß Vokabeln wie »Eigennutz«, »Interesse« oder »Strategie« lediglich als Metaphern gemeint sind. Es wird nicht behauptet, daß die natürliche Selektion zielgerichtet eigennützige Organismen hervorbringt oder daß diese gar voller Absicht handelten und egoistische Intentionen hätten. Wenn dennoch davon die Sprache ist, daß Organismen reproduktive Strategien verfolgen, wird damit auf jene Zweckmäßigkeit angespielt, die den Körperbau und das Verhalten sich erfolgreich fortpflanzender Lebewesen notgedrungen auszeichnet. Denn genetisch erfolgreiche Organismen müssen sich so verhalten haben, »als ob« sie sich reproduzieren wollten. Hätten sie das in der Vergangenheit nicht getan, wären sie ausgestorben. Ihr Erscheinungsbild wird damit »quasi-rational«. In diesem Sinne ist auch der Begriff genetischer »Egoismus« ein Sinnbild für Quasi-Rationalität: Wir benutzen ein Wort aus der Alltagssprache, um in einer Art Stenografie evolutionsbiologische Prinzipien zu veranschaulichen.

Leicht läßt sich genetischer Eigennutz etwa hinter dem oft als beispielhaft selbstlos gedeuteten Eltern-Kind-Verhalten entdecken. Wer wollte abstreiten, daß die Fürsorge einer Mutter oder eines Vaters der Beförderung eigenen Erbgutes in die nächste Generation dient? Daß die angeblich selbstlose Liebe pragmatische Grenzen hat, zeigt sich spätestens beim Entwöhnungskonflikt: Mütter vermindern Investment in ihr letztes Kind, wenn ein weiterer Nachkomme auf dem Plan steht. Das Geschwister

ist aber für das erste Kind ein Konkurrent, was Konflikte zwischen Eltern und Nachwuchs vorprogrammiert. Ähnlich anderen Arten von Säugetieren verweigern Gorilla-Mütter ihren Jüngsten spätestens dann die Brust, wenn sie erneut schwanger werden. Wutanfälle des Jungtieres gipfeln im Androhen der Selbstzerstörung: Der Körper zuckt, das Kleine heult und wimmert, beißt sich selbst oder schlägt sich an den Kopf. Die Botschaft lautet: »Ich bin viel zu klein, als daß ich bereits allein leben könnte. Deine ganze bisherige Mühe wird umsonst sein, wenn du mich nicht weiterhin versorgst.« Ein frisch geborenes Geschwister erntet oft offene Aggression. Vielen Menscheneltern dürfte vertraut sein, daß ältere Kinder so zumindest zeitweiliges Nachgeben erzwingen können. Alsbald aber steht die in Zeter und Mordio hineingesteckte Energie für das Jungtier in keinem Verhältnis mehr zu den aus dem Elterntier erpreßten Wohltaten, und die Anfälle lassen nach. Der Konflikt wird auch deshalb schwächer, weil altersungleiche Geschwister zunehmend nicht mehr um dasselbe konkurrieren: Das jüngste will Milch, für das ältere wird feste Nahrung bedeutungsvoll.

Konflikte existieren also auch unter Verwandten. Streit kann hier sogar häufiger sein als unter Nicht-

Im Bergland wachsen kaum Früchte, weshalb Gorillas auf Blätter zurückgreifen. Um sie entspinnt sich wenig Zank, da Kraut in Hülle und Fülle wuchert. Gemeinschaften von Berggorillas können deshalb größer sein.

verwandten – einfach weil Verwandte sich länger und näher beieinander aufhalten. Gleichwohl ist Konkurrenz durchschnittlich milder als unter Nichtverwandten. Biologen erklären das mit einer Überlappung der genetischen Interessen, die mit wachsender Verwandtschaftsnähe gleichfalls wächst. Das trifft nicht nur auf Linien zwischen Eltern und Kind zu, sondern auch auf die zwischen Tanten/Onkeln und Nichten/Neffen. Der neuseeländische Evolutionsbiologe William Donald Hamilton zog den Schluß, daß es im darwinischen Ausleseprozeß gleichgültig ist, woher die Genkopien stammen, mit denen sich ein Individuum fortpflanzt. Denn identische genetische Information steckt nicht nur in den direkten Nachkommen (im Mittel zu 50 Prozent), sondern auch in anderen Blutsverwandten. Mit einem Neffen oder einer Nichte ist ein Organismus beispielsweise zu immerhin noch 25 Prozent genetisch identisch. Wenn ein Individuum einem Bruder oder einer Schwester hilft, 2 zusätzliche Kinder aufzuziehen, schlagen die beiden indirekten Nachkommen mit 2 x 25 = 50 Prozent weitergegebener genetischer Information zugute. Das entspricht genau dem »Wert«, den ein eigenes Kind hätte (1 x 50 Prozent). Zur persönlichen »Darwin-Fitness« der Gene muß also der Effekt der »Verwandten-Selektion« addiert werden – erst das ergibt für ein Lebewesen die »genetische Gesamteignung« (»inclusive fitness«).

Das Prinzip der Verwandten-Selektion macht die Existenz von Mehr-Männchen-Gruppen plausibel. Fast immer lebt in solchen Fällen ein Gorilla-Vater mit einem oder mehreren Söhnen zusammen. Für beide Parteien kann sich das reproduktiv auszahlen. Silberrücken unterbinden zunächst alle sexuellen Avancen ihrer Söhne gegenüber Weibchen. Sie aus der Gruppe hinauszujagen, ist nicht unbedingt vorteilhaft, weil verwandte Schwarzrücken hervorragende Verbündete sind, um fremde Silberrücken auf Abstand zu halten. Selbst ein voll erwachsener Sohn sollte sich die Auswanderung zweimal überlegen – denn einen eigenen Harem aufzubauen ist wesentlich risikoreicher, als auf die Dynastie-Folge zu setzen. Genügend Sitzfleisch macht es nämlich wahrscheinlich, daß ein Sohn über den alten Herrn dominant wird und selbst ins Zeugungsgeschäft einsteigen kann. Schmollend zu emigrieren lohnt sich für den entthrohnten Silberrücken nicht. Denn auch anderswo könnte er nicht mehr die erste Geige spielen. Hingegen kann er sich zuweilen noch eine Zeitlang die Paarungen mit seinem Sohn teilen. Selbst wenn der Alte reproduktiv vollständig in den Ruhestand tritt, kann er nun im Gegenzug seinem Sohn sinnvoll zur Seite stehen, indem er die Gruppe gegen Angriffe fremder Männchen abzupuffern hilft. Ein Gorilla-Mann weilte als Ruheständler noch 4 Jahre lang in seiner alten Gruppe, bevor er starb. Seinen Genen kam das allemal zugute. Denn in der Gruppe lebten noch jahrelang eigene Kinder, und Neugeborene waren seine Enkel.

In Primatengesellschaften kommt es unter Umständen auch zu Hilfeleistungen unter Nicht-Verwandten. Doch die lassen sich ebenfalls auflösen als im Grunde dem Ego dienlich. Nach dem Motto »Kratzt du mir den Rücken, kratz' ich dir den Rücken« ist beispielsweise gegenseitige Fellpflege deutbar als sogenannter »reziproker Altruismus«.

Bei dieser »Selbstlosigkeit auf Gegenseitigkeit« werden dem Gegenüber vorzugsweise jene Körperpartien gepflegt – etwa Rücken, Gesicht, Oberarme –, die selbst nicht eingesehen werden können. Nach kurzer Vorleistung präsentiert gewöhnlich das reinigende Individuum einen eigenen Körperteil, und die Reihe ist am zuvor Gepflegten, die Vorleistung zurückzuzahlen. Nicht nur bei Gorillas trauen Nichtverwandte einander dabei weniger. Indische Langurenaffen erbringen gegenüber einem genetisch Fremden nur 3 Minuten pflegerischer Vorleistung, bevor sie durch Körpersprache um Rückzahlung bitten. Verwandte werden durchschnittlich doppelt so lange und oft eine halbe Stunde am Stück gepflegt. Denn selbst wenn sich ein Verwandter nicht revanchiert, kommt aufgewandte Energie in gewissem Maße den eigenen Genen zugute.

Wenn es im Durchschnitt aber vorteilhafter ist, mit Verwandten Beziehungen zu unterhalten, warum verlassen dann Gorilla-Weibchen ihre Geburtsgruppe? Alle dort von ihrem Vater gezeugten Kinder sind zumindest Halbgeschwister. Überdies lebt die eigene Mutter in der Gruppe und mit ihr zuweilen sogar Vollgeschwister. Werden die Weibchen allerdings mit 9 oder 10 Jahren geschlechtsreif, stehen sie vor einem Problem. Denn ihr eigener Vater ist mit großer Wahrscheinlichkeit der einzige verfügbare Geschlechtspartner. Im Interesse der Gen-Vervielfältigung sind Blutsverwandte zwar als Fortpflanzungspartner zu bevorzugen. Bei allfälligem Nachwuchs aus solchen Verbindungen ist aber das Risiko genetischer Defekte erhöht. Auf einem Einzelchromosom »versteckte« und damit körperlich »unsichtbare« negative Merkmale landen mit größerer Wahrscheinlichkeit auf beiden Chromo-

Mit ihrem Kind teilt eine Mutter die Hälfte ihrer Erbinformation. Wenn sie es schützt, handelt sie deshalb gemäß der modernen Verhaltensbiologie nicht selbstlos. Vielmehr steckt auch hinter ihrer Fürsorge unbewußter Genegoismus.

Tiere unterscheiden Verwandte und Nichtverwandte oft nach Wahrscheinlichkeit: Verwandt ist, mit wem ich aufwachse. Dem Motto folgen wohl auch Flachlandgorillas, die als Waisen im Reserve de Chasse de L'Efini im Kongo zusammengewürfelt wurden.

somen und kommen zur Ausprägung. Zwischen Halbgeschwistern ist ein solches Risiko entsprechend verringert. Entsprechend sind Paarungen zwischen Vater und Tochter in Gorilla-Gruppen sehr selten, während Sex mit einem Halbbruder öfter vorkommt. Manche Menschengesellschaften lösen das Dilemma der Vor- und Nachteile von Inzucht durch Verbindungen zwischen Vettern und Cousinen – gemäß der Kompromiß-Formel »Heirate so weit weg wie nötig, aber so nahe wie möglich«. Nachwuchs mit dem eigenen Vater scheinen Gorilla-Frauen offenbar vermeiden zu wollen, was sie zum Auswandern zwingt. Abmildern läßt sich der Verlust naher Verwandtschaft durch gemeinsame Emigration von Halbschwestern, die zuweilen vorkommt. Vollschwestern hingegen weisen einen Altersunterschied von im Mittel 8 Jahren auf – was ein gemeinsames Weggehen erschwert. Daß wiederum Mütter nicht mit Töchtern auswandern, erklärt sich über ihre unterschiedlichen Interessen: Die Inzuchtgefahr besteht schließlich lediglich für die Tochter.

Inzestvermeidung kann allerdings nicht Sekundär-Transfers erklären, also das für Gorillas typische mehrfache Wechseln der Gruppe. Ausschlaggebend mag hier die Bevorzugung eines bestimmten Männchens sein. So merkt ein Weibchen ja erst nach einiger Zeit, ob das von einem Silberrücken durchwanderte Gebiet ihren Bedürfnissen entspricht und ob er einem Vergleich mit dem Nachbarmann standhalten kann. Macht der einen besseren Eindruck, kennen Haremsdamen keine Loyalität. Weibchen scheinen alten, erfahrenen Männern den Vorrang zu geben, und auch Mehr-Männchen-Gruppen zerfallen nach dem Tode des alten Silberrückens häufig. Statt bei einem silbrig werdenden Schwarzrücken oder einem frisch »Versilberten« zu bleiben, wechseln die Weibchen zu einem alten Kämpen über. Ein weiterer bedeutsamer Faktor für den Entscheid zum abermaligen Emigrieren scheint auch die Gruppengröße zu sein. In größeren Gemeinschaften sind die Weibchen häufiger in aggressive Auseinandersetzungen verwickelt und bringen im Durchschnitt weniger Kinder zur Welt – vermutlich eine direkte Folge der erhöhten Konkurrenz um Nahrung. Besonders gravierend ist das für im Rang eher tief stehende Weibchen. So verwundert nicht, daß 90 Prozent aller Emigrantinnen in kleinere Gruppen überwechseln oder sich einem einzelnen Silberrücken anschließen. Das ist für Weibchen insofern günstig, weil ihr Rang in der Gruppe weitgehend mit der Eintrittsordnung identisch ist. Daß ranghohe Weibchen hinzukommende Rivalinnen nicht einfach vertreiben, scheint der Silberrücken zu verhindern – denn er hat ein Interesse an einem möglichst großen Harem.

Wenn ausreichende Nahrung so wichtig ist für Gorilla-Weibchen, stellt sich die Frage, warum sie dann nicht allein herumwandern? Um Gruppenbildung zu verstehen, ist es Usus, dessen Vor- und Nachteile gegeneinander aufzurechnen. Derlei »Kosten-Nutzen-Kalkulationen« lassen sich im Prinzip für jedes Verhalten durchführen, mittels Methoden, die von der Wirtschaftswissenschaft entwickelt wurden. In dem Sinne ist die Verhaltensökologie eher eine Teildisziplin der Ökonomie als der Biologie. Nachteile des Gruppenlebens schließen ein:

- Übertragen von Krankheiten und Parasiten
- Konkurrenz um Güter wie Nahrung, Ruheplätze, Sozialpartner.
- Reproduktive Unterdrückung durch andere Gruppenmitglieder.

Zu den Vorteilen des Gruppenlebens wird traditionell gezählt:

- Bessere Nahrungsversorgung durch gemeinsame Verteidigung von Nahrungsquellen, Transfer von Information und kooperative Ausbeutung (Jagd).
- Gemeinsame Jungenaufzucht.
- Vermindertes Risiko, Raubfeinden zum Opfer zu fallen.

Die Weibchen zahlreicher Primatenarten kooperieren bei der Nahrungsversorgung, indem sie etwa Nachbarn davon abhalten, vereinzelt wachsende Fruchtbäume abzuernten. Die »geklumpte« Nahrung führt in dem Falle zu einer »Klumpung« der Weibchen – beispielsweise bei Makaken, Meerkatzen oder Languren. Hier verlassen Weibchen ihre Geburtsgruppe nicht, sie sind »philopatrisch« und entwickeln enge Bindungen zueinander. Die drücken sich etwa in intensiver gegenseitiger Körperpflege, Koalitionsbildung und Babysitting aus. Eine Anhäufung von Weibchen erleichtert es im Gegenzug den kräftigsten und taktisch geschicktesten Männchen solcher Arten, ganze Gruppen mehr oder weniger für sich allein in Anspruch zu nehmen. Neugeborene sind dann mit großer Wahrscheinlichkeit Halbgeschwister väterlicherseits,

Trotzig verstellt ein Silberrücken der nahenden Gruppe eines anderen Haremshalters in den Virunga-Vulkanen den Weg. Weibchen entscheiden zuweilen aufgrund solchen Imponierens, mit wem sie künftig herumziehen.

was die Maschen des sozialen Netzes in einer Art positiver Rückkopplung nochmals verdichtet.

Die Ein-Männchen-Gruppen der Gorillas entstehen hingegen ganz anders: Hier laufen die Weibchen gewissermaßen hinter den Männchen her, und ihre Beziehungen untereinander sind bestenfalls neutral. Die Nahrung der Gorillas – speziell der krautessenden Berggorillas – ist nicht »geklumpt«. Weder können die Nahrungsquellen effektiv verteidigt werden, noch würde sich der Aufwand überhaupt lohnen. Während die Vorteile kooperativer Nahrungsversorgung und Kinderaufzucht deshalb kaum zu Buche schlagen dürften, müssen Gorilla-Weibchen alle genannten Kosten des Gruppenlebens schultern.

Somit bleibt als treibende Kraft hinter der Gruppenbildung nur die Minderung des Raubfeindrisikos übrig. Trotz ihrer Größe werden Gorillas öfters von Leoparden gerissen – obwohl die Raubkatzen in der Regel andere Beute bevorzugen. In ihrem gesamten Lebensraum stellen zudem Menschen den Gorillas nach. Gruppenleben vermindert die Gefahr, getötet zu werden, auf mehrere Arten und Weisen:

- **Viele-Augen-Effekt:** Je mehr Tiere Ausschau halten, desto früher wird eine drohende Gefahr bemerkt. Mit steigender Gruppengröße müssen die Mitglieder außerdem weniger Zeit für wachsames Umherschauen aufwenden, was ihnen mehr Freiraum zur Nahrungsaufnahme und zu Sozialkontakten einbringt.
- **Abschreckungs-Effekt:** Alarm-Laute teilen Raubfeinden mit, daß sie entdeckt wurden und deshalb auch in Zukunft in dem Gebiet schlechte Karten haben dürften. »Haß«-Laute (»mobbing«) machen den Raubfeinden zudem klar, daß sie mit Gegenwehr zu rechnen haben.
- **Verwirrungs-Effekt:** Die Erfolgsrate einer Attacke sinkt mit zunehmender Gruppengröße – ganz ähnlich, wie es schwieriger ist, einen von mehreren gleichzeitig zugeworfenen Bällen zu fangen als einen einzelnen Ball.
- **Verdünnungs-Effekt:** Die Wahrscheinlichkeit, gegessen zu werden, sinkt mit zunehmender Gruppengröße. Bei 3 Mitgliedern beträgt sie ein Drittel, bei 6 Mitgliedern nur noch ein Sechstel.

Raubfeinde scheinen nicht nur Gorilla-Weibchen vom Einzelleben abzuhalten, sondern bewegen offenbar sogar Junggesellen, sich zumindest gelegentlich zusammenzuschließen.

Weibchen haben jedoch einen noch viel triftigeren Grund, die schützende Nähe eines Silberrückens zu suchen. Den Kindern allein umherziehender Mütter würde nämlich der nahezu sichere Tod drohen – aber nicht etwa durch Raubfeinde, sondern durch andere Gorilla-Männer.

Das Töten von Kindern

Der wohl dramatischste Vorgang in Gorillagesellschaften ist die Kindestötung. Solche »Infantizide« galten lange Zeit als krankhaft oder unnatürlich. Heute mehren sich Stimmen, welche die Gefahr von Kindestötung als Hauptursache des dauerhaften Zusammenlebens von Männchen und Weibchen bei Primaten schlechthin sehen. Das Schicksal von Thor illustriert, warum.

In den Virunga-Vulkanen Ruandas wurde Thor im Juni 1973 hineingeboren in die Gruppe 8 der dortigen Berggorillas. Das kleine Mädchen war das erste Kind von Macho, die mit etwa 10 Jahren aus Gruppe 4 eingewandert war. Als Thors Vater gilt Rafiki, der alternde Silberrücken der Gruppe 8. Dort lebte außerdem ein Halbbruder väterlicherseits: Peanuts, ein etwa 12jähriger Schwarzrücken. Ihre ersten 11 Lebensmonate verbrachte Thor als normales, gesundes und verspieltes Gorilla-Kind. Im April 1974 erlag der alte Rafiki einer Lungenentzündung. 28 Tage später, am 20. Mai 1974, begegneten die verbleibenden 3 Mitglieder der Gruppe 8 der 10köpfigen Gruppe 4. Deren Silberrücken, Uncle Bert, griff Macho und Thor an.

Er biß das Kind mehrmals. Der Schädel wies eine 5 cm lange Wunde auf, der Unterbauch wurde über 12 cm hinweg aufgeschlitzt, so daß die Gedärme herausquollen. In jener Nacht baute Macho ihr Nest 10 m entfernt von der Leiche ihrer Tochter. 5 Monate später kam es zu einem Kampf zwischen Peanuts und der Gruppe 4 – wovon Blutspuren, ausgerissenes Silberhaar und großflächig niedergetrampelte Vegetation zeugten. Macho kehrte daraufhin in ihre alte Gruppe zurück. 9 Monate später brachte sie einen Sohn namens Kweli zur Welt – sehr wahrscheinlich von Uncle Bert gezeugt.

Der Töter ihrer Tochter wurde mithin Vater des nächsten Kindes von Macho. Genau hierin dürfte der Grund für Infantizid liegen. Männchen können sich umso erfolgreicher fortpflanzen, je mehr Partnerinnen sie haben. Im Prinzip vermögen sie eine astronomische Zahl von Kindern zu zeugen, da pro Nachkomme im Minimalfall lediglich eine Geschlechtszelle benötigt wird, ein einziges Spermium. Das reproduktive Potential weiblicher Säugetiere ist weitaus begrenzter, da sie ihren Nachwuchs nicht nur austragen, sondern auch stillen müssen. Das milchbildende Hormon Prolaktin wirkt empfängnisverhütend und hemmt bei Stillenden den Eisprung. Der Mechanismus stellt sicher, daß Säuglinge zu einem überlebensfähigen Alter heranwachsen, bevor ihre Mutter erneut schwanger wird. Der limitierende Faktor männlicher Reproduktion ist somit die Anzahl empfängnisbereiter Weibchen. Indem Uncle Bert die kleine Thor tötete statt auf ihre Entwöhnung zu warten, verkürzte er die unfruchtbare Phase der Mutter. Zudem beseitigte Uncle Bert ein Hindernis, das deren Mutter Macho vom Eintritt in seine eigene Gruppe hätte abhalten können. Uncle Bert kämpfte überdies mit einem Rivalen, dem Nachbarmann Peanuts, der sich als unterlegen erwies. Der Ausgang der Auseinandersetzung veranlaßte Macho jedenfalls, Uncle Bert zu folgen. Im Endeffekt verkürzte sich der Abstand zwischen Machos Geburten auf 25 Monate – 14 Monate weniger, als der Durchschnitt in den Virunga-Vulkanen.

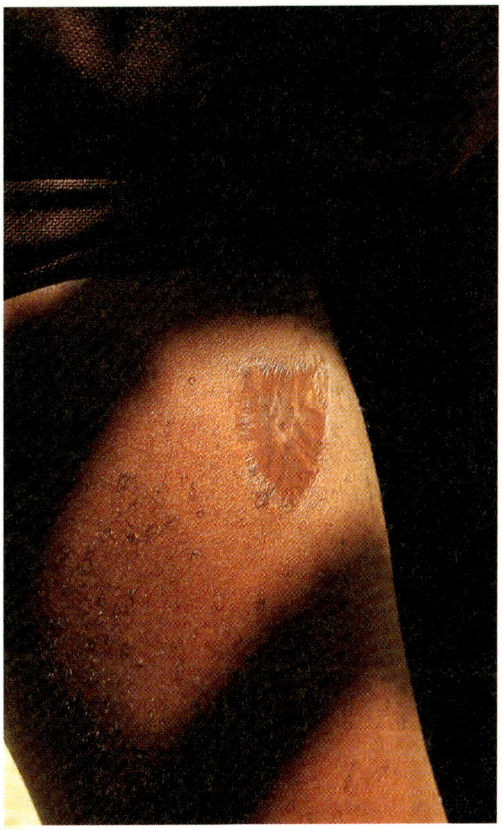

Eine Bißnarbe auf der Haut eines Jägers bezeugt, wie entschlossen Gorillamänner für die Ihren eintreten. Doch gegen die Beutegier des *Homo sapiens* bleibt *Gorilla gorilla* selten eine Chance.

Links: Ihre Nahrung kommt nicht so »geklumpt« vor, als daß Gorillas allein deshalb Ansammlungen bilden müßten. Vielmehr erwirken äußere Gefahren den Zusammenschluß. Denn Gruppen bieten mehr Sicherheit.

Mit mächtigen Eckzähnen verteidigen Gorilla-Männer ihre Gruppe. So kompromißlos wie sie zum Schutze eingesetzt werden, so erbarmungslos dienen sie auch als Angriffswaffen: um etablierte Haremshalter zu vertreiben und um deren Nachwuchs zu töten.

Verhalten sich Gorilla-Männer extrem feindselig gegenüber fremden Kindern, so sind sie äußerst freundlich gegenüber eigenem Nachwuchs. Väter investieren in ihre Kinder vor allem indirekt, indem sie sie vor anderen Männchen beschützen oder vor der Mißgunst anderer Weibchen. Männer schlichten Streitereien durch drohendes Husten und Grunzen oder durch Scheinangriffe – wobei sie in neun von zehn Fällen Partei für den jüngeren Kontrahenten ergreifen. Jeder Gorilla-Mann stellt sich bei Angriffen von Raubfeinden schützend vor seine Gruppe. Ungezählte Gorilla-Männer gaben ihr Leben, um Wilderer abzuwehren. Mütter mit Neugeborenen rücken besonders nahe an den Vater heran. Im 2. und 3. Lebensjahr entfernen sich Gorilla-Kinder häufig von ihren Müttern und tollen um den Silberrücken herum oder auf ihm drauf, was dieser stoisch über sich ergehen läßt. Wird ein Gorilla-Kind zum Halbwaisen, hält es sich an den Silberrücken und läßt sich lieber von ihm unter die Fittiche nehmen als von einem älteren Geschwister.

Die Gefahr der Kindestötung ist übrigens ein weiterer Grund, daß Väter und Söhne sich auf die Existenz von Mehr-Männchen-Gruppen einlassen. Denn Säuglinge, die in Ein-Männchen-Gruppen zur Welt kommen, werden mit siebenfach höherer Wahrscheinlichkeit umgebracht! Bei Berggorillas

fallen mehr als ein Drittel aller Kinder (37 Prozent) bis zum Alter von 3 Jahren Kindestötungen zum Opfer. Nicht immer können Männchen die Früchte ihrer Angriffslust ernten, denn es kommt vor, daß sich die Mutter nach dem Verlust ihres Säuglings einem anderen Silberrücken anschließt. In der Regel aber erhöht Infantizid die Reproduktionschancen des Töters da dieser sich erstens zusätzliche Weibchen zugänglich macht und zweitens deren Stillzeit verkürzt. Beides geht auf Kosten der Fortpflanzung von Geschlechtsgenossen. Deshalb findet hier geschlechtliche Auslese statt: Töter verschaffen sich gegenüber Nichttötern einen Selektionsvorteil. Infantizid durch neue Männchen

wurde im Freiland bei so unterschiedlichen Tiergruppen wie Dungkäfern, Fischen, Amphibien, Mäusen, Löwen, Kamelen, Pferden und Langurenaffen beobachtet und läßt sich vielfach durch Konkurrenz unter Männchen erklären. Ohne Kenntnis des Effekts wurden bis in die jüngste Vergangenheit hinein in Zoos – auch in Deutschland – die züchtenden Männchen von Gorilla-Gruppen ausgetauscht. Tierpfleger mußten dann mit Schaudern zusehen, wie der eingesetzte Mann die Säuglinge seiner neuen Gemeinschaft massakrierte…

Weibchen scheinen keine Hemmungen zu haben, sich mit den Tötern ihrer Kinder zu paaren – offenbar, weil das oft die beste reproduktive Strategie ist. Erstens kommt es darauf an, einen Verlust möglichst rasch auszugleichen. Zweitens könnte ein Sohn die kindstötenden Eigenschaften seines Vaters erben und somit dem Weibchen mehr Enkelkinder verschaffen als ein nichttötender Nachkomme. Und drittens erwiesen Kindestöter sich als besonders aggressiv und durchsetzungsfähig; sie werden darum wahrscheinlich den folgenden Nachwuchs gegen andere Männchen abschirmen können. Das könnte die Tötung älterer Kinder erklären, die eine erneute Schwangerschaft ihrer Mutter gar nicht mehr behindern. Dann übermittelt der Töter etwa folgende Botschaft an die Mutter: »Dein vormaliger Sexualpartner konnte dein Kind nicht beschützen. Also verlasse ihn und wähle ein stärkeres Männchen – hab dein nächstes Kind mit mir.«

Passen Kindestötungen damit in das ewige Klischee vom aggressiven Mann und der zum Opfer

Gorilla-Kinder können sich ruhig an ihre Mütter kuscheln, solange der leibliche Vater die Gruppe führt. Sobald aber ein fremdes Männchen den Haremshalter vertreibt, ist das Leben der Kleinen in Gefahr.

werdenden Frau? Sicherlich nicht. Denn Infantizide werden gleichfalls vom »schwachen Geschlecht« begangen, etwa bei Erdhörnchen, Mungos, Dingos, Wildhunden oder Krallenaffen. Weibchen beseitigen so unliebsame Konkurrenz eigener Kinder um Nahrung, Ruheplätze und Fortpflanzungspartner. In manchen Tiergesellschaften – beispielsweise bei den Wildhunden Afrikas und bei südamerikanischen Krallenaffen – können ältere Töchter oder Schwestern der Mutter effektiv bei der Aufzucht ihrer jüngsten Kinder helfen, indem sie die Geschwister oder Neffen und Nichten herumtragen, reinigen oder für sie Nahrung herbeibringen. Werden die sogenannten »Helfer-am-Nest« selbst schwanger, fallen sie als Reproduktionsassistenten aus. Geschlechtsreife, nicht-dominante Weibchen in solchen Gemeinschaften haben somit mehrere Möglichkeiten. (a) Sie können auf Nachwuchs verzichten und sich indirekt über Blutsverwandte gemäß dem Prinzip der Verwandtenselektion »fortpflanzen«. Eine kinderlose Tante kann ja durch 2 zusätzliche Neffen oder Nichten zweimal 25 Prozent ihrer Gene in die nächste Generation befördern – genausoviel, als ob sie ein leibliches Kind aufzöge. (b) Sie können versuchen, selbst Kinder in die Welt zu setzen – was oft durch Vernichtung ihres Nachwuchses vom dominanten Weibchen »bestraft« wird. (c) Sie können auswandern und damit dem Totbeißen vorbeugen. Die Emigration ist jedoch risikoreich und mag – beispielsweise weil keine nahrungsreichen Areale frei sind – in Kinderlosigkeit enden.

Sex läuft bei Gorillas ruhig und unspektakulär ab. Da Männchen keine Widersacher um sich haben, sind Störungen nicht zu befürchten.

Möglicherweise bringen auch Gorilla-Weibchen Kinder von Rivalinnen um. Jedenfalls verschwand Anfang Oktober 1976 aus der Berggorilla-Gruppe 5 der 5 Monate alte Säugling Banjo, das erste Kind von Pantsy. Sein mutmaßlicher Vater Beethoven führte die Gruppe als unangefochtener Silberrücken. Pantsy zeigte zudem keinerlei Anzeichen zum Gruppenwechsel – was Infantizid durch ein Männchen unwahrscheinlich macht. Die Leiche von Banjo wurde zwar nicht gefunden, doch entdeckten Dian Fossey und Mitarbeiter 133 Knochenstückchen und Haare eines Gorillakindes im Kot zweier Weibchen. Die Kannibalinnen waren das ranghöchste Weibchen der Gruppe – Effie – und ihre jung erwachsene Tochter – Puck. Die beiden schienen mithin das Kind eines rangniederen, mit ihnen nicht verwandten Weibchens beseitigt zu haben.

Kindestötungen wie die unter Gorillas sind für unser eigenes Selbstverständnis bedeutsam. Daß Menschen ein goldenes Zeitalter des Friedens nie kannten, wird gemeinhin akzeptiert. Bereits steinzeitliche Felsmalereien widmen sich Kampfszenen, zeigen von Pfeilen Durchbohrte zu Boden sinken. In der Welt der Tiere jagen Räuber ihre Beute, um sich zu ernähren. Doch seit alters wird betont, daß Tiere keine Angehörigen der eigenen Art umbringen. Sebastian Franck machte sich im 16. Jahrhundert auf die klassische Gegenüberstellung von Tier und Mensch folgenden Reim: »Wo hat ein schlang ein schlangen toedt / Ein Loew eim loewen anthon not? / In welchem wald hat ye ein Beer / ein schwein vnd indisch Tigerthier / Getobt in sein gleich?/ Wahrlich nie./ Schwein hat mit schwein

Konrad Lorenz, verdienstvoller Vater der Verhaltensforschung, nahm Tötungshemmungen bei Arten mit scharfen Waffen an. Doch benutzen etwa Gorillas ihre Zähne durchaus nicht nur zum Blätterrupfen. Tiere scheren sich offenbar nicht um Arterhaltung, sondern suchen den eigenen Vorteil.

stets frieden hie. / Aber Gott ein mensch der thuot / Vil loyds eim menschen / seinem Bluot.«
Was gilt als Ursache der angeblich bizarren Unregelmäßigkeit, wonach nur »Homo homini lupus«, nur der Mensch dem Menschen ein Wolf ist, nur die vernunftbegabtesten Wesen einander behandeln, als seien Artgenossen Beutestücke? Die innerartliche Aggression wird von Humanwissenschaftlern kontrovers gedeutet. Ein zentraler Zankapfel ist das 1963 vom späteren Nobelpreisträger Konrad Lorenz veröffentlichte Buch »Das sogenannte Böse«. Lorenz, 1961 - 1973 Direktor am Max-Planck-Institut für Verhaltensphysiologie im oberbayerischen Seewiesen, beschäftigt sich hierin mit der Naturgeschichte und dem biologischen Zweck eben der innerartlichen (intra-spezifischen) Aggression, die er als »auf den Artgenossen gerichteten Kampftrieb von Tier und Mensch« definiert. Zwischenartliche (inter-spezifische) Aggression wie Beutemachen bleibt außer Betracht, da ihr biologischer Sinn offensichtlich sei. Wohl keine Veröffentlichung eines Verhaltensforschers fand im deutschsprachigen Raum eine solche Verbreitung – bis hinein in Schulbücher –, wie diese exzellent geschriebene Abhandlung. Lorenz spricht von einem innerartlichen Aggressions»trieb«, den er als echten »Instinkt« gleichberechtigt etwa neben Hunger oder Sexualität stellt. Triebe haben definitionsgemäß eine innere (endogene) Erregungsproduktion. Weitgehend unabhängig von Umweltreizen stauen sie sich so lange auf, bis Entladung unvermeidlich wird. Gemäß dieser »Dampfkesseltheorie« **muß** der angesammelte Druck nach einiger Zeit abreagiert und abgelassen werden. Es kommt folglich ohne äußere Auslöser zu Aggressionsausbrüchen »im Leerlauf«. Auch Menschen wohnt nach Lorenz ein Aggressionstrieb inne, der in »verderblichem Maß« in der Frühsteinzeit angezüchtet wurde. Auslese betrieb »der Krieg, den die feindlichen benachbarten Menschenhorden gegeneinander führten. Er muß eine extreme Herauszüchtung aller sogenannten 'kriegerischer Tugenden' bewirkt haben.« Gegenwärtig sei Aggression unter Menschen ein Problem, weil »der heutige Zivilisierte [...] unter ungenügendem Abreagieren aggressiver Triebhandlungen leidet«. Um den Triebstau zu senken, empfahl Lorenz, Sport zu treiben – ein naiver pseudo-medizinischer Rat.
Bis heute konnte jedoch kein überzeugender Beweis dafür gefunden werden, daß die Aggression dem Hunger oder der Sexualität vergleichbar ist und damit ein »spontan« anwachsendes Bedürfnis. Wolfgang Wickler, Schüler von Konrad Lorenz und sein Nachfolger am Seewiesener Institut, wies zudem auf die biologisch absurde Konsequenz der Theorie hin, »daß ein Tier, dem es gelungen ist, alle störenden Konkurrenten aus seinem Bezirk zu vertreiben, nach einiger Zeit Appetit auf Kämpfe bekommt und dann auszieht, um andere zu stören«. Außerhalb des deutschsprachigen Raumes gelten mittlerweile sogar Begriffe wie »Instinkt« und »Trieb« als Worte von Schall und Rauch und

sind inzwischen fast vollständig aus der Fachliteratur verschwunden.

Im Unterkapitel »Wozu das Böse gut ist« beschreibt Lorenz die Aufgaben der intraspezifischen Aggression: Die Stärkeren und Gesünderen werden in Rivalenkämpfen um Weibchen, Reviere und Rangstellungen für die Fortpflanzung ausgelesen; Artgenossen verteilen sich so über den Lebensraum, und die Familien erhalten kämpferische Verteidiger.

Logische Folge dieses auf »Arterhaltung« bezogenen Triebmodells ist die Behauptung, daß eine angeborene »innerartliche Tötungshemmung« die Selbstausrottung solcher Tiere verhindert, die zum Umbringen von Artgenossen fähig wären. Fernwaffen schwächen die natürlichen Tötungshemmungen des Menschen, meint Lorenz. Zwischen dem Krumm-Machen des Zeigefingers oder einem Knopfdruck und der verwundenden Wirkung des Geschosses oder der Bombe besteht keine sinnfällige Verbindung mehr. Schmerz und Qual der Opfer, angesichts derer Aggressoren normalerweise beschwichtigt werden, können nicht wirksam werden: »Kein Mensch würde auch nur auf die Hasenjagd gehen, müßte er das Wild mit Zähnen und Fingernägeln töten.« Instinktive Hemmungen werden angeblich im direkten Kampf zwischen Kontrahenten wirksam. Unterlegene Wölfe oder Hunde würden sich deshalb auf den Rücken werfen und böten ihrem Besieger die Kehle dar, also eine extrem verwundbare Körperstelle. Nach Lorenz veranlaßt diese »Demutsgebärde« Überlegene, den Kampf einzustellen. In erster Linie entwickelten Tiere mit scharfen Eckzähnen und Krallen derlei Rituale intraspezifischer Aggressionsdämpfung.

»Die arterhaltende Zweckmäßigkeit eines solchen Hemmungsmechanismus ist ebenso offensichtlich wie die Unzweckmäßigkeit des Umbringens von Artgenossen«, schrieb Lorenz.

Daß unterlegene Rivalen selten getötet werden, läßt sich allerdings auch anders erklären. Denn kein Gegner, wie schwach immer, ist hemmungsloser als ein in die Enge getriebener, der bereit ist, alles auf eine Karte zu setzen, um seine Haut zu retten. Kämpfende Makakenmännchen verletzen einander selten schwer. Ein Unterlegener zeigt tatsächlich Unterwerfungsgebärden. Wer auf dem Rücken liegt, wendet dem Sieger aber zugleich sein Gebiß zu. Nimmt der Gegner das Angebot nicht an, wehrt sich der Verlierer mit aller Wildheit. Kämpfe bis zum Letzten wären somit rar nicht wegen angeborener Tötungshemmungen, sondern aus Angst vor einem Gegenschlag. Ein unfreiwilliges Experiment im US-amerikanischen Primatenzentrum von Oregon macht das klar: Japanmakaken wurden die messerscharfen Eckzähne gezogen, woraufhin höherrangige Gruppenmitglieder sie umbrachten. Ähnlich verhielten sich indische Languren der Universität von Kalifornien in Berkeley. Zur Umsiedlung wurde das Mitglied einer Männchengruppe mit Ketamin betäubt. Sobald die lähmende Droge wirkte, attackierten zunächst ein rangniederes und anschließend ein ranghöherer Affe den betäubten, kampfunfähigen Rivalen.

Eher Furcht vor den potentiell vernichtenden Waffen auch eines unterlegenen Gegners als selbstlose Sorge um den Fortbestand der Art hält also Tiere vom Weiterkämpfen ab. Die wehrlosesten aller Artgenossen, Säuglinge und Kinder, erfahren das auf oft fatale Weise – obwohl ihnen laut Lorenz das angeblich Betreuung auslösende »Kindchenschema« im Gesicht steht. Dian Fossey pflegte einstmals ein etwa zweieinhalbjähriges Berggorilla-Mädchen, das Wilderern abgenommen worden war. Sie hoffte, daß die Gruppe 5 Bonne Année adoptieren würde – doch machte die Gorillaforscherin ihre Rechnung ohne die Eigeninteressen von Matriarchin Effie und Tochter Tuck. Die beiden begannen sofort, Bonne Année zu beißen, zu schleifen und zu schlagen. Verständlich, denn hier tauchte eine Rivalin auf, die sich (im Unterschied zu älteren Immigrantinnen) noch nicht selbst verteidigen konnte. Der Eingliederungsversuch wurde wenig später bei einer 7köpfigen Männchengruppe wiederholt. Die Junggesellen akzeptierten Bonne Année sofort – was aber gleichfalls nicht auf Selbstlosigkeit hinweisen muß, sondern eher darauf, daß sie in ihr eine künftige Fortpflanzungspartnerin sahen.

Durch die zahlreichen Beobachtungen von Artgenossentötungen im Freiland brach mittlerweile ein Eckstein der Lorenzschen Theorie völlig weg: das Postulat einer innerartlicher Tötungshemmung. Rivalenkiller und Kindestöter – gleich ob bei Mäusen, Löwen, Gorillas und zahllosen anderen Arten – scheren sich wenig um »Arterhaltung«. Sonst könnten sie durchaus damit einverstanden sein, daß andere für Nachwuchs sorgen. Wenn aber Weibchen den Nachwuchs von Rivalinnen umbringen und Männchen die Kinder ihrer Vorgänger

– was eine baldige Befruchtung »ihrer« Weibchen möglich macht –, interessiert sie ganz offenbar die Fortpflanzung ihres eigenen Erbgutes. Gen-Egoismus bestimmt ihr Verhalten. Auslese findet im Vorgang der Evolution mithin nicht auf der Ebene der Art statt, sondern bei den Einzelwesen – genauer gesagt: auf der Ebene von Genen.

Bleibt zu fragen, was eigentlich zu der irrtümlichen Ehrenrettung der Tiere führte, zu eben jener trügerischen Annahme, Artgenossentötung zeichne allein Menschen aus? Unter Anthropologen galt der Nachweis von Kannibalismus zeitweilig sogar als Kriterium für das Erreichen einer »humanen« Evolutionsstufe: Der Affe ließ das Tier-Mensch-Übergangsfeld hinter sich, als er das Gehirn von Artgenossen verzehrte. Der pauschale Freispruch der Tiere mag mit der christlichen Sündenlehre und jener unterschwelligen Arroganz zusammenhängen, die dem Menschen allein Verstand zubilligt: Nur die Ebenbilder Gottes besitzen Vernunftgewalt über Tun und Lassen, selbst wenn sie statt zum Guten zum Bösen ausschlägt, weil sie mit der Fähigkeit zu sündigen einhergeht. Als die Bewohner Edens zu denken anfingen, wurden sie in der Tat schuldige, böse Menschen. Nach der Vertreibung aus dem Paradies steigerte sich die Verwerflichkeit: Der Brudermord Kains folgt auf den Fuß. Es kann uns nicht ethisch entlasten – aber aus evolutionsgeschichtlichem Blickwinkel betrachtet, fand der Sündenfall statt, lange bevor Adam und Eva über die Erde wandelten. Auch die »milden Wilden«, die Gorillas, legen davon Zeugnis ab.

Nur ein halbes Tausend Berggorillas hat überlebt. Töten Wilderer einen Haremshalter, ist das doppelt tragisch: Seine Kinder attackiert wahrscheinlich jenes Männchen, das die Weibchen des Opfers übernimmt.

Menschen entscheiden zunehmend das Schicksal der Gorillas – wie auch ein im Kongo verwaistes Kind auf traurige Weise erfährt.

In Ostafrikas vormaligem Lebensraum für Wildtiere wuchern heute Blumen, die im Westen als »ökologisches« Insektizid vermarktet werden.
Einen mageren Rest Bergheimat bewachen Wildhüter – ziemlich hoffnungslos in einer Bürgerkriegsregion.

Warum gerade Gorillas?
Ein Gespräch mit Angela Meder

Was ist so faszinierend gerade an Gorillas?

Wie alle Menschenaffen haben Gorillas ein komplexes Verhalten, so daß sie zu beobachten nie langweilig wird – wenn man genügend Geduld aufbringt. Gorillas sind träge und verbringen den größten Teil des Tages mit Fressen und Ausruhen. Da ich ein eher ruhiger Mensch bin, passen Gorillas im Temperament gut zu mir. Wer Beobachtungen möglichst rasch abschließen will, würde sich bei ihnen nicht wohlfühlen.

Worum geht es hauptsächlich bei deinen Forschungen?

Ich konzentrierte mich auf die ersten Lebensjahre und die sozialen Beziehungen zoolebender Gorillas. Doch stand dabei immer der Praxisbezug im Vordergrund: Meine Studien sollen die Haltungsbedingungen verbessern.

Wie stehst du zur Gefangenschaftshaltung?

Man sollte die Gorillas, die es heute in Zoos gibt, als eigene Population erhalten. Ihnen können durchaus vernünftige Lebensbedingungen geboten werden. Meist fehlt den Zoos das Geld für den Um- oder Neubau veralteter Gehege, doch in vielen Fällen könnte mit Phantasie und geringem Aufwand die Haltung deutlich verbessert werden. Das erfordert allerdings Offenheit für Anregungen aus der Forschung und der Zoopraxis. Man sollte sich aber nicht der Illusion hingeben, Gorillas irgendwann ins Freiland auswildern zu können, wenn ihre freilebenden Artgenossen ausgerottet sind. Das dürfte bei den äußerst sensiblen Gorillas noch schwieriger sein als bei Orangs und Schimpansen.

Sollten biomedizinische Versuche an Menschenaffen erlaubt sein?

Mit bedrohten Tierarten sollte grundsätzlich nicht experimentiert werden. Den Einsatz von Primaten lehne ich generell ab, zumal sie in Laboratorien meist einzeln gehalten werden. Für hochentwickelte soziale Lebewesen ist das unzumutbar.

Können Gorillas denken?

Mit Sicherheit. Es ist allerdings schwierig zu beurteilen, wie weit ihre Gedanken reichen. Zwar versuchen einige Forscher durch Zeichensprache mit Gorillas zu »reden« und sie zu befragen. Dem stehe ich aber kritisch gegenüber. Diese Wissenschaftler interpretieren die Äußerungen der Gorillas häufig sehr frei. Sie wollen beweisen, daß Gorillas die gleichen psychischen Anlagen haben wie Menschen – doch das ist sicher nicht der Fall. Gorillas sind uns in vielen Aspekten ähnlich, aber in anderen ganz unterschiedlich. Wir können nicht erwarten, die Gedankengänge einer anderen Art zu verstehen wie die von Menschen.

Haben Gorillas eine Sprache?

Gorillas verständigen sich nicht mit Worten, wie wir es tun. Dennoch tauschen sie Signale aus, die ihr Verhalten regeln. Auch wir setzen oft unbewußt angeborene Signale ein. Die werden uns erst bewußt, wenn wir zu Völkern reisen, deren Sprache wir nicht verstehen. Ganz ähnlich können Gorillas mit allen Sinnen kommunizieren. Über Blicke, Körperhaltung, Düfte, Berührungen oder Bewegungen teilen sie Wünsche und Stimmungen mit. Über leise Rülps- oder Grunzlaute geben sie ihren Aufenthalt in der dichten Vegetation bekannt. Grunzer können aber ganz unterschiedliche Bedeutungen haben, auch wenn sie für Menschen völlig gleich klingen.

Das Honorar deines Gorilla-Buches fließt der Schutzorganisation BRD zu – warum?

Daß es diese Menschenaffen irgendwann nur noch in Gefangenschaft geben könnte, ist für mich unvorstellbar. Überleben können sie jedoch nur, wenn ihre Wälder erhalten bleiben. Deshalb bin ich ehrenamtlich für die Berggorilla & Regenwald Direkthilfe tätig. Ich gebe beispielsweise das »Gorilla-Journal« heraus, beantworte Briefe, berichte auf Tagungen und vor Laien über unsere Erfahrungen. Ich finde es sehr wichtig, die ursprüngliche Heimat der Tiere und die dortigen Probleme im Auge zu behalten.

Welche großen Forschungsaufgaben siehst du?

Gorillabestände sind nur für einige Gebiete gut untersucht, und niemand weiß genau über andere Regionen Bescheid. Es wäre wichtig, herauszufinden, wo sie heute überhaupt noch vorkommen und ob Schutzmaßnahmen ergriffen werden müssen. Nur wenn die richtigen Schritte rechtzeitig unternommen werden, haben die Menschenaffen eine Überlebenschance.

(Dr. Angela Meder, geb. 1956, studierte Biologie in Heidelberg und führte seit ihrer Diplomarbeit zahlreiche Untersuchungen an Zoogorillas durch. Wissenschaftlerin, Redakteurin und Autorin von Sachbüchern; seit 1991 aktiv bei der »Berggorilla & Regenwald Direkthilfe«, seit 1998 im Vorstand der »Gesellschaft für Primatologie«.)

Schimpansen

Zwischen Natur und Kultur

Geschickt gebrauchen sie Werkzeuge, arbeiten bei Jagdzügen zusammen und erweisen sich als gewiefte Politiker. Ihre Intelligenz nutzen sie zudem, um rivalisierende Nachbarn auszurotten.

Die Entdeckung der Schimpansen

Auf ein Mischwesen zwischen Mensch und Tier weist der heute gültige lateinische Name für die Schimpansen hin: *Pan troglodytes,* der »höhlenbewohnende Pan«. Die flötenspielende griechische Gottheit mit ihren Bocksfüßen und Hörnern pflegte Hirten beim mittäglichen Schlummer zu überraschen und in den sprichwörtlich gewordenen »panischen« Schrecken zu versetzen. Weil er eine »unheimliche« Mischung zwischen Mensch- und Tiergestalt beschreibt, mögen Taxonomen den Namen *Pan* als passend empfunden haben.
Bezug auf ein Mischwesen der Antike – den Satyr – nahm auch der niederländische Mediziner Nicolaas Tulp (verewigt in Rembrandts Gemälde »Die Anatomie des Dr. Tulp«) bei der ersten wissenschaftlichen Zerlegung eines Menschenaffen. Tulp sezierte einen Schimpansen aus der Menagerie des Prinzen von Oranien bei Den Haag und entdeckte bedeutende Ähnlickeiten zum Menschen. Der Befund fand nicht zuletzt Ausdruck darin, daß Tulp in den 3bändigen »Observationum medicarum libri tres« des Jahres 1641 den Schimpansen als »Orang-Utan oder Indischen Satyr *(Satyrus indicus)*« bezeichnete. Es sollte noch eine Weile dauern, bis alle behaarten und unbehaarten menschenähnlichen Geschöpfe aus den Dschungeln Asiens und Afrikas als eigenständige Formen erkannt und entsprechend benannt wurden.
Eine heute noch als vorbildlich geltende Sektion führte 1699 der britische Chirurg Edward Tyson durch. Er untersuchte einen jungen Schimpansen, der ein Jahr zuvor von Angola nach London gelangt war – der erste bekannte Menschenaffe in England. Das präparierte Skelett schmückt seitdem die Bestände des Britischen Museums. Die dazugehörige reich bebilderte Beschreibung trägt den wiederum recht verwirrenden Titel »Orang-outang, sive Homo sylvestris, or the Anatomy of the Pygmie Compared with that of a Monkey, an Ape, and a Man«. Tyson erklärte, daß die von ihm untersuchte Kreatur einem Menschen »sehr ähnlich ist, mehr als irgendein anderes Tier in der Welt«, weiche sie doch in 47 Merkmalen von bisher bekannten Affen ab. Aus heutiger Sicht korrekt ordnete Tyson den Schimpansen genau zwischen Menschen und übrigen Tieren ein – »in dieser Ket-

te der Schöpfung, als ein mittleres Glied zwischen einem Affen und einem Menschen«.
In der Folgezeit gelangten mehr und mehr Schimpansen in englische Tiergärten. Um 1738 kam der Name »Schimpanse« auf, als M. de la Brosse sie (aus unbekannten Gründen) als »quimpézé« etikettierte. Der zuweilen auch im Deutschen gebräuchliche Name »Tschego« für den dunkelgesichtigen Schimpansen Westafrikas geht hingegen zurück auf den bereits erwähnten Andrew Battel. Um 1600 berichtete er aus dem Kongogebiet nicht nur von einem »großen Ungeheuer« (dem Gorilla), sondern zudem von einem »kleineren Ungeheuer« namens »Ensego« (auch »Engeco«) – vermutlich eine Verballhornung des afrikanischen Wortes »Nshiego«. Battel beschreibt den Ensego allerdings nicht weiter. Dem natürlichen Leben von Schimpansen wandte sich erst der amerikanische Zoologe und Sammler R. L. Garner zu. Im Wald Gabuns ließ er Ende des 19. Jahrhunderts einen riesigen Käfig errichten – allerdings nicht für Affen, sondern sich selbst! Garners Furcht vor Menschenaffen, speziell Gorillas, war durch Schauermärchen von Jägern wie du Chaillu geschürt worden. Immerhin verbrachte Garner 112 Nächte und fast ebenso viele ganze Tage in seinem freiwilligen Gefängnis. Eindrucksvoll schrieb er 1896 über einen »kanjo« oder »carnival« der Menschenaffen – denn aus der Nähe und Ferne hörte Garner Schimpansen auf Holz trommeln und markerschütternd schreien. Die visuelle Ausbeute war mager – lediglich ein paar Gorillas oder Schimpansen gerieten kurz in sein Blickfeld. Historisch bedeutsam ist, daß Garner seinen Studienobjekten nicht mit dem Gewehr auf den Leib rückte, sondern erstmals die Methode des geduldigen Beobachtens ausprobierte – ein für moderne Generationen von Forschern prophetisches Unterfangen.
In den Jahrzehnten nach Garners rührend-einfältigem Versuch stand es schlecht um Feldforschung. Zunächst revolutionierten Experimente an gefangengehaltenen Primaten das Bild. So widmete sich der deutsche Psychologe Wolfgang Köhler ab 1913 Schimpansen, die er auf Teneriffa in der Anthropoiden-Forschungsstation der Preußischen Akademie der Wissenschaften hielt. Die Menschenaffen erwiesen sich als in der Lage, offenbar »einsichtig« Kisten zu stapeln und Stöcke zusammenzustecken, um an Bananen zu gelangen. In den USA baute Robert Yerkes ab 1925 sein Schimpansenlaboratorium auf, zunächst in Orange Park, Florida, bevor es später nach Atlanta übersiedelte. Yerkes schickte

Links: Auf Bäumen und Boden fühlen Schimpansen sich zu Hause. Nicht zuletzt deshalb trifft zu, wie frühe Anatomen sie beschrieben: als »mittleres Glied zwischen Affen und Menschen«.

Weil sie in offenen Wäldern siedeln, gelten Schimpansen gerne als Modelle früher Menschen, die sich in die Savanne wagten. Doch sind unsere stammesgeschichtlich nächsten Verwandten gleichfalls im Regenwald beheimatet. Wie der Menschen Wiege aussah, wissen wir deshalb heute umso weniger.

Schimpansen

Bezeichnung

Deutscher Name: Schimpanse
Englischer Name: Chimpanzee, Common chimpanzee
Wissenschaftlicher Name: *Pan troglodytes*
Unterarten:
- *Pan troglodytes verus*, Westafrikanischer Schimpanse, Echtschimpanse (engl.: West African chimpanzee);
- *Pan troglodytes troglodytes*, Zentralafrikanischer Schimpanse, Tschego (engl.: West African chimpanzee, Tschego);
- *Pan troglodytes schweinfurthii*, Ostafrikanischer Schimpanse, Langhaarschimpanse (engl.: East African chimpanzee)

Bemerkung: Manche Wissenschaftler halten den Westafrikanischen Schimpansen für eine eigenständige Art.

Verbreitung

Vorkommen:
Westafrikanischer Schimpanse: Früher von Süd-Senegal nach Osten bis zum Niger-Fluß in Zentral-Nigeria; jetzt ausgerottet in Gambia, Burkina Faso, Benin, Niger und eventuell auch Togo; größter Bestand in Elfenbeinküste, kleine Populationen in Guinea, Sierra Leone, Liberia; Restbestände in Guinea-Bissau, Mali, Ghana, Senegal
Zentralafrikanischer Schimpanse: Größte Bestände in Gabun, Kamerun, Kongo; kleine Populationen in Zentralfrikanischer Republik, Äquatorial-Guinea, Ost-Nigeria, Angola (Cabinda-Enklave)
Ostafrikanischer Schimpanse: Von der westlichen Demokratischen Republik Kongo (vormals Zaïre) nördlich und östlich des Zaïre-Flusses bis zum Südende des Tanganyika-Sees in

Tansania; weiter nördlich in Burundi (Restbestände), Ruanda (Restbestände), Uganda bis Süd-Sudan
Populationsschätzung (um 1995):
Westafrikanischer Schimpanse: 12 000
Zentralafrikanischer Schimpanse: 80 000
Ostafrikanischer Schimpanse: 13 000
Status (Rote Liste bedrohter Tierarten, IUCN 1996): Bedroht
Bemerkung: Westafrikanischer Schimpanse am stärksten gefährdet

Körper

Länge: Männchen im Mittel 120 cm; Weibchen im Mittel 113 cm
Gewicht: Männchen durchschnittlich 43 kg, Spanne 37 - 60 kg, im Zoo bis 90 kg; Weibchen durchschnittlich 32 kg, Spanne 30 - 47 kg
Aussehen:
Westafrikanischer Schimpanse: Schwarzes Gesicht, spärlich behaart; Knöchelgang, auch zweibeinig; Ano-Genitalschwellungen bei Weibchen
Zentralafrikanischer Schimpanse: Ebenso, aber helles Gesicht
Ostafrikanischer Schimpanse: Wie Westafrikanischer Schimpanse, aber längeres Körperhaar

Auffälliges Verhalten

Werkzeugherstellung (z. B. Hölzer zum Insektenfang) und -benutzung (z. B. Hammer und Amboß zum Nüsseknacken); lokale Traditionen im sozialen und technologischen Bereich (Kulturen); Jagd (vor allem auf Stummelaffen); geschlechtstypisches Verhalten mit meist jagenden Männchen und sammelnden Weibchen; Nahrungsteilung; aggressive Auseinandersetzungen zwischen Gruppen bis hin zur Ausrottung (»Proto-Krieg«); Tötung gruppeneigener und gruppenfremder Kinder; promiskes (sexuell freizügiges) Paarungssystem

Fortpflanzung

(F = Freiland, G = Gefangenschaft)

Weiblicher Zyklus: 32 - 36 Tage (F)
Schwangerschaftsdauer: 228 Tage, Spanne 202 - 261 Tage (G)
Kinder pro Geburt: 1, sehr selten Zwillinge
Geburtsgewicht: Durchschnittlich 1,8 kg
Entwöhnungsalter: 4 Jahre; von Mutter abhängig bis teilweise 10. Lebensjahr
Geburtenabstand: 4 - 6 Jahre, Spanne 2 - 8 Jahre (F)
Alter bei 1. Geburt: 12 Jahre, Spanne 5 - 32 Jahre (G) bzw. 13 Jahre, Spanne 11 - 20 Jahre (F)
Männliche Geschlechtsreife: 13 - 14 Jahre (G)
Sterblichkeit im 1. Jahr: 23 % Männchen, 33 % Weibchen (F)
Maximale Lebensdauer: In Menschenobhut mehr als 50, in der Wildnis etwa 40 Jahre

Ernährung (% Eßzeit)

Früchte: 56 - 71 %
Blätter: 18 - 21 %
Andere Pflanzenteile, insbesondere Kräuter und Bodenvegetation: 11 - 23 %
Tiere: 0,1 - 4 %; mindestens 25 Wirbeltierarten (80 % Rote Stummelaffen, 20 % u.a. Buschböcke, Buschschweine, Paviane, Nagetiere), Ameisen, Termiten, Bienen, Raupen, Käfer; selten auch Kannibalismus
Mineralien: Erde von Termitenbauten; Stein
Kot: Eigener Kot (selten)

Lebensweise

Tagaktiv; bauen Tag- und Nachtnester; zu etwa 50 % bodenlebend (Männchen durchschnittlich 40 % der Tageszeit auf Bäumen, Weibchen 60 %)
Biotop: Immergrüner Regenwald; geschlossene und lichte Wälder, mehr oder weniger laubwerfend; Galeriewälder, Plantagen, offene Savanne, Grasland

Streifgebiete:
Dichter Wald 5 - 38 km^2, offene Landschaft 25 - 560 km^2
Tageswanderung: Gombe-Park Männchen 5 km, Weibchen 3 km; Taï-Wald Männchen 3 km, Weibchen 2 km
Feinde: Leopard, Löwe, Mensch

Soziales Leben

Sozialstruktur: Mitglieder einer Kommunität (»unit-group« oder »community«) treffen sich gelegentlich (»fusion«) und wandern mehr oder weniger lange in kleineren Grüppchen (»parties«) herum, bis sie schließlich wieder auseinander gehen (»fission«). Männliche Mitglieder sind oft Halbbrüder, während die eingewanderten Weibchen nicht verwandt sind. Entsprechend sind Sozialbeziehungen unter Männchen stärker ausgeprägt als unter Weibchen. Einzelne Männchen versuchen sich durch Körperkraft und geschicktes sozialtaktisches Koalieren als Alpha-Affe (Ranghöchster) zu etablieren.

Mitglieder pro Kommunität:
Durchschnitt 41, Spanne 20 - 100; Grüppchen von durchschnittlich 6, Spanne 3 - 10
Wanderndes Geschlecht:
Nicht Männchen, aber die meisten Weibchen

Ausgewählte Freilandstudien

(Ort, Land; Beginn; Teamleiter)

- Boussou, Guinea; seit 1976; Yukimaru Sugiyama.
- Taï, Elfenbeinküste; 1976, seit 1979; Christophe Boesch.
- Nouabalé-Ndoki, Kongo; 1989 bis 1992, seit 1994; Suehisa Kuroda.
- Lopé Reserve, Gabun; seit 1984; Caroline Tutin, Michel Fernandez.
- Kanyawara, Kibale, Uganda; 1978 bis 1981 (Michael Ghiglieri), 1983 bis 1985 (Gilbert Isabirye-Basuta), seit 1987 (Richard Wrangham).
- Gombe Stream Wildlife Research Center, Tansania; seit 1960; Jane Goodall.
- Mahale Mountains Wildlife Research Center, Tansania; seit 1965; Toshisada Nishida.

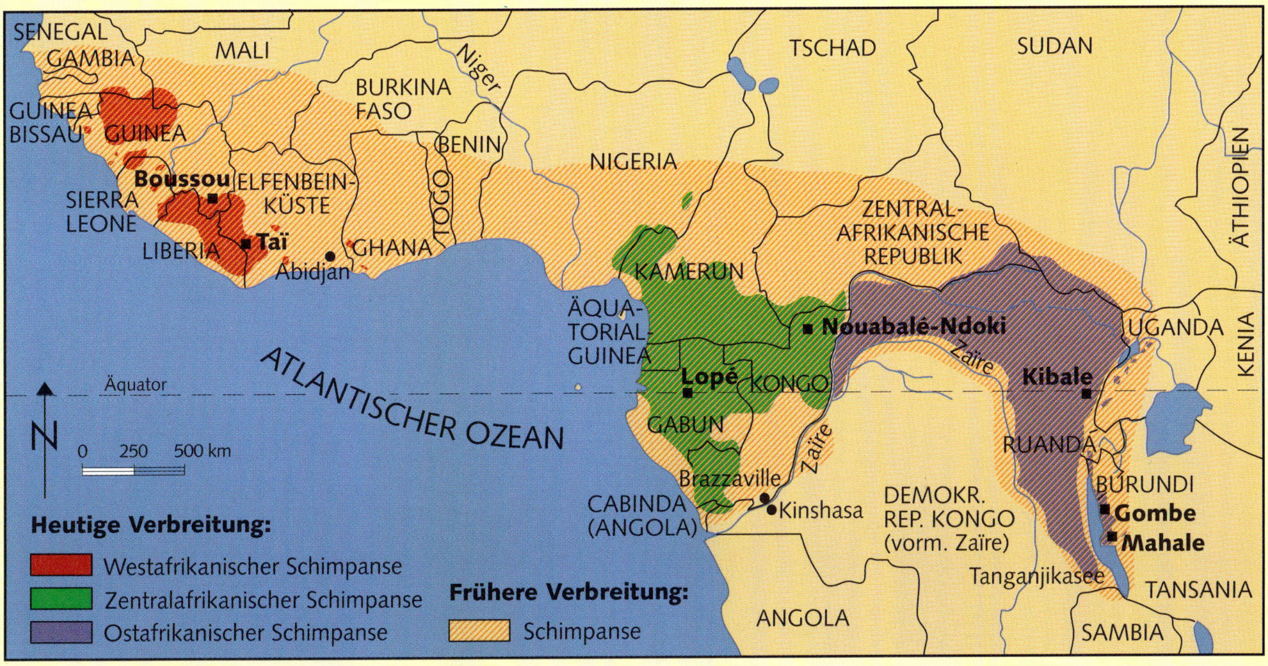

Rechts: Komfortable Nachtnester bauen Schimpansen aus biegsamen, belaubten Ästen auf ausgewählt hohen Bäumen – allerdings vorzugsweise mit dünnem Stamm. Der wackelt wohl eher, falls Leoparden sich anschleichen.

Henry Nissen nach Guinea. 1930 suchte Nissen an 64 Tagen nach Schimpansen – wobei er sich einheimischer »Helfer« so oft wie möglich entledigte. Ihm war klar, daß sich Schimpansen beim Anrücken größerer Menschengruppen unbemerkt von dannen machen. Nissen sah die Menschenaffen denn auch an 49 Tagen und ließ Zweifel laut werden an Berichten David Livingstones, wonach Schimpansen gegenseitig respektierte Einehen eingingen. Der Afrika-Forscher hatte 1874 in seinem »Last Journal« ausgeführt, die Menschenaffen lebten »in Gemeinschaften von etwa zehn, jeder mit seinem eigenen Weibchen. [...] Wenn einer das Weibchen des anderen ergreifen will, wird er auf den Boden geworfen und alle vereinigen sich boxend und beißend gegen den Übeltäter.« Nissen hingegen sah nicht nur mehrere erwachsene Männchen mit einzelnen Weibchen herumziehen, sondern die Gruppen wechselten zudem ihre Zusammensetzung. Ein Vorbild für Kleinfamilien nach westlichem Ideal gaben die Schimpansen also weiß Gott nicht ab. Hinter dem Wunschdenken stand vermutlich der eher prüde Verhaltenskodex des viktorianischen Weltbildes.

Weitere 30 Jahre verstrichen, ehe die bis heute ununterbrochene Serie von Freilandforschung begann. 1960 machte sich der niederländische Zoologe Adriaan Kortlandt in die Beni-Region Ost-Zaïres auf. Geduldig auf einem Baum versteckt, wartete er darauf, daß Schimpansen eine Grapefruit-Plantage plünderten. Auch Kortlandt bemerkte Spaltungen der Gesellschaften, weil oft Weibchen allein mit Kindern umherzogen. Zudem wies er bei Schimpansen bisher für »erste Menschen« reserviertes Verhalten nach, beispielsweise Werfen und Schlagen mit Stöcken nach Raubfeinden. Schimpansenmütter taten das mit Wucht, als sie auf ihrem Pfad einen ausgestopften Leoparden fanden, der eine Schimpansenpuppe in den Fängen hielt. Kortlandt wunderte sich, warum Schimpansen – die bereits damals fast ausschließlich in Waldregionen zu finden waren – derlei Fertigkeiten nötig hatten. Ihm dünkte der dichte Dschungel als Paradies, wo Menschenaffen das Essen buchstäblich in den Mund wuchs. Er nahm deshalb an, daß Schimpansen sich in der Savanne entwickelt hatten, einem baumarmen Lebensraum, in dem Nahrungserwerb und Raubfeinde große Herausforderungen darstellen. Erst Menschen – die gleichfalls in der Savanne ihren Intellekt schärften – hätten sie in die Wälder abgedrängt. Kortlandt nährte damit die Vorstellung von der offenen Savanne als Heimstatt der Menschwerdung.

Das Bild hat sich heute weitgehend relativiert, schon deshalb weil Schimpansen auch im Regenwald Probleme mit Futtersuche und Leoparden

Als »Menschen im Stande der Unschuld« begriffen erste Beobachter die Schimpansen. Sie schienen in einem urzeitlichen Paradies zu leben. Doch eigentlich bleibt wenig Zeit zum Faulenzen. Stets muß Nahrung beschafft werden, überall lauert Gefahr.

meistern müssen. Der grundsätzliche Ansatz aber – ein Vergleich der Menschenaffen mit Menschen, um auf die Lebensgewohnheiten des letzten gemeinsamen Vorfahren rückzuschließen – steht weiterhin hinter Schimpansenstudien.

Aus dem gleichen Grund ermunterte der Urmenschenforscher Louis Leakey die Engländerin Jane Goodall, wilde Schimpansen im Busch zu studieren. 1960 nahm die 27jährige ihre mittlerweile weltberühmten Beobachtungen an den Schimpansen des Gombe-Gebiets am Ufer des Tanganyika-Sees auf – anfangs nur in Begleitung ihrer Mutter und eines afrikanischen Kochs. Ihr wissenschaftliches Lebenswerk gipfelte in dem 1986 erschienenen monumentalen Bericht »The Chimpanzees of Gombe«. Goodall hat sich seither auch an die Spitze von Bemühungen gesetzt, die verbliebenen Lebensräume von Schimpansen zu schützen und das Schicksal jener Menschenaffen zu mildern, die unter oft unsäglichen Bedingungen als Heim- und Zootiere gehalten werden oder in Labors als Konserven für Blut, Serum oder Gehirn herhalten müssen. Die außergewöhnlichen Leistungen von Goodall verstellen in der Öffentlichkeit zuweilen den Blick für andere Langzeitstudien, die einen Vergleich mit Gombe nicht scheuen müssen. So untersucht seit 1965 ein japanisches Team um Toshisada Nishida nur 130 km südlich von Gombe Schimpansen der Mahale-Berge. Etwa 10 Jahre später nahmen andere Feldstationen ihre bis heute andauernden Arbeiten auf – so im Kibale-Wald in Uganda, in Boussou in Guinea und im Taï-Wald der Elfenbeinküste.

Multiregional vorzugehen, ist für das Verständnis von Schimpansen unerläßlich. Denn mehr und mehr zeichnet sich ab, daß ihre Bevölkerungen an unterschiedlichen Orten ganz unterschiedliche Lebensgewohnheiten entwickelten, also das besitzen, was beim Menschen gemeinhin »Kultur« genannt wird.

Frauen zwischen Männerbünden

Schimpansen sind im feuchten Regenwald ebenso beheimatet wie im lichten Wald und sogar in trockenen Savannen. Vielerorts – etwa in Ost-Zaïre, in Gabun und im Kongo – überschneiden sich die Biotope von Schimpansen und Gorillas.

Eindruck schindet ein Machtaspirant durch Abreißen von Ästen, aufrechten Gang und aufgestelltes Haar, das ihn möglichst groß wirken läßt. Ohne derlei Schauveranstaltung ist kein Rangaufstieg möglich.

Das Verhältnis solcher »sympatrisch« lebender Menschenaffen schwankt zwischen gegenseitiger Aggression, Toleranz und Nichtbeachten – je nachdem, inwieweit die gleiche Nahrung ausgebeutet wird.

Schimpansen widmen sich 25 - 39 Prozent des Tages sozialen Aktivitäten oder ruhen sich aus. 8 - 20 Prozent der Zeit ziehen sie herum – meist, um Eßbares zu finden, was sie zwischen 46 und 60 Prozent der Tageszeit beschäftigt. Etwa 3 Fünftel ihrer Eßzeit entfallen auf Früchte, 1 Fünftel auf Blätter und 1 Fünftel auf den Rest – einschließlich Verzehr anderer Tiere. Vielerorts konsumieren Schimpansen Ameisen und Termiten. Oft stochern sie mit Hölzern in deren Bauten herum. Einmal festgebissen, lassen sich die Insekten leicht mit den Lippen oder Händen in den Mund abstreifen. Mancherorts hämmern Schimpansen Nüsse auf oder gehen auf Jagd, wobei sie vornehmlich Rote Stummelaffen erlegen.

Jeden Abend bauen Erwachsene ein neues Schlafnest in Bäumen. Gelegentlich machen Schimpansen aber auch die Nacht zum Tage. Sie rufen im Dunkeln, treiben Sex, verjagen Rivalen aus Nachtnestern; Überfallkommandos schleichen sich an Nachbargruppen heran, und in Gefangenschaft töteten zwei Verbündete gar einen Kontrahenten im Schutze der Dunkelheit. Das Nachtleben genauer zu erforschen, ist eine Herausforderung für die Zukunft.

Soziale Einheiten der Schimpansen schließen zwischen 20 und 100 Mitglieder zusammen. Deren Streifgebiete umfassen 5 - 40 km^2 , können sich in trockenen Gebieten mit knapper Nahrung aber auf mehr als 500 km^2 ausweiten. Laute Rufe verraten die Präsenz von Schimpansen. Diese »pant-hoots« gleichen einem langsam ansteigenden, oft in einem hohen Schrei endenden Geheul. Die Mitglieder einer Kommunität (»unit-group« oder »community«) treffen sich gelegentlich (»fusion«) und wandern mehr oder weniger lange in kleineren Grüppchen (»parties«) herum, bis sie schließlich wieder auseinandergehen (»fission«). Grüppchen können für wenige Minuten oder einige Tage zusammenbleiben und sind in der Regel klein. 6 oder weniger Schimpansen machen 4 Fünftel aller Grüppchen aus. Männchen gebärden sich weitaus sozialer als Weibchen, beispielsweise durch wechselseitige Körperpflege. Ein Männchen verbringt gut 2 Drittel seiner Zeit in Gesellschaft mindestens eines anderen Erwachsenen, während das für Weibchen nur halb so oft zutrifft. Wanderungsmuster erklären den unterschiedlichen Zusammenhalt der Geschlechter: Männchen bleiben zeitlebens in ihren Geburtskommunen, während pubertierende Weibchen diese meist mit 10 - 12 Jahren verlassen. Die genetischen Distanzen in einigen wilder Kommunitäten wurden über die DNS-Erbsubstanz analysiert, gewonnen aus Haaren und Mundzellen, die mit ausgekauten Nahrungsklumpen ausgespuckt wurden. Demnach beschränken sich blutsverwandtschaftliche Bande zwischen Weibchen meist auf Mütter und Töchter, während Männchen im allgemeinen als Halbbrüder miteinander verwandt sind.

Zwickmühlen kennzeichnen die Beziehungen der Männchen. Einerseits sind sie auf Gedeih und Verderb aufeinander angewiesen. Die Männchen anderer Gruppen können sich als Todfeinde erweisen, die die systematische Ausrottung ihrer Nach-

Versöhnlichere Gesten gehören ebenfalls zum Alltag. Umarmen und Küssen spendet Trost und schlichtet Streit. Bei aller Konkurrenz sind die Mitglieder einer Gemeinschaft eben aufeinander angewiesen.

barn betreiben. Wer die Staatsräson verweigert und Brüdern bei Gefahr nicht zur Seite steht, besiegelt somit rasch das eigene Schicksal. Andererseits konkurrieren die Männchen in ihrer eigenen Kommunität um Nahrung und Weibchen. Gewöhnlich bilden die Schimpansenmänner dabei eine strikte Hierarchie aus. Den ranghöchsten Status erreichen nicht alle im Laufe ihres Lebens. Wer sich aber mit 20 - 25 Jahren zum Alpha-Männchen aufschwingt, kann einer Herrschaftsdauer von 3 - 10 Jahren entgegensehen. Alpha stolziert offensichtlich selbstbewußt mit leicht gesträubtem Fell einher und schindet Eindruck, indem er mit der flachen Hand auf den Boden schlägt, mit den Füßen aufstampft, Äste rüttelt, Felsen herumrollt oder Baumwurzeln betrommelt. Subordinierte grüßen durch ein keuchendes Grunzen, den »pant-grunt«. Überhaupt verfügen Schimpansen über ein komplexes System taktiler und akustischer Kommunikation, das noch wenig verstanden ist. Berührungen, Küsse und Umarmungen dienen als Gruß, als Beruhigung und zur Rückversicherung, wenn Schimpansen einander begegnen, wenn sie ihre Ränge aushandeln oder wenn sie ängstlich, freudig erregt oder traurig sind. Nicht allein Körperkraft zeichnet die Siegertypen aus. Geschicktes Koalieren und Taktieren kann einen Mann gleichfalls an die Spitze bringen. Ehrgeiz geht dabei mit Ruchlosigkeit einher. Attackiert ein Alpha-Mann beispielsweise den zweitrangigen Beta-Mann, mag auch der drittrangige Gamma-Mann sogleich auf den Beta einhauen, um sich selbst in der Rangordnung nach oben zu befördern. Zuweilen treibt auch der jeweils stärkste von 3 Schimpansenmännern die beiden schwächeren in eine Allianz, die ihm den höchsten Rang und damit die Kontrolle über die Weibchen streitig macht. Lohnende Logik, haben doch schwächere Partner mehr davon, einen gemeinsam errungenen Gewinn zu teilen, als sich der stärkeren Partei anzuschließen, die den Profit für sich alleine pachten wird. Hinsichtlich solchen Ränke-Spiels trifft der Begriff »Schimpansen-Politik« den Nagel auf den Kopf.

Alpha zu sein, bringt Vortritt beim Essen, beim Sex. Bis 80 Prozent aller Paarungen führt ein Alpha-Mann durch. Dieser Preis scheint lebenslanges Ranggerangel wert. Doch erbrachten DNS-Analysen diesbezüglich überraschende Ergebnisse. Das Hinterteil weiblicher Schimpansen schwillt gegen die Mitte des Menstruationszyklus hin an. In den ersten Wochen paaren sich die Weibchen mehr oder weniger wahllos (promisk) mit verschiedenen Partnern, im Durchschnitt 6mal täglich. Naht der Eisprung, melden die Alpha-Männchen ihr Paarungsrecht an. Es schien deshalb wahrscheinlich, daß ranghöchste Männchen die meisten Kinder zeugten. Allerdings – so belegen Daten für eine Kommunität des Taï-Waldes – stellt sich der Erfolg nicht unbedingt dann ein, wenn die Männchen auf der Spitze der Leiter stehen. Denn aufsteigende oder entthrohnte Kämpfer zeugen gleichfalls Kinder. Wichtig scheint mithin vor allem zu sein, irgendwann im Leben den Alpha-Status zu erreichen. Noch verblüffender war jedoch, daß die Hälfte aller Taï-Kinder Seitensprüngen mit Männchen benachbarter Gruppen entstammten. Den Verhaltensforschern war derlei »Untreue« entgangen – Beleg für die extreme Heimlichkeit, mit der Weibchen sexuelle Abenteuer suchen und finden. Zu ihrer Verschleierungstaktik scheint auch zu gehören, daß sie sich während der Zeugungsperiode nicht häufiger von ihrer Kommunität entfernen, egal ob sie ein »un(gruppen)eheliches« Kind oder das Kind eines Gruppenmännchens empfangen. Vermutlich beugt das dem Mißtrauen eigener Männchen vor – was durchaus tödliche Folgen

Langen Penis und große Hoden züchtete geschlechtliche Auslese den Schimpansen an. Denn Weibchen paaren sich mit zahlreichen Männchen. So pflanzt sich der eher fort, der von anderen hinterlassenen Samen durchdringt und selbst möglichst viel deponiert.

haben könnte. Denn – wie zu besprechen – kommt auch bei Schimpansen Kindestötung vor. Gefahr geht dabei von argwöhnischen eigenen wie von fremden Männchen aus. Seitensprünge und Vielfach-Kopulationen können das Risiko der Kindestötung senken; als Väter in Frage kommende Männchen zeigen nämlich Hemmungen, sich an mutmaßlich eigenen Kindern zu vergreifen.
Das soziale Netz von Schimpansen ist mithin ein komplexes Gewebe von Kooperation und Konkurrenz, Loyalität und Betrug. In dem Gewirr ist ein gutes Maß an Intelligenz als Kompaß unabdingbar.

Mit Holzwerkzeugen erbeuten Schimpansen Insekten. Vor allem Weibchen richten Zweige geschickt zu, um Ameisen oder Termiten zu sammeln.

Sammler-Jäger-Völker

Zum Menschen wurden die Vormenschen, als Frauen nahe dem Lager Beeren, Wurzeln und Kleingetier sammelten, während Männer auf die wilde weite Jagd auf Flußpferde und Mammuts gingen. Anschließend wurde gemeinsam geschmaust – und darauf waren vor allem Frauen angewiesen. Die Hirngröße nahm nämlich im Laufe der Menschwerdung zu. Neugeborene kamen deshalb als immer hilflosere Wesen zur Welt – weil ihr Gehirn im Vergleich zu dem Erwachsener entsprechend unfertiger war. Mütter waren in wachsendem Maße auf Nahrungsversorgung durch Männer angewiesen. Paarbindungen entstanden, die Einehe wurde geboren. Soweit eine typische Rekonstruktion der Lebensansprüche früher Hominiden. War aber Teilen beim Arbeiten und beim Essen tatsächlich ein erst während der Menschwerdung vollzogener Schritt? Wohl nicht. Arbeitsteilung nach Geschlechtern und Teilen der Jagdstrecke sind kein Spezifikum des Menschen. Usus ist das ebenfalls zumindest bei den Schimpansen. Selbst der Knigge menschenäffischer Festmähler ist ähnlich.
Die Menge verzehrten Fleisches schwankt übrigens stark. Bei einigen Jäger-Sammler-Völkern beträgt der Anteil der so gedeckten Kalorien gerade mal 12 Prozent. Manche Anthropologen reden deshalb von »Sammler-Jäger«-Völkern – wobei das emsige Zusammenklauben weitgehend Frauensache ist. Ähnlich naturnahen Menschenvölkern stellen sich weibliche Schimpansen besonders geschickt beim Sammeln von Nahrung an. Äste werden passend zugerichtet, um damit nach Harz und Honig zu bohren, Baumameisen und Termiten aus ihren Bauten zu »angeln«; Nüsse werden mancherorts mit Hämmern und Ambossen aus Holz und Stein geknackt. Im Gombe-Park finden sich in den Ausscheidungen von Weibchen öfter Reste aufgenommener Insekten als in denen von Männchen, während für Überbleibsel von Wirbeltieren das umgekehrte gilt. Ebenfalls im Einklang mit naturnahen Menschenvölkern ist bei Schimpansen nämlich Jagd weitgehend Sache der Männchen. Mindestens 25 Arten von Wirbeltieren fallen ihnen zum Opfer, darunter mindestens 19 Säugetierarten. In Gombe machen Paviane, Meerkatzen, Schweine und Buschböcke etwa 1 Fünftel der Strecke aus. Hauptsächlich haben es Schimpansen jedoch auf Stummelaffen abgesehen. Etwa 500 davon leben auf 18 km^2 Jagdgebiet in Gombe. Pro Jahr erlegen Schimpansen zwischen 75 und 175 Stummelaffen – was einer Sterblichkeitsrate von 15 - 35 Prozent entspricht. Konsequenz: Am Rand des Jagdgebietes kommen 50 Affen auf 1 Beutegruppe, im Zentrum hingegen nur 34. Der von Schimpansen ausgeübte Jagddruck muß einen Vergleich mit sozialen »Profi«-Jägern nicht scheuen. Im ostafrikanischen Ngorongoro-Krater töten Hyänen etwa 11 Prozent aller Gnus, 9 Prozent aller Zebras, und Löwen machen weiteren 6 Prozent der Zebras den Garaus.
3 Viertel aller Schimpansenjagden enden übrigens mit dem Tod von Säuglingen und Jugendlichen, doch können Schimpansen durchaus auch erwachsene Affen erlegen. Der Verlust züchtender Tiere würde allerdings die Bestandsdichte rasch senken. Bewußt oder unbewußt betätigen sich Schimpansen somit sogar als Heger ihrer Beute.

In eine Art Blutrausch verfallen Schimpansen nach erfolgreicher Jagd. Oft werden die Opfer bei lebendigem Leibe aufgefressen – wie dieser Stummelaffe in den Mahale-Bergen Ostafrikas.

Rund 11 kg Fleisch fallen durch Jagd bei Schimpansen pro Kopf und Jahr an. Damit erreichen sie zwar nicht die Fleischkalorien menschlicher Jäger-Sammler-Völker. Dennoch nimmt Fleischverzehr nicht nur den Rang ernährungsphysiologisch unbedeutender Delikatessen ein. Dafür spricht, daß in Gombe 40 Prozent aller Jagden während der Trockenzeit im August und September stattfinden und in Mahale 60 Prozent während zweier Monate gerade am Beginn der Regenzeit. Vermutlich hilft Fleisch Schimpansen also, ihre Nahrungsbedürfnisse auszubalancieren. Kulinarische Gewohnheiten sind dabei örtlich verschieden. Im westafrikanischen Taï-Wald wird der Rumpf oder Brustkorb bis zuletzt aufgehoben, während diese Schimpansen oft das Gehirn teilen und stets die Blätterballen schlucken, die sie ganz ähnlich wie Menschen

Weibliche Schimpansen sind gleichfalls fähige Jäger – und sie fangen dabei genauso häufig Beute wie männliche Artgenossen. Warum also dann die Geschlechtsunterschiede beim Sammeln und Jagen? Zum einen sind Männchen größer und schwerer, was sie weniger verwundbar macht, falls die Beute sich wehrt – und zumindest erwachsene Stummelaffen kämpfen um ihr Leben. Zum anderen sind Schimpansinnen oft von Kleinkindern begleitet, mit denen sich schlecht durchs Geäst jagen läßt, die aber gemütlich spielen, säugen oder neugierig zuschauen können, während die Mutter einen Termitenbau beangelt. Zum dritten wandern Männchen tagsüber weiter herum und treffen deshalb eher auf Beute. Begegnen sie einer fleischbesitzenden Amazone, entreißen große, ranghohe Männchen überdies oft die Beute – weshalb sich für Weibchen die Jagd weniger lohnt als für Männchen, die sich besser wehren können.

Jagende Schimpansen teilen sich geschickt in Treiber und Fänger auf. Im typischen Falle sprengt ein Männchen einen Stummelaffen vom Sozialverband ab und treibt ihn auf dünne Äste hinaus. Will der sein Leben durch Flucht auf den Boden retten, erwartet ihn unten ein Fänger. Die sich dann abspielenden Szenen sind selbst für Primatologen schwer anzuschauen, die schon oft Jagden beobachtet haben. Während das Opfer schreit und wimmert, schlagen, trampeln und beißen Schimpansen auf ihre Beute ein, bis sie bewegungsunfähig ist. Meist sterben die Unglücklichen langsam und qualvoll, bei lebendigem Leib zerrissen und angezehrt.

Brotstücke einsetzen. Schimpansen in Gombe sparen das Gehirn bis zum Schluß auf – wobei die Hirnschale oft säuberlich ausgelutscht wird –, saugen gerne Blut, spucken die Blätterballen aus und verzehren den Dickdarminhalt ihrer Opfer. Zuweilen wird später unverdautes Fleisch aus dem eigenen Kot geklaubt.

Auch die Bereitschaft zum Teilen ist lokal unterschiedlich ausgeprägt. Durchschnittlich 8 bis 10 Schimpansen scharen sich um Beute. Recht generös wird im Taï-Wald halbpart gemacht. An Fleisch verlustieren sich die Menschenaffen denn auch meist auf dem Boden. Beute wird schneller als in Ostafrika aufgezehrt (im Mittel nach 1,7 Stunden) weil Teilen öfter vorkommt (im Mittel alle 1,4 Minuten). Vielleicht wird Großmut bereits als Kind gelernt. Denn im Taï-Wald überlassen Mütter über Jahre hinweg frisch geknackte Nüsse ihren Kleinen. So mag das Verhalten von Snoopy verständlich werden: Das gerade erwachsene Männchen erbettelte sich nach über einer Stunde ein Beutetier. Doch statt sich alleine daran gütlich zu tun, reichte er Kopf, Fell und Brustkorb weiter und behielt lediglich ein paar Wirbel und den Hals zurück. Seine vermutliche Mutter – Salome – teilte generös und gab gut 2 Drittel aller Nußkerne weiter.

Gleichwohl basieren Geben und Nehmen auf recht simplen Prinzipien. So teilen Schimpansen am häufigsten und bereitwilligsten mit Blutsverwandten. Bei den in Gombe zeitweise zugefütterten Bananen wurde in 86 Prozent der Fälle zwischen Müttern und Kindern halbe-halbe gemacht. Menschen nehmen Mahlzeiten ja gleichfalls meist mit

Das Teilen von Nahrung folgt komplizierten Regeln. Allerdings gibt wohl niemand wirklich freiwillig ab – sondern beispielsweise, um sich Bettler zeitweilig vom Leibe zu halten.

Rechts: Enge Verwandte teilen am bereitwilligsten. Hier darf ein Jugendlicher in den Mahale-Bergen ungestraft von seiner Mutter stibitzen.

Die Hinterteile fruchtbarer Weibchen schwellen auffällig an. Sofort heften sich Männchen an die Fersen einer möglichen Fortpflanzungspartnerin. Gerne schenkt die ihre Günste jenen, die sie zuvor mit Nahrung verwöhnten.

Verwandten ein. Mütter und Väter, Brüder und Schwestern, Omas und Opas teilen täglich Brot und Braten bereitwilliger, weil ihre genetischen Interessen überlappen.

Erfolgreiche Fortpflanzung ist allerdings in der Regel an Bündnisse mit Nicht-Verwandten gekoppelt. Um die Bande zu jenem Clan zu festigen, aus dem künftige Reproduktionspartner kommen, werden deshalb in menschlichen Kulturen üppige Hochzeitsgelage ausgerichtet. Eingliederung kann ja auch kaum deutlicher als durch ein gemeinsames Mahl symbolisiert werden – ein »Einverleiben« im wahrsten Wortsinn. Der Preis einer Braut richtet sich bei vielen Völkern nach der Wahrscheinlichkeit, daß sie gesunde und kräftige Kinder zur Welt bringt. Bei den Kipsigis in Ostafrika etwa muß der Bräutigam umso mehr investieren, je jünger und wohlbeleibter die Braut. Und welche Männerphantasien in westlichen Gesellschaften hinter Einladungen zum Dinner beim Kerzenschein stecken mögen, bedarf keiner Erläuterung. Auch »großzügige« Schimpansenmännchen schielen auf sexuelle Entlohnung. In Gombe teilen Männchen Jagdbeute vorzugsweise mit »geschwollenen« Genossinnen. Je mehr sexuell willige Weibchen in der Gruppe sind, desto wahrscheinlicher gehen zudem die Männchen auf Jagd. Manchmal erhält ein bettelndes Weibchen einen Brocken erst nach der Verpaarung – währenddes ihr Sexpartner das frisch erlegte Beutetier umklammert. Wolfgang Köhler konnte einstmals eine Umkehr des traditionellen Rollenschemas auslösen: Die alte Schimpansin Tschego verpflegte durch Gitterstäbe hindurch den auf Nahrungsentzug gesetzten Artgenossen Sultan. 5 Abende währte das Werben. Als ihre Schwellung abklang, aß sie wieder strikt für sich allein…

Weibchen teilen selten aktiv, während Männchen weitaus häufiger Nahrung verschenken. Das hängt vermutlich mit der erläuterten unterschiedlichen Bedeutung für die Geschlechter zusammen: Nahrung begrenzt die Fortpflanzung weiblicher Säugetiere am stärksten, während die Reproduktion der Männchen von der Zahl ihrer Partnerinnen abhängt. Genauere Untersuchungen stellen die simple Gültigkeit der »Prostitutions-Hypothese« jedoch in Frage. Denn fleischteilende Schimpansenmännchen erwarten keineswegs sofortige Belohnung durch Sex. Im Taï-Wald werden vielmehr Weibchen bevorzugt, mit denen Männchen – unabhängig vom unmittelbaren sexuellen Zyklus – gute Beziehungen unterhalten. Ähnliche »Freundschaften« pflegen Paviane. Männliche Unterstützung mag sich da erst langfristig auszahlen, wenn Unterstützer in zukünftigen fruchtbaren Phasen bevorzugt Zugang erhalten. Der Handel Sex-gegen-Fleisch scheint sich für Schimpansinnen jedenfalls zu lohnen: Jene, die in Gombe mehr abbekommen, haben mehr Nachkommen.

Nahrung läßt sich in Zusammenarbeit oft leichter und besser erwerben. Das gilt in Menschengesellschaften auch für Ernten. Schimpansen legen zwar über den Winter oder die Trockenzeit hinweg keine Vorräte an, männliche Schimpansen lassen jedoch zumindest ihre lauten »pant-hoots« erklingen, wenn sie reichlich Futter entdeckten. Vielleicht machen sie so ihre Sozialeinheit auf eine Fruchtbonanza aufmerksam, vielleicht warnen sie aber auch Nachbarn, dort aufzutauchen. Daß Kooperation sich lohnt, weil dicke Brocken alleine schwerer zu erlangen sind, illustriert die Treibjagd aufs trefflichste. An 93 Prozent aller Jagden im Taï-Wald ist mehr als ein Schimpanse beteiligt – vermutlich, weil mehr Jäger mehr Erfolg haben. Einzel-Jäger machen in lediglich 16 Prozent der Fälle Beute, doch steigt die Rate größerer Gruppen auf eindrucksvolle 30 - 90 Prozent. Ganz ähnlich sind in Gombe fast alle Jagden von 10 oder mehr Schimpansen erfolgreich, aber nur jede dritte einzelner Jäger. Schimpansen scheinen das zu wissen, weil Solo-Jäger selten versuchen, eine ausgemachte Beute zu fangen. Stattdessen rufen sie andere herbei. Die Beutemenge pro Kopf steigt bei den Jagden allerdings nicht unbedingt an – denn je mehr Jäger beteiligt sind, desto mehr Ansprüche werden ja angemeldet. Jagden müssen deshalb zudem als soziale Ereignisse verstanden werden, welche erlauben, den eigenen Sozialrang und die Geschicklichkeit zur Schau zu stellen – auch und vor allem vor den Weibchen.

Freiwilliges Teilen zieht eine gemeinsame Treibjagd sowieso nicht automatisch nach sich. Männchen »verschwinden« öfters während Jagdepisoden – vermutlich, weil sie von anderen unbemerkt Beute machten. Wer sich nicht klammheimlich zum Verdrücken verdrücken kann, versucht wenigstens, so wenig wie möglich abzugeben: Gombe-Schimpansen verziehen sich mit Beute gewöhnlich ins Geäst. So können sie sich Bettler, die Fleischbesitzer alsbald scharenweise und mit ausgestreckten Händen umlagern, wenigstens einigermaßen vom Halse halten. Bis zum vollständigen Verzehr eines Affen oder Buschbocks vergehen unter den Augen gieriger Genossen durchschnittlich 3,6 Stunden. Dabei wird immerhin alle 7,7 Minuten etwas abgegeben. Oft sind dabei neben Prostitution auch andere niedere Beweggründe im Spiel. Fehlt Fleischbesitzern schlicht die Kraft, sich renitenter Bettler zu erwehren, liegt »tolerierter Diebstahl« vor; erkaufen sie sich durch verteilte Leckerbissen ein paar Minuten Ruhe, handelt es sich um »erpreßtes Teilen«. (Lebensmittellieferungen reicher Nationen an hungerleidende Völker entsprechen recht genau der Logik dieses erpreßten Teilens: Lassen wir den armen Lazarussen nicht wenigstens Brotkrumen zukommen, wird sie der leere Bauch zwingen, sich hemmungslos an unseren reichgedeckten Tisch zu drängen.)

Wie schwer es Schimpansen fällt, ihren Egoismus beim Essen in die für sie vorteilhafteste Strategie zu kleiden, zeigen Experimente. Amerikanische Verhaltensforscher legten Schimpansen jeweils 2 Schalen mit einer unterschiedlichen Stückzahl von Süßigkeiten vor. Einer der Menschenaffen mußte auf eine Schale deuten, die dann an einen Kollegen ging. Die Schimpansen wählten stets die Schale mit der größeren Anzahl von Leckerbissen – wobei sie andauernd selbst den kürzeren zogen und die jeweils kleinere Menge erhielten. Es schien, als seien sie zur vorteilhaftesten Strategie

einfach nicht fähig. Einfach aus Höflichkeit gönnten sie ihren Kollegen aber nicht die jeweils größere Menge. Denn sobald die Leckerbissen durch nicht-eßbare Zahlensymbole ersetzt wurden, wußten die Schimpansen ihren zukünftigen Vorteil genau zu wahren: Sie wählten stets die kleinere Zahl. Die entsprechend kleinere Menge Süßigkeiten ging an den Kollegen, die größere an den cleveren Wähler. Mithin können Schimpansen zum Opfer kurzfristiger Begierde werden, die sie angesichts begehrenswerten Futters einfach nicht unterdrücken können. Auf kurzfristigen Vorteil zu verzichten, um später keinen Nachteil zu haben, ist auch für Menschen schwer. Wie sonst wäre es zu erklären, daß wir unsere Umwelt ohne Rücksicht auf künftige Verluste, irreparable Schäden und teure Rechnungen derart ausbeuten?

In demselben Maße, wie Menschen lernten, Nahrung zu konservieren, blühte in ihren Gesellschaften reger Handel mit Lebensmitteln auf. Wenn heute allerorten Altstadtfeste, Pool-Parties und Open-air-Festivals erfunden werden, geschieht das nicht zuletzt, weil sich mit dem Hang des *Homo sapiens* zur Völlerei gut Geld machen läßt. Hier liegt dann abstrakter Tauschhandel vor, bei dem die Kalbshaxe gegen bare Münze auf den Biertisch gezaubert wird. Menschen sind fähig, unterschiedliche Währungen miteinander zu verrechnen. Doch nicht einmal das ist eine spezifisch menschliche Erfindung, weil Schimpansen ebenfalls eine Art Währungssystem kennen. Nahrungsteilen ist nämlich nicht daran gebunden, daß Empfänger etwas zu Futtern zurückgeben. Vielmehr können sie sich – wie der niederländische Primatologe Frans de Waal an Schimpansenkolonien in Arnheim und Atlanta beobachtete – in anderer Münze revanchieren. Pflegt Schimpanse A morgens das Fell von B, mag B mit größerer Wahrscheinlichkeit am Nachmittag sein Zuckerrohr mit A teilen. Eine Art geistige Buchhaltung sozialer Ereignisse sorgt mithin dafür, daß nicht einseitig Vorteile angehäuft werden. Hat B morgens bereits das Fell von A »zurückgepflegt«, wird A am nachmittag vermutlich keinen Leckerbissen abbekommen. Innere Buchhaltung legt Betrügern das Handwerk. Um sich vor Zechprellern zu schützen, werden im Straßenrestaurant Cappuccino und Schwarzwaldbecher augenblicklich abkassiert. Wer mit Nahrung handelt, tut eben gut daran, ausschließlich Stammkunden Kredit einzuräumen. In Dörfern, wo jeder jeden kennt, ist Anschreiben noch am ehesten möglich. Denn wird eine Schuld nicht innerhalb

Nicht allein Freundlichkeit motiviert diese Fellpflege im tansanischen Gombe-Nationalpark, sondern auch »Kaufmannsgeist«. Offenbar führen Schimpansen innerlich Buch und erwarten angemessene Rückzahlung.

angemessener Zeit beglichen, drohen Sanktionen. Schimpansenhirne funktionieren ähnlich: Sie erinnern genau, welche Fleischbesitzer sich zugeknöpft verhielten anstatt zu teilen. Bitten die Geizhälse später ihrerseits um milde Gaben, ernten sie das, was in der Fachliteratur »moralistische Aggression« heißt.

Mit kapitalistischen Kosten-Nutzen-Bilanzen scheinen auf den ersten Blick manche von Völkerkundlern viel beachtete Teilungsriten nichts zu tun zu haben – so etwa der »Potlatsch«, eine Zeremonie des verschwenderischen Teilens mit Nachbarn, die Ureinwohner der nordamerikanischen Westküste praktizierten. Doch Geben macht genau deshalb oft seliger denn Nehmen, weil der, der sich von anderen aushalten läßt, damit seinen niedrigeren sozialen Status anerkennt. Herrscher versuchen vielerorts, sich über Ausrichtung üppiger Festmähler, prunkvoller Umzüge und staunenerregender Feuerwerke als unangreifbar darzustellen. »Handikap-Prinzip« nennen Verhaltensforscher derlei Selbstbehinderung zum Zwecke des Imponierens. Und wiederum wissen in vielsagender Parallele Schimpansen ihre Macht ähnlich eindrucksvoll zu inszenieren. Kommt attraktive Nahrung in Sicht – ein fruchtender Baum, ein fettes Beutetier –, macht sich zunächst Aufregung breit. Die Rate gegenseitigen Berührens, Umarmens und Küssens steigt auf das Hundertfache, wild werden Baumwurzeln betrommelt. Untergeordnete ducken sich vor Dominanten keuchend und grunzend, während die Ranghohen durch lautes Rufen, Ästerütteln und Steineschleudern ihre Kraft bezeugen. So wie Gastgeber unter Menschen dem Festmahl Ansprachen und Böllerschüsse vorangehen lassen, bekräftigen auch Schimpansen die Hierarchie – um später beim gemeinsamen Schlemmen die Rangordnung aufheben zu können. Nicht zu Unrecht haben Schimpansenforscher die Zusammenkunft beim Schmausen »Zelebration« oder »Karneval« genannt. Denn das Charakteristische beim Karneval ist ja gerade, daß Unterschiede im sozialen Status auf rituelle Weise außer Kraft gesetzt werden – allerdings, und das ist entscheidend, nur zeitweilig. Die ranghöchsten Schimpansen mancher Gruppen verfolgen genau das Potlatch-Prinzip: Sie behalten nur ein winziges Stück der Jagdbeute und geben die Brocken weiter an das niedere Volk. Im Taï-Wald teilen Jäger zu Beginn einer Fleischmahlzeit gelegentlich 3 - 5 Wirbel ab und geben das größere

Gesten der Unterwerfung vermitteln eine doppelte Botschaft: einerseits Rückzug, andererseits drohen die Zähne zur Not Verteidigung an.

Stück einem nahebeisitzenden Kollegen. Generosität geht mit Status einher, denn ranghöhere Männchen geben sich umso großzügiger. Während eines schwelenden Rangkonfliktes in der Schimpansenkolonie von Arnheim wiederum verschaffte sich einer der Aspiranten auf die Alpha-Position mehrfach von Tierpflegern verbotenes Futter – nur, um es dann zu verteilen. Den Nikolaus zu spielen, war vermutlich eine Art Wahlkampf. Sein Strategie zahlte sich jedenfalls aus, denn er erklomm schließlich die Top-Position.

Interessanterweise schneiden die Wald-Schimpansen von Taï hinsichtlich der Komplexität von Jagd und Teilen nicht schlechter ab als die Schimpansen der lichteren Habitate Ostafrikas. Die Teamleiter der Taï-Studie – das Schweizer Ehepaar Christophe und Hedwige Boesch – stellen deshalb das Modell der »Menschwerdung« in Frage, wonach sich ausgedehnte Waldareale Afrikas vor etwa 3 Millionen Jahre durch Klimaänderung in Savanne verwandelten – und die Urmenschen zwang, besondere Strategien der Jagd zu entwickeln. Neue Fossilfunde weisen überdies auf eine zumindest nicht waldlose Umwelt früher Hominiden hin. Vor etwa 4,4 Millionen Jahren lebte *Ardipithecus ramidus* in der Gegend des heutigen Äthiopien – und diese fossile Spezies mag die gemeinsame Stammform von Schimpansen und Menschen repräsentieren. In ihrem baumbestandenen Biotop lebten potentielle

Verdüstert hat sich das Bild des friedlichen Menschenaffen, der in Harmonie mit Natur und Artgenossen lebt. Die Freilandforschung stieß auf Verhalten, das einst als trauriges Privileg der Menschen galt – darunter Kannibalismus und Kindestötung.

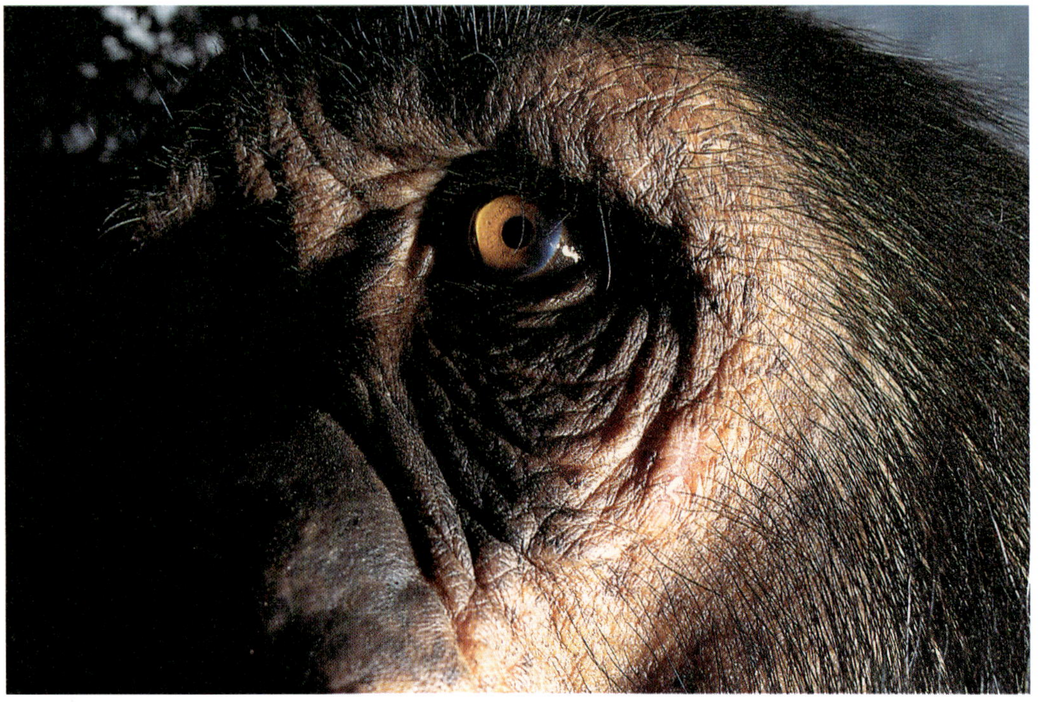

Beutetiere wie Vorfahren der heutigen Stummelaffen und kleine Antilopen. Afrika war die Wiege der Menschheit. Ob aber die Wiege auf dem Rasen stand, im schattigen lichten Wald oder unterm dunklen Blätterdach des Regenwaldes ist heute weniger klar denn je.

Lebensgefährliche Artgenossen

»Gefangene des Nachbarstamms werden umtanzt und auf dem Höhepunkt der Orgie verschlungen«. Derlei Horror ließ der Schriftsteller Edgar Rice Burroughs im Jahre 1914 seinen »Tarzan of the Apes« erleben, der unter Schimpansen aufwächst und mit ihnen Mitternachtsriten im Mondschein vollzieht. Emotionen sind in der Wissenschaft gemeinhin verpönt – doch wie gesagt empfinden selbst abgebrühteste Forscher tötende Schimpansen als grausam. Und sie töten nicht nur bei der Jagd, sondern sie bringen genauso mitleidlos auch Artgenossen um.
Als Jane Goodall ihre ersten Jahre unter den Gombe-Schimpansen verbrachte, vermittelte sie der Öffentlichkeit das Bild einer friedlichen Gesellschaft, in gewissem Sinne vorbildlich für die »kulturell verdorbenen« Menschen. Seit Beginn der 1970er Jahre mußten jedoch Forscherteams vor allem in Gombe und Mahale mit ansehen, wie Schimpansen einander töteten. Die Schimpansen droschen, trampelten und bissen so lange auf ihre Opfer ein, bis diese bewegungsunfähig waren. Zuweilen schleiften sie sie über den Boden, schlugen sie bewußtlos und brachen ihnen die Knochen. Manche Opfer wurden bei lebendigen Leibe aufgegessen, und es kam vor, daß Angreifer ihr Blut tranken. Andere verendeten langsam an ihren Wunden. Solche Szenen spielten sich während regelrechter »Kriege« in Gombe und Mahale ab. Männchen zahlenmäßig überlegener Gruppen versuchten auf Patrouillengängen am Rand ihres Streifgebietes einzelne Mitglieder der Nachbargemeinschaften aufzuspüren. Über die fielen sie dann her. In Gombe dauerte es 5 Jahre, bis die Kasakela-Gemeinschaft die kleinere Kahama-Gesellschaft eliminiert hatte. Wahrscheinlich lohnt es sich, Nachbargruppen auszurotten, um in den Besitz ihrer Wasserstellen, Fruchtbäume und geschlechtsreifen Weibchen zu gelangen. Kriegen unter Menschen – selbst wenn unter dem Fähnlein von Religion und Kulturwerten ausgefochten – liegen oft ähnliche Motive zugrunde: Es geht darum, sich Ressourcen anzueignen. Fremde erwachsene Weibchen werden von Schimpansen übrigens ebenfalls angegriffen (und zuweilen getötet). Vielleicht wollen Männchen die bei ihrer Spezies ausgeprägte Mutter-Tochter-Bindung zerstören. Halbwüchsige Töchter können dann als zukünftige Paarungspartner in die eigene Gruppe integriert werden.

Zu den bekannten Opfern zählen auch mehr als ein Dutzend Kinder, die aus offenbar unterschiedlichen Ursachen getötet wurden.

● **Infantizid durch gruppenfremde Männchen.** Mütter mit abhängigen Kindern wurden in Überlappungsgebieten zwischen den Gruppen angegriffen. Anschließende Paarungen zwischen den Müttern und den Tötern wurden jedoch ebensowenig beobachtet wie Einwanderungen in die Gruppe der Aggressoren. Die meisten Opfer waren kleine Jungen, die irgendwann einmal zu bedrohlichen Nachbarn hätten heranwachsen können. Mindestens ein Mädchen wurde jedoch auch getötet. Die Angreifer brachten sich damit möglicherweise um eine künftige Partnerin bei der Fortpflanzung, da adoleszente Weibchen häufig in Nachbargruppen einwandern. Da die Väter aller Opfer aber wahrscheinlich aus der Nachbargemeinschaft stammten, beeinträchtigten die Töter zumindest nicht ihre eigenen Genlinien. Zudem wurden fast alle Opfer aufgegessen. Die Artgenossentötung kann somit oft als schlichter Jagdakt verstanden werden.

● **Infantizid durch gruppeneigene Weibchen.** Kannibalistische Bedürfnisse schienen wiederum eine Rolle zu spielen, als in Gombe das Weibchen Passion gemeinsam mit ihrer Tochter Pom mindestens 3 Säuglinge anderer Weibchen verspeiste. Wollten die Kannibalinnen sich ein gutes Mahl verschaffen oder unliebsame Konkurrenz für ihren Clan aus dem Feld räumen? Vielleicht – aber dann sollte Infantizid durch Weibchen häufiger vorkommen. Andererseits müssen Aggressoren vermutlich Allianzen eingehen, weil sie allein ein Kind nicht rauben könnten. Jedenfalls fuhr Pom nach dem Tode ihrer Mutter nicht mit den Attacken fort.

● **Infantizid durch gruppeneigene Männchen.** In Mahale wurden etwa ein halbes Dutzend Kinder

Die Jugend von Schimpansen währt mehr als ein Jahrzehnt. Doch viele werden nie erwachsen. Fremde Artgenossen und die der eigenen Gruppe stellen ihnen nach – vermutlich zum Fleischerwerb und um heranwachsende Rivalen und nicht-eigenen Nachwuchs zu beseitigen.

Am Rande ihrer Wohngebiete gehen Schimpansen regelmäßig auf Patrouille. Machen sie eine Übermacht aus, ziehen sie sich heimlich zurück. Zahlenmäßig unterlegene Nachbarn mögen hingegen gnadenlos überfallen werden.

kürzlich eingewanderter Emigrantinnen getötet und teilweise aufgegessen – ausschließlich Jungen. Kleine Mädchen wurden verschont. Die Töter hatten sich manchmal mit den Müttern verpaart und brachten deshalb eventuell sogar eigenen Nachwuchs um. Allerdings ist die Wahrscheinlichkeit eher gering, denn Weibchen verpaaren sich um die Zeit der Empfängnis herum meist mehr als hundertmal und mit verschiedensten Partnern. Die Emigrantinnen verbrachten überdies die meiste Zeit ihrer Schwangerschaft in der Peripherie ihrer neuen Gruppe. Nach dem Tode ihrer Kinder wandten sie sich den Männchen ihrer neuen Gruppe weit intensiver zu. Vielleicht wollten die Töter also Kinder zweifelhafter Vaterschaft beseitigen und die Weibchen dazu bringen, sich zukünftig nicht mehr vom Zentrum der Gruppe zu entfernen. Allerdings gäbe es dann keinen Grund, kleine Mädchen zu schonen. Ganz im Gegenteil: Mädchen sollten bevorzugt Opfer werden, da sie ihre Gruppe später ohnehin verlassen. Die Männchentötungen in Mahale erklären japanische Forscher in Mahale folgendermaßen: Gruppeneigene kleine Jungen sollen so lange nicht getötet werden, wie sie die Kampfkraft ihres Clans verstärken. Allerdings wächst mit der Männerzahl in der Gemeinschaft auch die Konkurrenz innerhalb der Gruppe, und eine Teilung droht. Mehr als ein Dutzend erwachsener Männer sind problematisch. Ist diese Zahl erreicht, werden neugeborene Jungen durch Infantizid beseitigt.

Das Töten von Artgenossen kann bei Schimpansen also bislang nicht letzlich plausibel erklärt werden. Gleichwohl ist klar, daß die von Konrad Lorenz postulierte Tötungshemmung nicht existiert. Besonders energisch verficht Irenäus Eibl-Eibesfeldt, Schüler von Lorenz, deren Existenz. Da die behauptete innerartliche Tötungshemmung zumindest beim Menschen mit einer Häufigkeit und Regelmäßigkeit versagt, die Zweifel am Konzept der Arterhaltungstheorie wecken müßte, löst Eibl-Eibesfeldt das Problem mit einem definitorischen Trick: »Dem biologischen Normenfilter, der zu töten verbietet, wird ein kultureller Normenfilter überlagert, der das Töten zur Pflicht macht, es zur guten Tat erhebt. Dazu bedarf es einer massiven Indoktrinierung, in deren Verlauf u. a. der Gegner quasi als Nichtmensch präsentiert wird.« Menschen sprechen von ihren Feinden oft so, als wären sie Jagdwild oder beschimpfen sie als Würmer und

Um erfolgreich zu sein, müssen Schimpansen sowohl die Absichten anderer durchschauen als auch selbst geschickte Strategen sein. Wahrscheinlich führen sie derlei Kalkulationen bewußt aus. Intelligentes Denken dürfte deshalb im Tiefsten in Eigennutz wurzeln.

Ungeziefer – was Eibl-Eibesfeldt als »kulturelle Pseudospeziation« bezeichnet. Ein Großteil »intra«spezifischer Tötungsakte beim Menschen wird im Lichte der »Schein-Artenbildung« zu biologisch unproblematischen, weil »inter«spezifischen Tötungen umgedeutet. Interessanterweise sprach Jane Goodall unter Hinweis auf die Hypothese der ideologischen »Dehumanisierung« im Krieg unter Menschen von einer »Deschimpansierung« der Opfer bei Menschenaffen. Sowohl der Humanethologe Eibl-Eibesfeldt als auch die Primatologin Goodall scheinen aus Respekt vor ihren Studienobjekten Hemmungen zu haben, die Dinge beim einfachen Namen zu nennen: Schimpansen können Schimpansen töten, Menschen können Menschen töten. Anderenfalls bliebe die Konsequenz nicht erspart, daß, wenn Löwen Löwen töten und Mäuse Mäuse, auch diese Opfer zuvor »entlöwt« und »entmaust« werden müßten. Ganz zu schweigen von der »Degorillaisierung«. Der Begriff der »Schein-Artenbildung« steht und fällt mit dem der innerartlichen Tötungshemmung. Und da letztere offenbar nicht existiert, steht die »Pseudo-Speziation« ebenfalls auf tönernen Füßen.

Derlei sprachliche Pfennigfuchserei ist wichtig, macht sie doch einmal mehr auf einen fundamentalen Fehler der Lorenzsche Aggressionstheorie aufmerksam: Lebewesen sind bei ihrem Verhalten nicht auf Arterhaltung bedacht, sondern Einzelindividuen versuchen, einen möglichst großen eigenen Fortpflanzungserfolg zu erzielen – wenn es sein muß, auf Kosten des Lebens von Artgenossen. Traurig, aber wahr.

Kultur in der Natur

Um »den Menschen« und »das Tier« voneinander abzugrenzen, wurden und werden immer wieder »Qualitätssprünge« in der Stammesgeschichte ausgemacht, wobei Affen auf der gegenüberliegenden Seite des Grabens sitzen bleiben, während *Homo sapiens* es ans diesseitige Ufer schafft. Immer wieder aber entpuppt sich das Unüberbrückbare als Wunschdenken jener, in deren Selbstverständnis die tierliche Komponente keinen Platz hat – weil primatologische Studien regelmäßig Sprünge in fließende Übergänge umwerten.

Rechts: Menschenaffen beuten ihre Umwelt gezielt aus: Mit einem Schwamm aus Blättern macht ein Schimpanse sich Wasser zugänglich.

Nüsse zu knacken erfordert Geschick. Ohne Amboß versenken Schläge den Leckerbissen im Boden, während zu festes Hämmern Schale und Nuß zermatscht.

Kultur besitzt allein der Mensch – so lautet ein beliebtes Dogma jener, die nach maßgeblichen Unterschieden zwischen »dem Menschen« und »dem Tier« fahnden. Seit Charles Darwins Zeiten wurde der Anbeginn der Kultur gerne gleichgesetzt mit jenem Moment, als der aufrecht gehende Menschen mit freigewordenen Händen Werkzeuge herstellte. Doch auch wilde Schimpansen verfügen über ein erhebliches Arsenal technischer Fertigkeiten. Kein Wunder: Ihre Gehirngröße von 290 - 500 cm^3 reicht lässig an die von Australopithecinen heran, der ausgestorbenen frühesten Menschen. Wurfgeschosse – also Stöcke und bis zu 4 kg schwere

Steine – werden von Schimpansen regelmäßig eingesetzt. Zuweilen kann das sogar den Jagderfolg erhöhen: Ein Schimpansenmann etwa schreckte durch einen gezielten Steinwurf ein Mutterschwein auf, das davonstiebte; der Werfer erbeutete ihr Ferkel. Der Katalog von Werkzeugen, die mittlerweile bei wilden Schimpansen im Einsatz gesehen wurden, liest sich beinahe wie die Angebotspalette eines Heimwerkermarktes. Unterschiedlich zurechtgebrochene, entlaubte und entrindete Pflanzenteile wie Zweige und Stöcke taugen zu sehr spezifischen Einsätzen: »Angeln« zum Fischen von bis zu 1000 Baumameisen und Termiten pro Stunde; längere »Ruten« zum Erbeuten der aggressiveren Treiberameisen; »Riechsonden« zur Erkundung; »Bohrstöcke« für Termiten, Harz, Honig und Knochenmark von Beutetieren; »Grabstöcke« zum Aufbrechen von Termitenhügeln; »Hebelstöcke«, um die Eingänge von Insektennestern zu vergrößern; »Astharken« zum Heranziehen fruchtender Äste; »Blattbehälter«, um Kot aufzufangen und nach unverdautem Fleisch zu durchsuchen; »Blattlöffel« und »Blattschwämme«, um Wasser aus Baumlöchern aufzunehmen oder Hirnmasse aus dem Schädel von Beutetieren; »Blatt-Tupfer«, »Zahnstocher« und »Fliegenklatschen« zur Körperpflege; »Zweigkissen«, um sich nach Regen den Rücken trocken zu reiben. »Bürstenstöcke« werden durch breit aufgefächerte Stockenden zu besonders effektiven Fanggeräten für Termiten. Westafrika ist eine Hochburg der kombinierten Werkzeugtechnik, denn die dort heimischen Schimpansen knacken hartschalige Nüsse mit Hämmern und Ambossen aus Stein oder Holz. Die Hämmer werden mitunter über mehr als 500 m herangetragen: Schimpansen planen also in die Zukunft hinein. Unter fruchttragenden Bäumen entstehen regelrechte Werkstätten. Runde Einkerbungen in den Ambossen verhindern das Wegkullern hineingelegter Früchte. Die Mulden mancher Steine sind so abgenutzt und tief, als seien sie über Jahrhunderte verwendet worden.

Schimpansen können nicht nur ihre Umwelt gezielt verändern, sondern wohl auch ihre »Innenwelt«: durch Einnahme von Medizin. Forschern in Ostafrika fiel auf, daß sich im Kot unverdaute – weil ganz und unzerkaut geschluckte – Blätter befanden. Die Blätter gehörten in Kibale, Mahale und Gombe zu 2 - 7 Pflanzenarten und fanden sich in 1 - 3 Prozent aller Ausscheidungen. In Mahale schlucken Schimpansen beispielsweise die Blätter von *Aspilia,* einer Astern-Art, langsam und einzeln – 1 Blatt alle 10 Sekunden. Mahale-Schimpansen schlucken Blätter vorzugsweise während der Regenzeit, wenn sich Infektionen mit schmarotzenden Nematoden-Würmern häufen. In Kibale erreichte das Blätterschlucken einen Höhepunkt während einer Bandwurm-Plage. Das ließ Wissenschaftler einen Fall medizinischer Selbstversorgung vermuten. Zuweilen wurden anschließend zahlreiche Darmparasiten ausgeschieden, und manche offenbar kranken Schimpansen erholten sich merklich nach dem Verzehr der Blätter. In einigen Pflanzen ließen sich medizinisch aktive Substanzen feststellen – beispielsweise Thiarubrin-A, das in bereits geringer Konzentration parasitierende Würmer abtötet. Solche Blattmedizin wird meist frühmorgens eingenommen – vermutlich, weil sich auf der Oberfläche dann aktive Substanzen ansammelten. Die neue Disziplin der Zoopharmakologie (etwa: tierliche Arzneimittelkunde) dürfte sicherlich eines Tages im Kampf gegen Seuchen der Menschheit Bedeutung erlangen.

Hinter derlei Beobachtungen verbirgt sich die Frage, wie Schimpansen die gezielte Manipulation ihres Lebensraumes geistig bewältigen. Wissenserwerb kann im Prinzip auf 3 Arten erfolgen – durch Lernen, Einsicht und Nachahmung. Lernende finden jeweils einzeln heraus, was am besten funktioniert – oft durch Versuch und Irrtum. Einsichtige führen Gedankenexperimente aus und kommen ohne jede Übung auf die beste Lösung. Ein klassisches Beispiel stammt von Sultan, einem Schimpansen, den Wolfgang Köhler um 1912 mit Bananen konfrontierte, die unerreichbar weit außerhalb seines Käfigs lagen. Sultan saß eine Weile sinnend da, stand plötzlich auf, steckte herumliegende Holzstäbe ineinander und holte sich die Leckerbissen. Er verstand offenbar den Zusammenhang von Ursache und Wirkung und konnte vorausplanen. Einsicht ist auch beim Herstellen selbst einfacher Holzwerkzeuge wie einer Termitenangel vonnöten. Schimpansen müssen das Rohmaterial zunächst finden und dabei erkennen, das in ein Nicht-Werkzeug ein Werkzeug »eingebettet« ist. Von einem buschigen Zweig müssen Blätter und Seitentriebe entfernt werden. Im Falle des Bürstenstocks muß das geeignetere Ende schließlich zu einem Fächer umgestaltet werden. Werkzeug muß zudem korrekt eingeordnet werden in die Achsen

von Zeit (Fertigung im Voraus) und Raum (Transport zum Einsatzort).

Mehr mit Einsicht als mit Lernen hat die Nachahmung zu tun, eine grundsätzlich soziale Angelegenheit. Der Imitation haftete lange Zeit der Ruf an, weniger intelligent zu sein als die Einsicht. Die Geringschätzung des »Nachäffens« ist verschwunden, seit klar wurde, daß sich dahinter komplexe geistige Leistungen verbergen können. Denn Nachahmer müssen sich ja in gewisser Weise in ihre Vorbilder hineinversetzen, deren »Gedanken lesen« und das Handlungs-Programm in korrekter Reihenfolge wiederholen. Bei Schimpansen kommt es vermutlich nicht nur zu einsichtsvoller Nachahmung, sondern zudem zu gezieltem Lehren. Nüsse mittels Steinhämmern zu knacken, ist kompliziert. Wird ein zu schwerer Hammer gewählt oder der Schlag zu fest geführt, zermatscht das die Nüsse zu Brei. Im Taï-Wald wurden ältere Schimpansen denn auch wiederholt dabei beobachtet, wie sie Jüngeren gezielt die Hände führten.

Daß einzelne Schimpansen den Gebrauch bestimmter Werkzeuge stets neu und unabhängig voneinander erfinden, ist ohnehin recht unwahrscheinlich. Denn während mehr oder weniger alle Schimpansen eines Gebietes eine bestimmte Technik benutzen, ist diese andernorts möglicherweise gar nicht nachweisbar. Beispielsweise essen die Gombe-Schimpansen sehr gerne das Mark von Ölpalmen, die im lediglich 130 km entfernten Mahale hingegen versuchen es nie, und beide ostafrikanischen Populationen benutzen im Unterschied zu westafrikanischen Artgenossen nie einen Stein als Hammer. Die Schimpansen des westafrikanischen Taï-Waldes wiederum knacken 5 hartschalige Nußarten, jedoch keine Nüsse von Ölpalmen, während Schimpansen in Guinea nur Ölpalmen-Nüsse aufbrechen, nicht jedoch andere. Möglicherweise spielen hier also von Generation zu Generation weitegegebene Sitten und Gebräuche hinein. Um wirklich auf lokale Traditionen rückschließen zu können, muß aber zunächst ausgeschlossen werden, daß die Ökologie die Unterschiede hervorbringt. So bauen Termiten im feuchten Guinea das ganze Jahr über an ihren Behausungen, weshalb diese mit Grabstöcken aufgebrochen werden können. Bauten im trockeneren Senegal oder in Tansania härten aus, und die Insekten lassen sich lediglich mit Holzwerkzeugen herausfischen. Die Taï-Schimpansen knacken hartschalige Panda-Nüsse, während die von Campo in Kamerun das nicht tun – vermutlich, weil sich unter den dortigen Panda-Bäumen nicht die notwendigen 2 - 3 kg schweren Hämmer finden. Die Taï-Schimpansen knacken auch Nüsse von *Coula* und *Sacoglottis*, was wiederum in Campo nicht beobachtet wurde. Und das, obwohl geeignete Hämmer unter jedem sechsten bis achten Nußbaum liegen. Steine und Samen existieren im Überfluß auch in Ostafrika. Es scheint deshalb tatsächlich so, als hätten die Populationen dort noch keine genialen »Knacker« hervorgebracht.

Von den Menschenaffen benutzen lediglich wilde Schimpansen Werkzeuge häufig und regelmäßig.

Eigenes Erkunden der Umgebung und Selbstprobieren mag zwar zum Erfolg führen. Ökonomischer aber ist es, anderen auf die Finger zu schauen und sie »nachzuäffen« – was ohne erhebliche geistige Potenz nicht klappt.

Gorillas wurden nie dabei beobachtet, Bonobos sehr selten und Orangs bestenfalls gelegentlich. In Gefangenschaft verschwimmen derlei Unterschiede allerdings beinahe komplett. Speziell Orangs und Bonobos erweisen sich dort als ebenbürtige Meister der Handwerkskunst. Der Orang Adang und der Bonobo Kanzi benutzten scharfkantige Steinabschläge, um eine Kordel zu durchtrennen – was ihnen eine Belohnung zugänglich machte. Sie verwendeten – nach eigener Überlegung oder nach Unterrichtung – sogar einen anderen Stein, um den Splitter zu erhalten, setzen mithin ein Werkzeug ein, um ein anderes herzustellen. Es ist deshalb unwahrscheinlich, daß wilde Orangs, Bonobos und Gorillas nicht intelligent genug zur Werkzeugbenutzung sind. Mangelnde Beobachtung dürfte mit ein Grund sein – denn zumindest für wilde Orangs haben Berichte über Werkzeug-

Schimpansen scheinen ihr Wissen über Generationen weiterzugeben. Darauf deuten jedenfalls örtliche Unterschiede in Verhalten und Werkzeugbenutzung hin – sogenannte Traditionen.

Menschen breiteten sich dank verfeinerter Technologien flächendeckend auf diesem Planeten aus. Arten mit ähnlichen Bedürfnissen wurden an den Rand gedrängt – auch Schimpansen. Um solche Entwurzelten kümmern sich Sheila und David Siddles auf ihrer Ranch Chimfunshi in Zambia.

benutzung im Rahmen ausführlicherer Studien zugenommen. Überdies ist bekannt, daß Schimpansen Stockwerkzeuge erfolgreicher einsetzen, wenn sie zuvor mit dem Rohmaterial herumspielen konnten. Junge wilde Schimpansen stochern, schlagen und werfen mit Holzstücken und Ästen und lernen dadurch Möglichkeiten und Grenzen des Materials kennen. Gorillas hingegen spielen nicht mit Holz, sondern vergnügen sich mit anderen Gorillas. In Gefangenschaft fehlt ihnen gewöhnlich die rechte Gesellschaft – und vielleicht aus der Not heraus beschäftigen sie sich ersatzweise mit unbelebten Objekten. Die nötige Expertise besitzen Gorillas, da auch Pflanzenernten recht komplex ist; selbst Nesseln und Sellerie müssen in komplizierter Reihenfolge abgebrochen und entblättert werden. Vor allem aber dürften wiederum ökologische Faktoren die Hauptrolle spielen. Der Lebensraum der Bonobos mag ihnen ausreichend Pflanzennahrung bieten, weshalb sie vielleicht gern auf das Sammeln von Insekten und Nüsseknacken verzichten. Gorillas wiederum sind so stark, daß sie Termitenbauten mit bloßen Händen aufbrechen können. Treiberameisen verzehren Gorillas mit unbewaffneten Händen – weil ihre Haut so dick ist, daß die wütenden Insekten nicht hindurchbeißen können. Die dünnhäutigeren Schimpansen hingegen hüten sich, mit den Mandibeln ihrer Beutetiere in Kontakt zu kommen. Weshalb also sollten Gorillas sich mit Stöcken oder Angeln aufhalten?

Das Erfolgsrezept, mit dem sich der Menschenaffe *Homo sapiens* über unseren Planeten ausbreitete, war ein Cocktail aus Lernen, Einsicht und Lehren. Mehr oder weniger intensiv verwenden auch andere Menschenaffen das Rezept und ergänzen so den eher trägen Vorgang der biologischen Evolution. Die in Lebewesen gespeicherte Erb-Information sammelt sich durch Anpassung an bestimmte Umweltbedingungen an. Nur zufällige »Kopierunfälle« bei der Fortpflanzung – Mutationen – ändern den Informationsinhalt. Verschwindend wenige der spontanen Änderungen erweisen sich jedoch als vorteilhaft und »überleben« den Prozeß der natürlichen Auslese. Überdies vermögen nützliche Änderungen sich nur langsam auszubreiten, da ihre Kopiergeschwindigkeit an die Generationsdauer einer Art gebunden ist. Gehirne können jedoch gleichfalls als Datenträger fungieren. Von Einzelwesen gemachte Erfahrungen und erlernte Fähigkeiten können so von Artgenossen übernommen werden. Der »biogenetischen Evolution« tritt damit eine »tradigenetische Evolution« zur Seite. Letztere ist weitaus flexibler als der langsame Vorgang erblicher Änderung.

Biogenese und Tradigenese gehen damit ebenfalls bei Menschenaffen mehr oder weniger innig Hand in Hand. Sprach die erste Generation von Freilandforschern noch vorsichtig von »Proto-Kulturen«, so wird heute für örtliche Traditionen von Schimpansen gern der Ausdruck Kultur benutzt – was weniger ungeniert als korrekt sein dürfte.

Warum gerade Schimpansen?

Ein Gespräch mit Dorothea Wrogemann

Wie kamst du zur Schimpansenforschung?

Wie viele andere auch: Ich las von Jane Goodall und später dann vom tragischen Tod Dian Fosseys. Zu den Schimpansen ging ich, ehrlich gesagt, weil mich die Gorillas faszinierten. Über ein Stipendium für Gabun war ich nicht zuletzt deshalb glücklich, weil es dort auch Gorillas gab.

Worum ging es bei der Forschung im Lopé-Reservat?

Wie Schimpansen ihren Lebensraum nutzen. Verändert sich die Dichte der Schimpansen mit dem Nahrungsangebot? Wo bauen sie ihre Schlafnester? Zufällig verteilt oder nahe bei Fruchtbäumen, bei Wasser oder in Sicherheit vor Leoparden?

Hört sich nicht ganz ungefährlich an.

Ich denke, es ist eine Frage der Gewohnheit. Ein Pygmäe auf Deutschlands Straßen wäre genauso hilflos und verängstigt wie ein Europäer, der zum ersten Mal durch den Urwald streift. Klar, der Regenwald birgt Gefahren, die es hier, in der »Zivilisation«, nicht gibt: Schlangen, Büffel, Gorillas, Elefanten... Das Risiko eines Verkehrsunfalles ist aber sicher viel höher.

Hattest du in Gabun Kontakt zur Außenwelt?

Wenig. Im Camp waren ein paar Forscher, und ab und zu kamen einheimische Helfer aus einen 15 km entfernten Dorf. Einmal pro Woche hörte ich Deutsche Welle auf einem geliehenen Radio. Als ich nach einem halben Jahr das frische Grün erstmals wieder verließ, wußte ich zunächst gar nicht mehr, worüber ich mit Stadtmenschen reden sollte. Mir fielen immer nur Affen ein.

Wie sieht der Arbeitsablauf aus?

Wenn zuvor die Verbindung zur Eisenbahn klappte, gibt es so gegen halb sieben Frühstück mit Tee und Kaffee. Dann Nestersuche im Wald mit Höhenmessungen, Bestimmen der Baumarten. Kotproben werden im Plastikbeutel mitgenommen. Wenn Schimpansen rufen, steige ich ihnen nach und versuche herauszufinden, wie viele es sind, welches Alter und Geschlecht, ob empfängnisbereite Weibchen dabei sind, was sie tun. Die Lopé-Schimpansen tolerieren auch nach Jahren noch immer nicht die Nähe von Menschen. Deshalb muß ich mich regelrecht anschleichen und dann möglichst versteckt beobachten. Werde ich entdeckt, machen sich die Schimpansen sofort ohne Lärm davon. Ich muß dann hinterher, immer mit Kompaß, weil ich abseits des Pfades schnell die Orientierung verlieren kann. Praktisch ist, wenn die Schimpansen eine »Futterparty« feiern. Dann kommen große Gruppen zusammen, die sich an Beobachtern wenig stören. Allerdings rotten sich dann gerne halbwüchsige Männer gegen mich zusammen und vertreiben mich durch lautes Kreischen, allmähliches Einkreisen und Stöckewerfen. Nach so einem Erlebnis schmeckt dann die kalte Cola im Camp besonders gut. Dort steht nämlich ein gasbetriebener Kühlschrank.

Verursachte die Forschung Konflikte mit den Einheimischen?

Nein. Die lokale Bevölkerung ist in den Naturschutz eingebunden, und manche finden im Camp Arbeit. Gabun ist außerdem so dünn besiedelt und noch immer dicht mit Wald bestückt, daß Jäger auch außerhalb des Reservates gut Beute machen können. Die Regierung hat außerdem viele Menschen entlang der zentralen Versorungswege umgesiedelt, so daß der Wald fast menschenleer ist. Mittlerweile drohen allerdings Krisen durch Holzeinschlag.

Was hältst du von biomedizinischen Versuchen an Schimpansen?

Es gibt gute Gründe, Schimpansen in Gefangenschaft zu halten, für Experimente, die für den Erkenntnisprozeß in Wissenschaft und vor allem Medizin von Bedeutung sind. Wir alle sind Nutznießer, wenn wir Medikamente einnehmen. Allerdings sollten Anträge auf Tierversuche strenger geprüft werden. Jeder vernünftige Zweifel ist auszuräumen, daß nicht auch niedere Tierarten oder Alternativexperimente verwendet werden können. Die Versuche sind oft brutal, die Erkenntnis aus ihnen oft zu klein, um das Leiden zu rechtfertigen, das wir der uns nächstverwandten Tierart antun. Oft werden sie nahezu steril gehalten, nicht weil die Experimente das erfordern, sondern weil es in der medizinischen Forschung so üblich ist. Für absolut unumgängliche Forschung sollte wenigstens das Umfeld der Schimpansen abwechslungsreicher gestaltet werden.

(Dr. Dorothea Wrogemann, geb. 1959, bildete sich in Hannover zur MTA aus, studierte dann in Göttingen Biologie und Anthropologie. In ihrer Diplomarbeit untersuchte sie Berberaffen in einem Freigehege, bevor sie mit einem Promotionsstipendium des Deutschen Akademischen Austauschdienstes zu den wilden Schimpansen Gabuns reiste. 2 Jahre Kindererziehung. Seit 1996 Mitarbeiterin der Tierärztlichen Hochschule Hannover, wo sie Mausmakis untersucht, eine kleine Lemurenart.)

BONOBOS

FRAUEN-POWER AUS DEM HERZEN AFRIKAS

Um eine vierte Art von Menschenaffen wissen wir erst seit gut einem halben Jahrhundert. Daß sie nicht Schimpansen sind, bezeugen ein vielfältiges Sexualleben und die Dominanz der Weibchen.

Die Entdeckung der Bonobos

Statt Bonobo wäre Zwergschimpanse der korrekte, weil ältere Name. Der trifft allerdings kaum zu – da diese Menschenaffen zwar schlank, aber nicht zwergenhaft sind. Der seltsame Name streicht zudem heraus, daß sie sich ganz anders als Schimpansen benehmen.

Um die Ehre, der allernächste unserer nächsten Verwandten zu sein, buhlen seit einem halben Jahrhundert 2 Schimpansenarten. Einerseits ist da *Pan troglodytes* – der »gewöhnliche« Schimpanse. Erst recht spät trat *Pan paniscus* auf den Plan. Wörtlich übersetzt bedeutet sein Name *Pan* »panchen«, also der »kleinerer *Pan*« – was sich ebenso in »Zwergschimpanse« (engl.: »pgymy chimpanzee«) ausdrückt. Dieser zuletzt entdeckte Menschenaffe ist auf dem besten Wege, den anderen die Show zu stehlen.

Bonobos wurden erst Anfang der 1930er Jahre als eigenständige Art beschrieben. Der deutsche Zoologe Ernst Schwarz untergliederte damals die Schimpansen in geographische Unterarten. Da gab es neben *Pan troglodytes troglodytes* in Zentralafrika den *Pan troglodytes verus* im westlichen und *Pan troglodytes schweinfurthii* im östlichen Afrika. Schwarz untersuchte auch Exemplare im Tervuren-Museum in Belgien, damals Kolonialmacht im Gebiet des späteren Zaïre. Ihm fiel der Schädel eines als »jugendlich« eingeordneten Schimpansen auf, dessen Knochennähte bereits verwachsen waren. Der Schädel mußte deshalb einem voll erwachsenen Menschenaffen mit ungewöhnlich kleinem Kopf gehören. Schwarz veröffentlichte daraufhin eine Schrift mit dem Titel »Das Vorkommen des Schimpansen auf dem linken Kongo-Ufer« und führte damit 1929 eine weitere Unterart ein: *Pan troglodytes paniscus.* Im Jahre 1933 postulierte Harold Coolidge vom Museum für vergleichende Zoologie der amerikanischen Harvard-Universität, die anatomischen Unterschiede zwischen der neuen Unterart und den anderen seien groß genug, um sie als eigene Art einzustufen. Noch ein halbes Jahrhundert später führte Coolidge sein Werk akribisch fort, indem er mit einem Kollegen an 360 Schädeln von *Pan*-Angehörigen jeweils 167 verschiedene Maße nahm, beispielsweise hinsichtlich der größten Breite, der Zahnlänge oder der Weite der Augenhöhlen. Ergebnis: Wiederum ließen sich 3 Varianten von *Pan troglodytes* statistisch gut voneinander trennen, doch war deren Ähnlichkeit untereinander größer als die zu Bonobos. Mittlerweile erlaubt nicht nur die vergleichende Morphologie, sondern – wie zu berichten sein wird – auch die vergleichende Verhaltensforschung eine deutliche Trennung zwischen *Pan paniscus* und *Pan troglodytes.*
Da der »Zwergschimpanse« weder zwergenhaft noch eben ein Schimpanse ist, wird heute meistens der Name »Bonobo« bevorzugt – wahrscheinlich eine Verballhornung des kongolesischen Ausfuhrortes Bolobo. Das entspricht durchaus nicht den Regeln der zoologischen Namensgebung, denn die haben sich nach den Erstbeschreibungen zu richten. Und da war von Bonobo keine Rede. Die meisten Forscher meinen jedoch, daß es – Regeln hin, Regeln her – wichtig sei, der Spezies einen besonderen Namen zu geben, um ihre Eigenständigkeit zu betonen. Nicht zuletzt, weil sich leichter Spon-

soren für Forschungsarbeit und Fürsprecher für den Erhalt einer Art finden, wenn die schon vom Namen her »mehr« ist als »nur« eine geographische Variante der Schimpansen.

Bonobos wiegen durchschnittlich etwas weniger als Schimpansen, bei denen Erwachsene zwischen 25 und 60 kg auf die Waage bringen, doch überlappen sich die Werte stark. Allein ihr etwas grazilerer Bau mag den Namen »Zwergschimpanse« rechtfertigen: schlankere Gliedmaßen, schmalerer Kopf, schmalere Schultern. Am einfachsten sind sie an den leicht geröteten Lippen und dem adretten Mittelscheitel von Schimpansen zu unterscheiden. Bonobo-Babys haben zudem ein schwarzes Gesicht, während das zunächst weiße Gesicht von Schimpansen-Babys sich oft erst später dunkel färbt. »Zwergschimpanse« bezog sich nicht zuletzt auf dessen »kindsgestaltiges« (pädomorphes) Aussehen. Für Schimpansen typisch jugendliche Züge werden nämlich bei erwachsenen Bonobos beibehalten, etwa gerundeter Schädel und wenig vorspringender Kiefer. Das erklärt die anfängliche Verwechslung des Bonobo-Schädels mit dem eines jugendlichen Schimpansen. Auch im Verhalten wirken Bonobos »junggebliebener« auf Menschen, da sie verspielter, experimentierfreudiger und weltzugewandter einherkommen. Spiel- und bewegungsfreudige Primaten üben große Anziehungskraft aus – und Bonobos sind in dieser Hinsicht Paradeexemplare. Aus alten Fotografien geht ziemlich eindeutig hervor, daß ein zwischen 1911 und 1916 im Amsterdamer Zoo gehaltener »Schimpanse« namens Mafuca in Wirklichkeit ein Bonobo war – was im Nachhinein verständlich macht, daß er als der populärste Bewohner des Tiergartens galt. Ganz ähnlich erklärt sich das ungewöhnlich intelligente Verhalten eines Schimpansen namens Prince Chim im Vergleich zu dem seines Kollegen Panzee. Robert Yerkes, bereits als ein Vater der modernen Menschenaffenforschung vorgestellt, erwarb die beiden im Jahre 1923. In seinem Buch »Almost Human« (»Beinahe Mensch«) ist er voll des Lobes für Prince Chims Wachsamkeit und Anpassungsfähigkeit. Harold Coolidge untersuchte später dessen sterbliche Überreste – und schloß wiederum auf einen Bonobo im Schimpansengewand rück. Seit einigen Jahren schließlich macht Kanzi Schlagzeilen – der wohl am besten studierte Bonobo überhaupt, der in der Obhut von Sue Savage-Rumbaugh in den Yerkes-Laboratorien in Atlanta lebt und unter anderem gesprochenes Englisch in verblüffender Perfektion versteht.

Nur ein, zwei Dutzend Wissenschaftler sahen je wilde Bonobos. Denn ihr angestammtes Refugium im Kongobecken ist extrem schwer zugänglich.

Bereits Harold Coolidge erkannte, daß die pädomorphen Eigenschaften des Bonobo weitreichende Bedeutung haben. »Die weniger spezialisierten Formen, wie sie gewöhnlich durch jugendlichere Formen repräsentiert sind«, schlußfolgerte er, »stehen dem urtümlichen Status der Evolution eines Tieres näher als die höher entwickelten Formen der Erwachsenen.« Heute teilen namhafte Forscher die Auffassung, daß Bonobos dem Vorfahren von Schimpansen und Menschen am ähnlichsten sind, sich also im Laufe der Evolution am wenigsten verändert haben. »Wenn Coolidges Annahme korrekt ist«, pflichtet der japanische Primatologe Takayoshi Kano bei, »dann müßten in der natürlichen Lebensweise und in den sozialen Gesellschaften der Zwergschimpansen viele Hinweise hinsichtlich der Evolution der Gesellschaften früher Hominiden verborgen liegen«.

Untersuchungen in freier Wildbahn beschränken sich bis heute auf wenige Orte. Das liegt am Lebensraum der Bonobos. Während Schimpansen oft in offenen, lichten Wäldern zu finden sind, leben Bonobos ausschließlich in dichtem tropischen Regenwald voller malariaverseuchter Sümpfe südlich des mächtigen Zaïre-Flusses bis zum Kasai-Fluß, in einem Gebiet von etwa 200 000 km^2, was der Größe der Bundesrepublik Deutschland ohne Niedersachsen entspricht. Bonobos kommen hier wahrscheinlich seit langer Zeit isoliert von Schimpansen vor, denn Menschenaffen können nicht

Bonobos

Bezeichnung

Deutscher Name: Bonobo, Zwergschimpanse
Englischer Name: Bonobo, Pygmy chimpanzee
Wissenschaftlicher Name: *Pan paniscus*
Unterarten: Keine

Verbreitung

Vorkommen: 350 000 km^2 in der zentralen Demokratischen Republik Kongo (vormals Zaïre); große Population in 3000 km^2 Gebiet zwischen den Flüssen Yekokora und Lomako
Populationsschätzung (um 1995): Keine zuverlässigen Zahlen, nach manchen Schätzungen 25 000 bis 100 000, möglicherweise sogar weniger als 5000
Status (Rote Liste bedrohter Tierarten, IUCN 1996): Bedroht
Bemerkung: Bestand halbierte sich vermutlich zwischen 1975 und 1995

Körper

Länge: Männchen im Mittel 119 cm; Weibchen im Mittel 112 cm
Gewicht:
Männchen 43 kg, Spanne 33 - 57 kg; Weibchen 36 kg, Spanne 28 - 49 kg

Aussehen: Pädomorphes (jugendhaftes) Aussehen, ähnlich Schimpansen, doch grazilerer Bau mit schlankeren Gliedmaßen, Kopf, Schultern; gerötete Lippen, häufig Mittelscheitel; Babys mit schwarzem Gesicht (während die zunächst weißgesichtigen Schimpansen-Babys sich oft erst später dunkel färben); Knöchelgang, auch zweibeinig; Ano-Genitalschwellungen bei Weibchen

Auffällige Merkmale

Vielfältiges Sexualleben, sowohl heterosexuell (u. a. Bauch-auf-Bauch Paarung; Männer-Kind-Kontakte), homosexuell (u. a. bei Weibchen genito-genitales Reiben der Klitoris – »gg-rubbing« –, Penis-Fechten der Männchen), autosexuell (Selbstbefriedigung); starke Sozialbeziehungen unter Weibchen, speziell gg-rubbing; weibliche Bündnisse mit resultierender weiblicher Dominanz über Männchen; im Unterschied zu Schimpansen in der Wildnis keine oder kaum Werkzeugherstellung, Jagd, Gruppenkämpfe oder Kindestötung

Fortpflanzung

(F = Freiland, G = Gefangenschaft)

Weiblicher Zyklus: 42 Tage (F), 36 - 46 Tage (G)
Schwangerschaftsdauer: 240 - 255 Tage (G)
Kinder pro Geburt: 1
Geburtsgewicht: 1,5 kg, Spanne 1,1 - 1,8 kg (G)
Geburtenabstand: 5 Jahre (G, F)
Sterblichkeit im 1. Jahr: 9 % (F)
Alter bei 1. Geburt: 9 Jahre, Spanne 8 - 14 Jahre (G) bzw. 14 Jahre, Spanne 12 - 15 Jahre (F)
Männliche Geschlechtsreife: 9 Jahre (G)
Sterblichkeit im 1. Jahr: Männchen 15 %, Weibchen 28 % (G)
Maximale Lebensdauer: In Menschenobhut mindestens 50 Jahre, in der Wildnis sicherlich mehr als 35 Jahre

Ernährung

(% Eßzeit in Lomako/Zaïre)

Früchte: 72 %
Blätter: 25 %
Kräuter, Bodenvegetation: 2 %
Tiere: 0,1 % (Nagetiere, Schopf-Ducker, Insektenesser, Schlangen, Ameisen, Termiten, Bienen, Grillen, Raupen, Käfer, Tausendfüßer, Schnecken, Regenwürmer)
Erde, Kot: Zuweilen

Lebensweise

Tagaktiv; bauen Tag- und Nachtnester; arborealster afrikanischer Menschenaffe, zu mehr als 50 % der Tageszeit auf Bäumen
Biotop: Primärer Tiefland-Regenwald
Streifgebiete: 20 - 50 km^2
Tageswanderung: 2 km (Wamba, Zaïre)
Feinde: Leopard, Mensch

Soziales Leben

Sozialstruktur: Ähnlich Schimpansen treffen sich die Mitglieder einer Kommunität (»community«) gelegentlich (»fusion«) bis sie schließlich wieder auseinandergehen (»fission«); Herumwandern in kleineren Grüppchen (»parties«). Sozialleben stark von nicht-verwandten Weibchen geprägt.
Mitglieder pro Kommunität: Durchschnitt 30, Spanne 10 - 58; Grüppchen von durchschnittlich 8, Spanne 5 - 17
Wanderndes Geschlecht: Weibchen

Ausgewählte Freilandstudien

(Ort, Land; Beginn; Teamleiter)

- Wamba, Provinz Luo, Zaïre; seit 1974; Takayoshi Kano.
- Lomako, Provinz Equateur, Zaïre; 1974 - 1991 (Noel und Alison Badrian, Nancy Thompson-Handler, Richard Malenky, Frances White), seit 1990 Gottfried Hohmann und Barbara Fruth.

schwimmen – und schon gar nicht über breite Ströme. Bonobos sind deshalb ausschließlich in einem Staat zu finden: in Zaïre eben, der Demokratischen Republik Kongo, wie das Land seit Mitte 1997 heißt. Speziell in den Jahren vor der Vertreibung des Diktators Mobutu waren die dortigen politischen Verhältnisse dermaßen instabil, daß manche Forschungspläne aufgegeben wurden. Takayoshi Kano begann 1972 als erster mit Freilanduntersuchungen an den – wie er sie nannte – »letzten Menschenaffen«. Bei der Ortschaft Wamba lockte er Bonobos mit angebautem Zuckerrohr aus dem Wald. Die Arbeiten seines Teams umspannen mittlerweile zweieinhalb Jahrzehnte. Die einzige andere Langzeitstudie findet in der Lomako-Region statt. 1974 setzte das irisch-südafrikanische Paar Noel und Alison Badrian erstmals Fuß in die abgelegene Dschungelregion. Ein Team um Randall Susman aus New York führte die Arbeiten in den 1980er Jahren fort, und seit 1990 treiben vor allem die beiden Deutschen Gottfried Hohmann und Barbara Fruth die Beobachtungen voran. 8 - 10 Tage währt die Flußfahrt von Kinshasa über Land in die Provinz Equateur. Von der letzten Plantage ist dann noch ein 30-km-Fußmarsch bis ins Lomako-Gebiet zu bewältigen.

Die Forschung leidet auch daran, daß Bonobos nur in wenigen Zoos gehalten werden – in den USA

Mächtig wälzt sich der Zaïre-Fluß durch Regenwälder. Am nördlichen Ufer siedeln Schimpansen. Am diesseitigen Gestade beginnt das Terrain der Bonobos.

etwa in San Diego, Atlanta und Milwaukee, in Europa in Antwerpen, Planckendael und im englischen Twycross. Ein Großteil der etwa 100 in Gefangenschaft nachgezüchteten Bonobos lebt in Deutschland – in den Zoos von Stuttgart, Frankfurt, Köln, Wuppertal und Leipzig. Bei Bonobos wirken sich die strengen Ausfuhrbedingungen der internationalen Artenschutzabkommen am stärksten aus, weil vor Wirksamwerden der Verträge gerade mal 2 Dutzend Wildfänge in Zoos außerhalb Zaïres gehalten wurde. Die kleine Gefangenschaftspopulation besitzt eine entsprechend geringe genetische Variabilität und muß über Zuchtpläne sorgfältig gemanagt werden. Federführend sind hierbei

Professorales Japan in Zentralafrika: Den Plausch zwischen Takayoshi Kano – Pionier der Bonobo-Forschung – und Mitarbeiterin verfolgt die Dorfjugend von Wamba. Zahlreiche Dörfler helfen den Wissenschaftlern für ein Zubrot.
Nachrichten werden zuweilen traditionell übermittelt – durch Trommeln.

EEP (Europäischer Erhaltungs-Plan) und SSP (Species Survival Plan). Um unerwünschte Inzuchteffekte zu vermeiden, müssen Bonobos manchmal auf unkomfortable Weltreisen in andere Zoos verschickt werden. Das hat für die hochsensiblen Kreaturen zunächst die Konsequenz, daß sie aus ihrem gewohnten Sozialverband herausgerissen werden. Diesbezüglich ist allerdings zu bedenken, daß zumindest Weibchen in freier Wildbahn ihre Geburtsgruppe ohnehin zu verlassen pflegen. Mit Geschick läßt sich der Zeitpunkt der Verschickung an das natürliche Auswanderungsmuster angleichen. Desweiteren verlangen aber die Tierärzte beispielsweise der USA, daß aus Deutschland angekommene Bonobos monatelang einzeln in Quarantäne gehalten werden, bevor sie in ihre Zielgruppe entlassen werden dürfen.
Die Nachzucht gelingt in einigen Zoos recht gut – wobei altehrwürdige Institutionen wie Stuttgart und Frankfurt Pionierarbeit leisteten. Problematisch ist die ausreichende Versorgung Neugeborener durch die Mütter. Zuweilen nehmen ranghohe Weibchen den gerade Niedergekommenen ihr Baby fort. Pfleger müssen es dann aus der Gruppe herausholen, um es vor dem Hungertod zu bewahren. Doch selbst wenn das nicht der Fall ist, erscheint manchen Zookuratoren jede Geburt so kostbar, daß sie Neugeborene von ihren Müttern trennen, um eine Handaufzucht durchzuführen. Werden Säuglinge in den Gruppen belassen, sterben sie in der Tat häufiger. Das liegt nicht unbedingt an der Haltung in Gefangenschaft, denn Kindersterblichkeit ist bei zahlreichen Primatenarten im Freiland weitaus höher. Zoos fürchten aber verständlicherweise die negative Reaktion der Öffentlichkeit, wenn ein in der Lokalpresse überschwenglich begrüßter Neuzugang ein paar Tage später nicht mehr lebt. Zum Glück wird die Praxis seltener – was auch damit zu tun hat, daß es mehr und mehr erfahrene Bonobo-Mütter gibt, die nach Problemen mit dem ersten Baby mittlerweile routiniert ihr zweites, drittes oder viertes Kind aufziehen.
Das in Gefangenschaft zusammengesammelte Wissen über die Bonobos ist noch immer weit größer als der Schatz an Freilandbeobachtungen. Wer also Lorbeeren in der Menschenaffenforschung ernten möchte und zwei Paar Schuhe hat, der nehme das bessere und mache sich auf in die Wälder Zentralafrikas.

Der ungewöhnliche Schimpanse

Um Schimpansen und Bonobos voneinander abzugrenzen, beschreiben angelsächsische Forscher erstere zuweilen als »common chimpanzee« – »gewöhnlicher Schimpanse«. Nach allem, was mittlerweile über die Bonobos bekannt ist, trifft auf sie tatsächlich die Umkehr des Ausdrucks zu: »uncommon chimpanzee« – »ungewöhnlicher Schimpanse«. Neben wichtigen Gemeinsamkeiten unterscheiden sich Bonobos und Schimpansen vor allem gravierend in ihrer Ökologie und ihrem Sozialverhalten.

Wie bei Schimpansen besteht der Hauptanteil der Nahrung von Bonobos aus Früchten. 2 Drittel aller Nahrungspflanzen nutzen sie so, von einem weiteren Viertel die Blätter. Bonobos verzehren außerdem gelegentlich Ameisen, Termiten, Käfer, Grillen, Tausendfüßer und Bienen. Sie wurden zudem beobachtet, wie sie in einem seichten Bach »fischten«, vielleicht nach Fischen und Kleinkrebsen. In seltenen Fällen essen sie Schlangen und kleine Säugetiere wie Eichhörnchen und die antilopenähnlichen Schopfducker. Allerdings veranstalten Bonobos nicht die bei Schimpansen üblichen Treibjagden. Beute wird vermutlich nur ergriffen, wenn sie zufällig über den Weg läuft. Spärlich sind zudem Hinweise auf Werkzeuggebrauch. Termitenangeln mit Stöcken und Zweigen wurde noch nicht direkt beobachtet, obwohl sich passende Hölzer bei aufgebrochenen Termitenhügeln fanden. Mangelnde Intelligenz steht der Werkzeugherstellung nicht im Weg, weil Bonobos in Menschenobhut bei »IQ-Tests« sogar eher besser als Schimpansen abschneiden. In der Wilhelma, dem zoologisch-botanischen Garten in Stuttgart, bewohnt eine Gruppe von Schimpansen und Bonobos benachbarte Gehege. Dort brechen Mitglieder beider Arten Stöckchen aus bereitgelegten Büschen zurecht, um geschickt in Öffnungen eines Metallzylinders nach verborgenen Süßigkeiten zu stochern. Es mag also sein, daß der von Bonobos bewohnte Regenwald

Links: Zwar schwingt dieses Kind einen Stock – doch scheinen Bonobos fast gänzlich ohne das Arsenal von Werkzeugen auszukommen, das ihre Genossen der Gattung *Pan,* die Schimpansen, benutzen.

Wäre ihr Balgpartner ein Schimpanse, hätte die Meerkatze vermutlich nichts zu lachen. Doch Bonobos wurden noch nie bei der systematischen Jagd auf Affen gesehen.

Gähnend räkelt sich ein wilder Bonobo im Nest. Wer bequem ruht, gelangt leichter in Tiefschlafphasen, die zumindest Menschen zur geistigen Erholung brauchen. Vielleicht hilft weiches Betten Menschenaffen ebenfalls, sich mental fit zu halten.

reicher ist als die Lebensräume von Schimpansen und sie die für nahrungssuchende Schimpansen typischen Techniken einfach nicht brauchen.
Die sozialen Gemeinschaften der Bonobos ähneln grob denen von Schimpansen – es sind »fusion-fission« Gesellschaften von bis zu 60 Mitgliedern, deren Streifgebiete 20 - 50 km^2 umfassen. Auch Bonobos wandern mehr oder weniger lange in Grüppchen herum, deren Größe und Zusammensetzung sich ständig ändert. Bei Schimpansen sondern sich oft Männchen und Mütter mit Kindern in verschiedenen Kleingruppen ab. Bei Bonobos finden sich hingegen gemischte »Parties« verschiedenster Alters- und Geschlechtsklassen. In der Regel ziehen 3 - 4 erwachsene Weibchen mit ihren Kindern gemeinsam herum, doch schließen sich ihnen zumindest gelegentlich Männchen an. Die Grüppchen der Population von Lomako umfassen durchschnittlich 6 - 7 Mitglieder. Sie sind damit im Mittel mehr als doppelt so groß wie die Grüppchen der Schimpansen von Gombe oder von Kibale in Uganda.
Auch die sozialen Beziehungen der »gewöhnlichen« und »ungewöhnlichen« Schimpansen lassen sich klar trennen. Bei ersteren halten Männchen untereinander engere und häufigere Kontakte, was sich in räumlicher Nähe, gemeinsamer Nahrungsaufnahme und gegenseitige Fellpflege ausdrückt. Es folgen bei Schimpansen Kontakte zwischen Männchen und Weibchen, während die zwischen Weibchen am seltensten sind. Bonobos verteilen ihre Streicheleinheiten ganz anders. Am häufigsten werden Weibchen miteinander im Kontakt beobachtet, am zweithäufigsten Männchen und Weibchen, und am seltensten Männchen untereinander. Diese Unterschiede überraschen. Denn Partner gleichen Geschlechts bauen in der Regel nur starke Beziehungen auf, wenn sie Blutsverwandte sind. Für Bonobo-Weibchen trifft das selten zu, da sie wie Schimpansen aus verschiedenen Geburtgemeinschaften zusammengewürfelt sind. Bonobo-Männchen bereiten der Theorie aus umgekehrten

Gründen Kopfzerbrechen. Denn obwohl sie zeitlebens in ihrer Geburtsgemeinschaft bleiben und daher oft eng verwandt sein müssen, unterhalten sie keine engen Beziehungen. Schimpansen hingegen erfüllen die Erwartungen: Weibchen pflegen lediglich lockere Beziehungen und wechseln häufig zwischen Gruppen, während genetisch eng verwandte Männchen ausgedehnte Koalitionen eingehen.

Zunächst einmal dürften ökologische Faktoren für die Diskrepanzen verantwortlich sein. Größere Gruppen können sich bilden, wo reichere Futterquellen existieren, weil der Streitwert vorgefundener Nahrung – die ja für Weibchen mit Kindern besonders bedeutsam ist – geringer wird. Ist für alle mehr da, erlaubt das engere Beziehungen zwischen den Weibchen. Müssen Weibchen hingegen nacheinander wenig ergiebige Futterquellen aufsuchen, geraten sie sich beim Essen in die Quere. Entsprechend schwierig wird es, entspannt und friedlich miteinander umzugehen. Lockerere Beziehungen und stärkere Konkurrenz unter den Weib-

Gemeinschaften der Bonobos ähneln denen von Schimpansen: Auf kurze Vereinigung folgt alsbald erneute Spaltung in Grüppchen. Vermutlich diktiert die Verteilung der Nahrung das Muster.

chen sind die logische Folge. Ein Vergleich der Bonobos von Lomako mit den Schimpansen von Gombe erhärtet die Theorie mit Zahlen. So maßen bei den Bonobos 65 Prozent der Stämme aller Futterbäume mehr als 50 Zentimeter im Durchmesser, bei den Schimpansen hingegen nur 39 Prozent. Ein dickerer Stamm läßt auf eine im Durchschnitt größere Krone rückschließen und diese wiederum auf reichere Nahrungsvorräte. In 28 Prozent aller Fälle konnten Bonobos sich denn auch länger als 250 Minuten an der gleichen Futterquelle gütlich tun, Schimpansen jedoch nur in mageren 4 Prozent. Die größeren Grüppchen und der engere Weibchen-Weibchen-Zusammenhalt von Bonobos gehen daher vermutlich auf ihre üppigeren Biotope zurück.

Um das verminderte Miteinander der Bonobo-Männchen zu erklären, müssen wir uns jenem Lebensbereich zuwenden, der das Publikum erfahrungsgemäß am meisten fasziniert: dem Sexualleben. Für Aufregung – bei Betrachtern und Bonobos selbst – sorgen dabei vor allem die gleichgeschlechtlichen (homosexuellen) Kontakte. Daß Bonobos sich auch gegengeschlechtlich (heterosexuell) betätigen, tritt dabei weitgehend in den Hintergrund. Damit die für die direkte Fortpflanzung im allgemeinen unverzichtbare Variante des Sex nicht in Vergessenheit gerät, sollen deshalb zuvor die generellen Muster der Sexualbiologie bei Primaten nachgezeichnet werden.

Insgesamt üppiger an Nahrung mag das Wohngebiet der Bonobos sein – verglichen mit Schimpansen. Vielleicht können sie deshalb weitgehend auf Werkzeuge und Jagd verzichten. An mangelnder Intelligenz liegt das nicht. In Gefangenschaft lösen sie Standardtests mit Bravour.

Was Sie außerdem noch über Sex wissen wollten

Woody Allen betitelte einen seiner erfolgreichsten Filme »Was Sie schon immer über Sex wissen wollten, aber nie zu fragen wagten«. Wer sich nicht mit Menschenaffen beschäftigt, hat ein anderes Problem – nämlich auf viele interessante Fragen gar nicht erst zu kommen. Der Hintern von Bonobo-Weibchen ist oft auffällig geschwollen. Warum? Der Penis des mächtigen Gorilla-Mannes ist kläglich kurz. Warum? Schimpansen bringen Sex rasch hinter sich, Orangs lassen sich Zeit. Warum?

Auf derlei Fragen gibt es verblüffende Antworten, seit die Sexualbiologie von Halbaffen, Affen und Menschenaffen intensiver erforscht wird. Theoretisch existieren vier mögliche Systeme bei der Fortpflanzung, die sämtlich bei wilden Primaten verwirklicht sind:

- Ein-Männchen-viel-Weibchen-Gruppen: Polygynie oder »Vielweiberei«, z. B. beim Mantelpavian oder Gorilla;
- Ein-Männchen-ein-Weibchen-Gruppen: Monogamie oder »Einehe«, z. B. beim Springtamarin, Springaffen oder Gibbon;
- Viel-Männchen-viel-Weibchen-Gruppen: Polygynandrie oder »Gruppenehe«; eine nach Alter und Rang abgestufte »sexuelle Freizügigkeit« findet sich z. B. bei Rhesusaffen oder Schimpansen;
- Viel-Männchen-ein-Weibchen-Gruppen: Polyandrie oder »Vielmännerei«, vermutlich bei manchen Krallenaffen.

Da Männchen – wie erläutert – durch Paarung mit möglichst vielen Weibchen ihren Reproduktionserfolg steigern können, überrascht es nicht, daß sich bestenfalls 12 Prozent der etwa 200 lebenden Primatenspezies in Einehe fortpflanzen. Monogamie ist nur zu erwarten, wenn Männchen – aus welchen Gründen immer – ihre Neigung zur Vielweiberei nicht durchsetzen können. Welch dramatische Konsequenzen das für das männliche Geschlecht hat, erkannte bereits Charles Darwin. Da es »dem weniger erfolgreichen Bewerber nicht gelingt, ein weibliches Wesen zu gewinnen«, und er »infolgedessen weniger oder keine Nachkommen erzeugt«, werden die Männchen in eine gnadenlose Rüstungsspirale hineingetrieben. Das Resultat exemplifizieren etwa Orangs und Gorillas: »Die männlichen Individuen zeichnen sich gegenüber den weiblichen durch ihre bedeutendere Größe, Stärke und Kampfeslust aus, ihre Angriffs- oder Verteidigungsmittel gegen Nebenbuhler«. Den Einfluß der Auslese auf die Körpergröße erkannte Darwin ganz richtig. Doch war er vermutlich – als Zeitgenosse des prüden viktorianischen Zeitalters – zu sittsam, um seine Argumentation auf jene Kör perteile auszudehnen, die vor allem mit Reproduktion befaßt sind: die Geschlechtsorgane selbst. Daß Auslese sich auch und gerade auf die Genitalien richtet, arbeitete Darwins Landsmann Roger Short erst Mitte der 1970er Jahre heraus. Der studierte Veterinärmediziner unterschied bei der sexuellen Selektion (geschlechtlichen Auslese) entsprechend zwischen »somatischer Selektion«, die auf die Körpergröße wirkt (»soma« = Körper), und »genitaler Selektion«, die auf innere und äußere Geschlechtsorgane wirkt.

Die Verhältnisse bei den Menschenartigen lassen sich durch Kenntnis einiger Grundregeln der geschlechtlichen Auslese besser verstehen. Sie betreffen vor allem grundsätzliche Unterschiede zwischen »polyandrischen« und »monoandrischen Sozietäten«, also Paarungssystemen, in denen die Weibchen während ihrer fruchbaren Tage entweder mit mehreren oder nur einem Partner Geschlechtsverkehr haben.

(a) Körpergröße. Das Ausmaß der somatischen Selektion und damit die Ausprägung des Geschlechtsdimorphismus – der Verschiedengestaltigkeit von Männchen und Weibchen – nimmt mit der Anzahl Weibchen zu, die auf ein Männchen in der Gruppe kommen. Denn je ausgeprägter die Tendenz ist, daß einzelne Männchen mehrere bis viele Weibchen für sich allein beanspruchen, desto schärfer ist der Wettbewerb unter Männchen. Als vertrautes Beispiel der Zuchtwahl durch Geschlechtsgenossen sei der Hirschbulle mit seinem Rudel von Hirschkühen genannt.

(b) Männliche Geschlechtsorgane. Wenn Weibchen sich gewohnheitsmäßig mit mehreren Männchen verpaaren, kommt es zur »Spermakonkurrenz«, da mehrere Samenergüsse in der Scheide zusammentreffen. Polyandrische Verhältnisse – also Vielmännerei – liegen nicht nur in rein polyandrischen Gesellschaften vor, sondern auch bei der Gruppenehe. Mit dem Problem konfrontierte Männchen entwickelten verschiedene Strategien, um aus der Konkurrenz als Sieger hervorzugehen. Einerseits wird die Hodengröße beeinflußt. Paart sich ein empfängnisbereites Weibchen kurz hintereinander mit mehreren Partnern, hängt die Chance eines Männchens, daß eine seiner Samenzellen den Wettlauf zum Ei gewinnt und die Befruchtung vornimmt, weitgehend von der Menge und Beweglichkeit der ejakulierten Spermien ab. Unter Umständen ist es wie bei einer Lotterie: Je mehr eigene Lose sich in der Trommel befinden, desto größer die Chance auf einen Treffer. Männchen mit besonders leistungsfähiger Spermaproduktion pflanzen sich entsprechend erfolgreich fort, weshalb bei Arten mit »freizügigem Geschlechtsverkehr« Männchen mit großen Hoden »herangezüchtet« werden. Spermakonkurrenz könnte anstatt dem Lotterie-Prinzip zu folgen auch eher strategischer Kriegsführung ähneln. Denn in Ejakulaten mancher Arten finden sich zahlreiche »tote« Samenzellen. Sie werden »Kamikaze-Spermien« genannt, weil sie vermutlich nachfolgendem Sperma eines Rivalen den Weg versperren sollen. Bei Vielmännerei entwickeln sich außerdem zuweilen längere Samenfäden (die schneller schwimmen), muskulösere Samenleiter (die heftiger ejakulieren), Vaginalpropfen aus nicht befruchtungsfähiger Hodenflüssigkeit (welche die Vagina blockieren) sowie ein langer Penis (zum Plazieren des Ejakulates möglichst nahe an der Gebärmutter und zum Durchdringen von Rivalen-Ejakulat). Schließlich ist auch die Dauer der Paarung betroffen, die in Ein-Männchen-Sozietäten ohne die störende Gegenwart von Rivalen verlaufen und entsprechend lange dauern kann. In Viel-Männchen-Sozietäten hingegen ist die Zeit vom Einführen des Penis (Intromission) bis zum Samenerguß deutlich kürzer, da paarungswillige Weibchen oft von konkurrierenden Männchen umlagert sind. In strikt monoandrischen Gesellschaften (d. h. Weibchen verpaaren sich nur mit einem Männchen) ist hingegen keine Spermakonkurrenz zu fürchten. Entsprechend entschärft ist die auf die Geschlechtsorgane wirkende sexuelle Selektion: Die Hoden sind klein, die Spermien nicht lang, der Penis ist kurz und unscheinbar, die Paarungsdauer ausgedehnt.

(c) Weibliche Geschlechtsorgane. Bei Spezies mit Viel-Männchen-Gesellschaften vergrößert sich in der Regel während der fruchtbaren Tage – dem »Östrus« – der Bereich um After, Damm und Vagina. Diese sogenannten »Ano-Genital-Schwellungen« sind wohl Ausdruck einer Zuchtwahl zwischen den Geschlechtern. Denn in demselben Maße, in dem Weibchen ihre Fruchtbarkeit weithin sichtbar signalisieren, stacheln sie die Konkurrenz unter möglichen Paarungspartnern an und erhöhen die Wahrscheinlichkeit, an ein Männchen mit guter genetischer Ausstattung zu geraten. Vielleicht spiegeln Schwellungen aber auch innergeschlechtliche Konkurrenz unter den Weibchen wider, im Sinne einer Selbstanpreisung.

Weithin sichtbar preist ein wilder Bonobo-Mann seine Willigkeit an. Bonobos leben in »Polygynandrie« – was übersetzt Viel-Weibchen-viel-Männchen-Gesellschaft bedeutet. Entsprechend hoch ist die Zahl der Sexualpartner.

Sind derlei Faustregeln zur Hand, lassen sich die speziellen Verhältnisse bei Menschenaffen und Menschen – den *Hominoidea* – recht gut begreifen.

Mehr oder weniger monogam leben unter den *Hominoidea* lediglich die etwa 10 Arten von Gibbons. Fruchtende Bäume sind für die schwinghangelnden Früchteesser Südostasiens offenbar so rar, daß ein Gebiet von verteidigbarer Größe vermutlich lediglich ein Männchen mit einem Weibchen und den gemeinsamen Nachwuchs ernähren kann. Rein statistisch entfällt daher auf jedes Männchen ein Weibchen, weshalb intra-sexuelle Konkurrenz abgemildert ist. Entsprechend sind Männchen und Weibchen gleich groß und unterscheiden sich nicht in der Eckzahnlänge. Mangelnde Konkurrenz unter Geschlechtsgenossen dürfte der Grund sein, daß Männchen keine besonders großen Hoden besitzen (1 Promille des Körpergewichtes) und daß die Kopulation mit etwa 1 Minute vergleichsweise lange dauert.

Eindeutig polygyn leben unter den Menschenaffen die Gorillas, da oft ein einzelner Silberrücken einen Harem monopolisiert. Vermutlich ist auch das Fortpflanzungssystem der Orang-Utans polygyn. Obwohl die Partner hier nicht räumlich zusammenleben und obwohl subadulte Männchen sich verpaaren, dürften die starken residenten Männchen in der Lage sein, mehrere in ihrem Streifgebiet beheimatete Weibchen zu befruchten. Die Männchen beider Spezies wiegen jedenfalls oft doppelt soviel wie ihre Weibchen, und der Eckzahndimorphismus fällt auf. Durch Körperkraft – also »somatisch« – schlagen zumindest die Gorilla-Männchen alle Rivalen im Vorfeld von Kopulationen aus dem Felde. Wenn es ans Verpaaren geht, haben sie mithin keine Besamungs-Konkurrenten zu fürchten. Auf der sexuellen Ebene gleicht Vielweiberei deshalb – genau wie die Einehe – einem im Prinzip monoandrischen System. Entsprechend gering ist das Ausmaß der genitalen geschlechtlichen Auslese: Das relative Hodengewicht beträgt 0,5 Promille beim Orang und lediglich 0,2 Promille beim Gorilla. Der Paarung geht

kaum Werbeverhalten voraus, und der Penis ist unscheinbar. Der Gorilla – der größte lebende Primat – hat sogar absolut gesehen eine der kleinsten Penislängen: lediglich 2 - 3 cm, selbst im erigierten Zustand. Werbung entfällt ebenfalls vor der Paarung. Die Kopulationsdauern von bis zu 15 Minuten beim Orang und 1,5 Minuten beim Gorilla sind lang – jedenfalls verglichen mit den gleich zu behandelnden Schimpansen. Den Weibchen fehlen Genitalschwellungen – offenbar deshalb, weil während ihrer fruchtbaren Tage ohnehin lediglich ein Männchen als Partner zur Auswahl steht.
Weitgehende Promiskuität herrscht in Gruppen von Schimpansen und Bonobos. Östrische Weibchen paaren sich bis zu 50mal am Tage mit oft mehr als 10 verschiedenen Männchen. Der Penis wird auffällig zur Schau gestellt, wobei sich dessen rosa Farbe gut von der dunkelhaarigen Umgebung absetzt. Überdies ist der Penis lang und angespitzt – denn es gilt, fremde Samenmassen zu durchdringen. Zuweilen scheiden Männchen einen Propfen aus, um die Vagina zu versiegeln. Körperliche Auseinandersetzungen im Rahmen inner-geschlechtlicher Konkurrenz unter Männchen sind abgeschwächt, da die Männchen in ihrer Geburtsgruppe bleiben und somit genetisch recht nahe verwandt sind. Der Sexualdimorphismus ist deshalb hinsichtlich Körpergröße und Eckzähnen gleichfalls relativ gering. Wie bei allen sexuell freizügig lebenden Arten fallen hingegen die großen Hoden auf: mit 2,7 Promille des Körpergewichtes fast 3mal so schwer wie die der eher monogamen Gibbons und 13mal schwerer als die der polygynen Gorillas. Das Merkmal wird gemeinhin mit der hohen Sperma-Konkurrenz in den Genitaltrakten der sich mit vielen Männchen paarenden Weibchen in Verbindung gebracht. In das Erklärungsmuster fügt sich die Tatsache, daß Weibchen auffallende, zuweilen hell-rosa gefärbte Östrusschwellungen besitzen, mit denen sie vermutlich die Konkurrenz unter den Männchen ihrer Sozietät schüren. Die durchschnittliche Zeit von Intromission bis Ejakulation beträgt denn auch lediglich 7 Sekunden! Weibchen züchteten vermutlich überdies eindrückliche Penisse heran – weil Schwellungen den zu durchdringenden Vaginalkanal erheblich verlängern.
Welche Motivationen bewegen weibliche Säugetiere eigentlich zur Kopulation mit mehreren Partnern, da für die Befruchtung gewöhnlich ein Männchen ausreicht? Zum einen mögen bestimmte Partner eine höhere genetische Qualität besitzen (die in gewissem Maße an dessen körperlicher Fitness abgelesen werden kann), zum anderen kann ein Weibchen den Männchen eventuell Investment für ihre Kinder entlocken. Männchen stehen dabei allerdings vor dem Problem der Vaterschaftsfrage: Sie können nie sicher sein, ein Kind gezeugt zu haben. Aus Sicht des Weibchens kommt es hingegen lediglich darauf an, daß ein Männchen glaubt, der Vater zu sein. Das erhöht dessen Bereitschaft, sich um die Kinder zu kümmern. Vor allem aber können Weibchen das Risiko der Kindestötung senken – denn jene Männchen, mit denen um die Zeit der Empfängnis herum eine Kopula-

Mächtig anschwellen kann der Bereich um After und Geschlechtsöffnung bei Bonobo-Weibchen. Vermutlich sind die Schwellungen unabhängiger vom Monatszyklus als bei Schimpansinnen. Dazu paßt, daß Sex praktisch alle Tage stattfinden kann.

tion stattfand, werden einem Neugeborenen wenn schon nicht helfen, so doch wenigstens nicht schaden.

Wenden wir das Raster sexualbiologischer Prinzipien auf den Menschen an, so spricht übrigens fast alles gegen ein ursprünglich monogam angelegtes Fortpflanzungssystem: Menschenmännchen sind durchschnittlich zwischen 5 und 20 Prozent größer und schwerer als Menschenweibchen. Bei frühen Hominiden, insbesondere den vor 3 - 5 Millionen Jahren in Ostafrika lebenden *Australopithecus*-Formen, war der Sexualdimorphismus noch erheblich stärker ausgeprägt – gerade hinsichtlich der Eckzahngröße, in der sich die Geschlechter von *Homo sapiens* kaum unterscheiden. Vermutlich ließ der Auslesedruck auf physische Kraft, Körper- und Eckzahngröße von Männern in dem Maße nach, wie im Laufe der Menschwerdung Waffen und geschicktes soziales Taktieren als Mittel innergeschlechtlichen Wettbewerbs die Oberhand gewonnen. Die Befunde sprechen für eine »mild polygyne« oder promiske Lebensform. Hinsichtlich der relativ langen Koitusdauer liegt *Homo sapiens* eher im Bereich der polygynen Spezies, wofür ebenfalls das Fehlen östrischer Geschlechtsschwellungen bei Frauen spricht. Das Hodengewicht ist allerdings etwas höher – um 0,6 Promille –, als es bei völlig monoandrischen »Gorilla-Verhältnissen« zu erwarten wäre. Auf ausgeprägte weibliche Tendenzen zum zumindest gelegentlichen Partnerwechsel weist auch der lange Penis hin, sowie die Samenflüssigkeit, die neben langen lebensfähigen Samenfäden zahlreiche Kamikaze-Spermien enthält.

Die Indizien deuten also auf frühmenschliche Gesellschaften hin, die in reproduktive Einheiten mit einer Neigung zur Polygynie untergliedert waren – wobei Frauen regelmäßig Seitensprünge suchten. Der Rahmen ist grundsätzlich flexibel, denn Zusammenleben ist ein jeweils mehr oder weniger stabiler Kompromiß der einzelnen Lebenslauf- und Fortpflanzungsstrategien. Unter verschiedenen Bedingungen werden deshalb unterschiedliche Familienstrukturen verwirklicht. So gebieten oder erlauben 83 Prozent der menschlichen Kulturen die Vielweiberei, 16 Prozent machen die Einehe zur Regel, während einige wenige Kulturen Vielmännerei und Gruppenehe praktizieren.

Ein gerüttelt Maß an Flexibilität zeichnet auch Menschenaffen aus. Dabei sind zunächst sorgsam die verschiedenen Ebenen von Gesellschaften zu unterscheiden: (a) Sozialsystem: Wer lebt mit wem? (b) Paarungssystem: Wer paart sich mit wem? (c) Fortpflanzungssystem: Wer reproduziert sich mit wem? Die 3 Ebenen müssen nicht deckungsgleich sein. Wenn etwa sozial einehige Partner Seitensprünge begehen, wird ihr Paarungssystem polyandrisch oder polygyn. Andererseits kann es sein, daß ein Weibchen sich mit zahlreichen Männchen verpaart – also sexuell polyandrisch ist –, jedoch stets nur von einem bestimmten Partner schwanger wird – also reproduktiv monogam ist. So leben Gibbons zwar meist in monogamen Sozialsystemen, doch beheimatet etwa ein Viertel der Gruppen Männchen mit mehreren geschlechtsreifen Weibchen oder Weibchen mit mehreren erwachsenen Männchen. Zudem finden um 12 Prozent aller Kopulationen nicht mit dem jeweiligen Paarpartner statt. Die Neigung zum Fremdgehen hat bei Gibbons (wie bei Menschen) offenbar eine zumindest milde Spermakonkurrenz in Gang gesetzt – denn die Hoden fallen etwas größer aus als für strikt einehige Spezies zu erwarten wäre. Gorillas wiederum sind vom »Grundansatz« her auf Vielweiberei angelegt. Doch repräsentieren nur 60 Prozent aller Gruppen strikte Harems, während ansonsten 2 - 4 weitere Männer mitmischen. Das Sozialsystem der Gorillas ist dann die Gruppenehe; manchmal – wenn sich die Weibchen mit mehreren Männchen verpaaren – wird zusätzlich das Paarungssystem gruppenehig. Öfter meldet jedoch auf der sexuellen Ebene ein einzelner Silberrücken Alleinansprüche an. Die Paarungsstruktur bleibt damit weiterhin polygyn.

Diese ohnehin bereits eindrucksvolle Vielfalt sexuellen Verhaltens steigern Bonobos nochmals auf spektakuläre Weise.

Liebesleben ohne Limits

Ungläubigkeit lösten erste Berichte über das Sexualverhalten der Bonobos aus. Was da berichtet wurde, glich dem Orgien-Repertoire von Pornofilmen und veranlaßte manche Naturforscher, auf gestörtes Verhalten durch Gefangenschaftshaltung rückzuschließen. Allerdings erwiesen sich Bonobos nicht nur in den verschiedensten Zoos als sexbesessen, sondern auch Forschungen im Regenwald erhärteten den Eindruck. Qualität und Quantität

ihres Geschlechtslebens übertreffen alle anderen Primaten einschließlich des durchschnittlichen Menschentieres.
Geschlechtlich verkehren zunächst Männchen und Weibchen – beispielsweise in der Position »a tergo«, dem Aufreiten des Männchens auf das Weibchen. Da sein Bauch dabei ihren Rücken berührt, gilt die Stellung als »ventro-dorsal«. Vom Einführen des Penis bis zum Samenerguß vergehen im Mittel 13 Sekunden – zwar die doppelte Dauer von Schimpansensex, doch nicht gerade tantratauglich. Während aber bei Schimpansen In-die-Augen-Blicken oft als aggressive Herausforderung gilt, gehören Kontakte Auge-in-Auge zum Liebesspiel der Bonobos. Das geht nur in »ventro-ventraler« Stellung gut. So – Bauch-auf-Bauch – lieben sich Bonobos häufig, gemäß einer Stichprobe in Zaïre in jedem dritten Akt. Heranwachsende Weibchen paaren sich dergestalt in sogar 3 Vierteln aller Fälle. Erwachsene Schimpansen kopulieren extrem selten von Angesicht zu Angesicht. Daß das schon im Hellabrunner Tierpark des Jahres 1954 so war, kleidete der bekannte Tiergärtner Heinz Heck in züchtiges Latein: Bei Schimpansen sähen wir eine »copula more canum« (in der Weise des Hundes), beim Bonobo eine »copula more hominum« (in der Weise des Menschen). Bonobo-Weibchen bevorzugen Bauch-auf-Bauch wohl nicht zuletzt wegen der Stimulation ihrer enormen Klitoris. Meistens liegen sie dabei auf dem Rücken. Somit wäre klar, daß in Afrika die oft als West-Import belächelte »Missionarsstellung« üblich war, lange bevor Christenmenschen anstandsvolle Positionen lehrten.
Bonobos lieben auch gleichgeschlechtliche Liebe. Lustvolle Laute ertönen, werden die Geschlechtsorgane bei Umarmungen aufeinander gepreßt, aneinander gerieben oder mit Hand und Mund gegenseitig gereizt. Weibchen setzen dabei die für die Gattung *Pan* typischen Schwellungen der Ano-Genital-Region ein. Der häufigste homosexuelle Kontakt ist »gg-rubbing«, ein Kürzel für genito-genitales Reiben. Partnerinnen liegen dabei Bauch-auf-Bauch zusammen und reiben ihre Klitoris rasch an- und übereinander. Zuweilen pressen sie vierfüßig stehend ihre Hinterteile aneinander. Homosexuelle Kontakte haben nichts mit Ersatzbefriedigung zu tun. Vielmehr bevorzugen Weibchen oft trotz eindeutiger Angebote der Männchen nicht nur lesbisches Miteinander, sondern sie brechen sogar Hetero-Sex ab, um sich Homo-Sex zuzuwenden. Daß Weibchen beim Sex zumindest manchmal einen geschlechtlichen Höhepunkt erleben, lassen ihre Gesichtsausdrücke rückschließen. Eindrucksvoll sind Szenen, in denen Weibchen hinter-

Daß ein Männchen rückwärtig auf ein Weibchen aufreitet – in eher »traditioneller« Position der Menschenaffen also – ist bei Bonobos beinahe Ausnahme. Derlei Kontakte zwischen Männchen und Weibchen verblassen jedenfalls gegenüber dem Gesamtrepertoire sexueller Praktiken.

Blickkontakt und Bauch-auf-Bauch: So reiben Bonobo-Weibchen ihre Geschlechtsorgane aneinander. Homosexuelle Begegnungen gehören zur Tagesordnung.

her aufrecht gehend Arm in Arm davonspazieren. Männchen zeigen ebenfalls sexuelles Interesse füreinander, wobei Samenerguß allerdings selten vorkommt. Vierbeinig stehend drehen Männchen einander die Hinterteile zu und reiben ihre Hodensäcke aneinander. Aufrecht stehend »fechten« sie mit ihren erigierten Penissen. Oder sie reiten rückwärtig aufeinander auf und führen Beckenstöße aus. Jugendliche des Zoos von San Diego wurden beim oralen Sex beobachtet. Sex bei Bonobos sprengt überdies Geschlechts- und Altersklassen: Weibchen beruhigen Jungtiere durch zärtliche Küsse, erwachsene Männchen verpaaren sich mit nicht geschlechtsreifen Mädchen. Schließlich und endlich geben sich beide Geschlechter der Masturbation hin. Männchen onanieren oft mit der Hand, Weibchen benutzen Hände und Füße. Spaziert ein Männchen mit einer Frucht im Mund vorbei, können Weibchen darüber dermaßen in Erregung geraten, daß sie ihn zum Geschlechtsverkehr auffordern und sich dabei zugleich mit dem Fuß selbst befriedigen.

Die meisten Sexualkontakte sind mithin von unmittelbarer Fortpflanzung abgekoppelt – einschließlich des Hetero-Sex, der sich keineswegs auf die Phase des Eisprunges beschränkt. Im Unterschied zu Schimpansen sind die Schwellungen unabhängiger von den fruchtbaren Phasen. Nach einer Geburt entwickeln die sich bei Schimpansen zudem erst nach etwa 4,5 Jahren wieder, und stillende Mütter meiden gemischtgeschlechtliche Grüppchen. Bonobos schwellen 1 Jahr nach der Nieder-

kunft wieder an. Zwischen 2 Geburten liegen etwa 5 Jahre – so daß auch Stillende 3 - 4 Jahre lang »unfruchtbaren« Sex treiben.
Warum bloß derlei sexuelle Vielfalt? Da Fortpflanzung selten im Vordergrund steht, vermuten Bonobo-Forscher, daß Sex zur sozialen Harmonie beiträgt. Sex kommt zur Begrüßung vor, bei der Futtersuche oder beim Nahrungsteilen. Da das Gehirn beim Orgasmus beruhigende Substanzen ausschüttet, kann Sex Spannungen abbauen, sollten Bonobos über Geschlechtspartner oder Eßbares in Streit geraten. Ist Sexualität also eine Methode des Friedenstiftens, die bei Bonobos einen Höhepunkt erreicht hat? Die Deutung dominierte – bis allmählich klar wurde, daß es weniger um Frieden ging, als um Frauenpower.

Im feministischen Utopia

Gemäß einer Galionsfigur des Feminismus, Simone de Beauvoir, scheiterten frühe Emanzipationsbestrebungen, weil Frauen »verteilt unter den Männern leben«, anstatt sich miteinander zu verbünden. Im zumindest letzten Abschnitt menschlicher Stammesgeschichte setzte sich die männliche Dominanz in der Tat ziemlich flächendeckend durch. Als Landwirtschaft aufkam, banden reichere Männer oft nicht nur mehrere Frauen an sich, sondern schotteten sie auch von ihrer Geburtsfamilie ab. In etwa 70 Prozent aller menschlichen Kulturen ziehen Frauen zu ihrem Mann – ein »patrilokales« Muster des Wohnens. Lediglich 30 Prozent kennen

Gegenseitige Körperpflege festigt zusätzlich die Bindungen der Weibchen bei Bonobos. Sich aufeinander verlassen zu können, ist wichtig. Denn nur Frauenbündnisse können Männchen Paroli bieten.

»matrilokale Residenz« (der Mann verläßt seine Geburtsgruppe und zieht zur Frau) oder »neolokale Residenz« (Mann und Frau gründen einen neuen Hausstand). Frauen, die in ihrer Ursprungsfamilie bleiben, werden weniger oft Opfer männlicher Gewalt, als wenn sie ohne Verwandte leben. Nur selten verbünden sich nicht-verwandte Frauen, die das Schicksal patrilokaler Residenz teilen. Menschen liegen damit durchaus im Trend anderer Säugetiere, denn Koalitionen unter nicht-verwandten Weibchen sind generell ungewöhnlich.
Alle Arten der Großen Menschenaffen unterstreichen das Prinzip: Weibchen verlassen mehr oder weniger wahrscheinlich ihre Geburtseinheit, während Männchen sich eher philopatrisch (heimatliebend) geben. Bei anderen Primaten, beispielsweise bei den meisten Altweltaffen wie Makaken und Schlankaffen, wanderen hingegen Männchen häufiger aus. Weibchen bleiben, und da sie oft eng kooperieren, gelten ihre Gruppen als »weibchengebunden« (»female bonded«).
Was veranlaßt ein Geschlecht zum Wandern oder zur Heimattreue? Das von Geburt an gewohnte Gebiet zu verlassen, geht in jedem Falle mit zahlreichen Kosten und Risiken einher. Vertraute Sozialpartner fehlen plötzlich, und es gilt fremde Areale zu durchstreifen, wo die günstigen Nahrungsquellen unbekannt sind und wo Raubfeinde lauern können. Beim Anschluß an eine neue Gruppe muß überdies Status und Rang erkämpft werden. Bei Arten mit Haremsbildung zwingt gewöhnlich der Konkurrenzkampf die Männchen zur Migration. Schwächere werden durch Stärkere schlicht gewaltsam vertrieben. Heimattreue hilft Männchen der Gattung *Pan* vermutlich, der Ausrottung durch feindliche Nachbarn zu entgehen. Daß sie oft Halbbrüder sind, erleichtert das Unterfangen. Was aber ist Ursache und was Wirkung in dem Geschehen? Bleiben Schimpansenmänner zusammen, um im Kampf mit Nachbarn zu bestehen? Oder bleiben sie aus anderen Gründen zusammen – etwa um der gemeinsamen Jagd willen –, was Feldzüge gegen Nachbarn als weitere gewinnbringende Möglichkeit eröffnet? Wie dem auch sei: Wenn Männchen am Ort bleiben, müssen Weibchen die Kosten und den Nutzen eigenen Gehens oder Bleibens gegeneinander aufrechnen. Schimpansinnen in Gombe beispielsweise bleiben zuweilen in ihrer Geburtseinheit. Das mag einerseits Vorteile bringen. Denn zumindest Bonobo-Frauen, die bei der Geschlechtsreife nicht aus ihrer Zoogruppe entfernt wurden, vermehren sich 3 Jahre eher, als jene, die in eine neue Umwelt verpflanzt werden. Andererseits kommen auf nicht-emigrierenden Weibchen die eventuellen Kosten von Inzest mit verwandten Männchen zu. Bei Zoo-Bonobos zieht Verpaarung naher Verwandter (Mutter-Sohn, Vater-Tochter und unter Geschwistern) eine höhere Säuglingssterblichkeit nach sich (63 Prozent) als Fortpflanzung mit nicht näher Verwandten (33 Prozent). Um diesen Nachteil zu vermeiden, sollten Weibchen unter Umständen also doch auswandern.
Auffällige Aggressionen zwischen Bonobo-Kommunitäten sind allerdings bis heute nicht beobachtet worden. Warum bleiben also Bonobo-Weibchen nicht einfach in ihrer Geburtsgruppe? Niemand weiß es – aber wir können einmal munter spekulieren: Nicht-emigrierende Weibchen stellen eine Ansammlung dar. Über kurz oder lang würde das besonders große Männchen heranzüchten, die die Weibchengruppen alleine beanspruchen wollen. Größere Männchen würden mehr essen – was die Fortpflanzungsraten der Weibchen senken könnte. Gelänge es Einzelmännchen, die Weibchen erfolgreich abschirmen, würde sich die Vaterschaftssicherheit erhöhen, was im Falle eines Männchenwechsels wiederum Kindestötungen wahrscheinlich macht. Unter Umständen gewännen »heimatliebende« Weibchen am Ende gar nichts. Nur durch genaue Kosten-Nutzen-Bilanzen werden sich die Wanderungsmuster bei Menschenaffen letztlich verstehen lassen – aber davon sind Primatenforscher noch weit entfernt. Fest steht: Bei Bonobos wandern die Weibchen aus. Bei der Geschlechtsreife laufen sie einzeln zu ihnen fremden Kommunitäten über. Dort widmen sie ihre Aufmerksamkeit dem ältesten, ranghöchsten Weibchen. Wie erwähnt ist der Kontakt unter Bonobo-Weibchen viel enger als der unter Schimpansinnen. Primatologen wie Richard Wrangham und Frans de Waal war das bereits aufgefallen. Sie meinten jedoch, den Weibchen-Beziehungen lägen heterosexuelle Motive zugrunde. Demnach gingen Männchen den Weibchen etwa schlicht aus dem Wege, um sich nicht den Zorn neidischer Rivalen zuzuziehen. Weibchen hätten aber ihrerseits ein Interesse daran, den Konkurrenzkampf unter Männchen zu schüren, um die physisch und psychisch Tauglichsten ausfindig zu machen. Räum-

Futterteilen von Mund zu Mund bezeugt das innige Verhältnis zwischen Mutter und Kind. Stützpfeiler der Gesellschaft sind allerdings die Beziehungen unter den Weibchen – was überrascht, da sie nicht miteinander verwandt sind.

liche Nähe unter Weibchen kann Männchen anlocken, denn 2 Damen sind doppelt so attraktiv wie eine. Weibchen-Beziehungen entstünden demnach lediglich als Beiprodukt ihres Verlangens nach männlicher Begleitung.

Als Beiprodukt männlicher Weltanschauung versteht hingegen die amerikanische Primatologin Amy Parish die Vorstellung von der Männchen-Weibchen-Achse als tragender Struktur der Bonobo-Gesellschaften. Parish war einerseits Schülerin von Frans de Waal, andererseits aber auch von Sarah Blaffer Hrdy, der Pionierin einer feministisch orientierten Primatenforschung. Parish erhob über Jahre hinweg Daten an den Bonobo-Kolonien von San Diego, Frankfurt und Stuttgart, die seinerzeit fast 40 Prozent aller außerhalb Zaïres lebenden *Pan paniscus* beherbergten. Überall waren Weibchen stärker an ihresgleichen interessiert als an Männchen. Ablesen ließ sich das zunächst an den Mustern der »Assoziation«, also Verhaltensweisen wie Einander-nahe-Sein und Einander-Folgen. Weibchen suchten 7mal so häufig die Nähe von Geschlechtsgenossinnen auf als die von Männchen. 2 Drittel aller Kontakte mit Männchen initiierten diese selbst, während Weibchen ihrerseits wenig auf die Nähe zum Gegengeschlecht gaben, da sie in 3 Vierteln aller Fälle den Kontakt abbrachen.

Räumliches Miteinander spiegelt nicht notgedrungen »Affiliation« wider, also freundschaftliche Beziehungen. So sind die Weibchen eines Gorillaharems zwar assoziiert, haben aber ansonsten wenig miteinander am Hut. Anders Bonobos. Werden als Maßgrößen für Affiliation Körperkontakt, Spiel und Fellpflege gewählt, dann widmeten Weibchen sich einander in gut 70 Prozent aller Fälle. Eindeutig interessieren sich Weibchen also füreinander und nur wenig für Männchen.

Bindungen unter nicht-verwandten Weibchen sind extrem ungewöhnlich. Was kittet die Bündnisse der Bonobo-Damen zusammen? Des Rätsels Lösung fand Amy Parish im Stuttgarter Zoo, wo hinter dicken Glasscheiben im Menschenaffenhaus eine Bonobo-Gruppe direkt neben einer Schimpansen-Gruppe untergebracht ist. In beiden Gehegen befinden sich durchlöcherte Metallzylinder, gefüllt mit Leckerbissen wie Honig oder Milchpulver. Die Menschenaffen können sich Stöckchen zurechtbrechen und nach den Süßigkeiten »fischen«. Der begehrte Brei bleibt an den Holzstückchen kleben und kann abgeschleckt werden. Bei Schimpansen war die Marktlage eindeutig: Das erwachsene Männchen Moritz nahm sich gegenüber seinen 3 Weibchen heraus, was er begehrte. Wollte er angeln, spritzten alle zur Seite – spätestens, wenn

Huckepack in San Diego. Die südkalifornische Metropole beherbergt einen Großteil der wenigen Bonobos, die in Menschenobhut leben. Wie sehr sich ihr Verhalten von Schimpansen unterscheidet, fiel Primatenforschern zuerst hier auf.

Moritz Rücken- und Nackenhaare aufstellte und krachende Imponierveranstaltungen abzog. Keine Frage, Moritz, mit 29 Jahren ehrenvoll ergraut, war der Alpha-Affe seiner Gruppe.

Der Bonobo Masikini hingegen, einziges erwachsenes Männchen unter 3 erwachsenen und 2 adoleszenten Weibchen, hatte einen schweren Stand. Der 24jährige Mann fischte sehr selten und war lediglich erfolgreicher als eines der jüngsten Weibchen. Den höchsten Anteil sicherte sich Kombote, ebenfalls 24 Jahre alt und Ranghöchste der Gruppe. Als aus Frankfurt ein Neuzugang kam – die 24jährige Daniela –, säte das aber nicht etwa Zwietracht unter die Weibchen. Vielmehr tat sich Daniela als Beta-Weibchen sogleich mit Kombote zusammen. Die Naschzeit der Matriarchin Kombote stieg nochmals um 8 Prozent, während Masikinis bereits magere Zugangszeit um weitere 6 Prozent schrumpfte. Die Bonobo-Weibchen saßen oft gemeinsam um den Kanister herum und stocherten regelmäßig abwechselnd in der begehrten Füllung. Ihre 2 Drittel gemeinsame Fischzeit kontrastierte mit den Schimpansinnen, die lediglich während eines guten Drittels zusammenarbeiteten. Die beiden Männchen fischten hingegen weitaus seltener mit einem Gruppenmitglied. Der Schimpanse Moritz tat das in lediglich 7 Prozent aller Fälle – wobei aber nicht zu vergessen ist, daß er ohnehin Vortritt besaß. Schimpansen fischten umso öfter gemeinsam, je niedriger ihr Dominanzrang. Bonobos arbeiteten hingegen umso eher zusammen, je höher im Rang sie standen.

Sex war das Öl im Getriebe der Kooperation: Während mindestens der Hälfte aller Fischaktionen

nach Leckerbissen kam es dazu. Die 3 dominantesten Weibchen wurden dabei wesentlich häufiger zum Sex eingeladen als die subordinierten. Masikini hingegen erhielt nur während eines jämmerlichen Prozents seiner Angelversuche von einem Weibchen eine Aufforderung, während er in immerhin 14 Prozent aller Fälle eigene Avancen machte. Sex war eine Art Währung: Die Niedrigrangigeren »bezahlten« offenbar die Hochrangigeren mit Lustgefühlen, um an den Süßigkeiten teilhaben zu dürfen. So verminderte sich die Spannung in der Gruppe, die sich automatisch mit begehrter Nahrung einstellt.

Daß der Bonobo-Mann Masikini wenig fischte und selten mit anderen zusammen, könnte daran liegen, daß er Honig oder Milchpulver nicht mag. Das aber traf nicht zu – denn Masikini wurde häufig der Zugang von den Weibchen verwehrt. Im Unterschied zum Schimpansenmann Moritz konnte sich Masikini nicht nehmen, was er wollte. Er stand im Dominanzrang nämlich deutlich unter den anderen erwachsenen Weibchen. Gelegentlich wagte er es, den starken Mann zu markieren, und raste ästeschwingend und wändehämmernd durchs Gehege – was den Weibchen nicht mehr als ein müdes Zurseiteblicken entlockte. Keine Frage: Sie nahmen ihn nicht für voll.

Fehlende Fingerkuppen, ein mattes Auge, ein Leben am Rande der Gruppe – bekam dieser wilde Bonobo-Mann feminine Macht zu spüren? Körperverletzung durch Weibchen erleiden seine Geschlechtsgenossen in Gefangenschaft jedenfalls regelmäßig.

War Masikini vielleicht eine Ausnahme unter den Bonobo-Männern – ein nicht durchsetzungsfähiger Softi? Amy Parish befragte sämtliche Institutionen, die Bonobos hielten, nach den Dominanzverhältnissen in den Gruppen. Die Antwort lautete oft: »Tja, mit unserem Männchen muß etwas nicht stimmen, denn er läßt sich von den Weibchen völlig unterbuttern.« Offenbar hielten praktisch alle Pfleger einen Mann unter der Knute von Frauen für einen kranken Weichling. Daß bei Bonobos alles anders sein sollte als bei Schimpansen, war für die Pfleger schwer zu begreifen. Gleichwohl führte kein Weg an der Erkenntnis vorbei, daß in praktisch allen Gemeinschaften die Damen das Sagen hatten!

Die weibliche Dominanz macht sich für Männchen überdies schmerzlich bemerkbar. Mit einer Ausnahme wiesen sämtliche Männchen, die in einer Gruppe mit mehreren Weibchen lebten, Verwundungen auf. Niemals hingegen wurden weibliche Verwundungen gemeldet. Meistens lassen sich die Verletzungen eindeutig weiblichen Attacken zu

Männchen bleiben ein Leben lang Muttersöhnchen bei den Bonobos. Denn ohne Unterstützung einer Matriarchin haben sie nichts zu melden.

ordnen. Vielfach wurde beobachtet, wie mehrere Weibchen ein Männchen festhielten oder zu Boden drückten und ihn dabei bissen – in Ohren, Finger, Arme, Zehen, Fersen, Beine, Rücken und in den Hodensack. Auch einzelne Weibchen vermögen Männchen so zu malträtieren. Im Zoo von Frankfurt wurde beständig die Zusammensetzung der Gruppe geändert, um das Leben für Bono leichter zu machen, dem in 11 Lebensjahren Weibchen bereits 8 Finger und Zehen gnadenlos verstümmelt hatten. Besonders schlimm erwischte es in Stuttgart eines Tages Masikini: Sein Penis wurde halb durchgebissen – wahrscheinlich von der damals dominanten Catherine. Der Tierarzt der Wilhelma flickte Masikinis Genital wieder funktionsfähig zusammen. Glück für ihn – aber auch für die sexbessenen Weibchen.

Von wilden Amazonen auch im Freiland können offenbar jene Männchen ein Lied singen, die sich mit verstümmelten Fingern und Zehen lieber am Rand der Gruppe aufhalten. Es scheint beinahe, als griffen die Weibchen zur Prügel, damit Männchen ja nicht eines Tages auf den abwegigen Gedanken kommen, im Grunde seien sie ja doch Schimpansen. Denn bei gemeinen Schimpansen sind die Herren gemein und verletzen nicht selten das bei ihnen in der Tat schwächere Geschlecht. Solcher Streit entsteht um Nahrung und wenn Weibchen sich sexuell verweigern. In Gombe etwa sind lediglich Greise oder Krüppel zu schwach, um Geschlechtsverkehr zu erzwingen.

Wer allerdings glaubt, in einer von Frauen kontrollierten Welt gäbe es keine sexuellen Zwänge, sieht sich getäuscht. Ein Weibchen der San-Diego-Kolonie ist dafür bekannt, daß sie ihren sexuellen Begierden handfest Nachdruck verleiht. Sie schüchtert eines der Männchen so lange ein, bis der zum Sex breitgeschlagen ist. Das mag ein Extrem sein. Aber tatsächlich müssen die Bonobo-Weibchen deutlich ihr Interesse an einem Sexualakt bekunden, bevor es zu einer Kopulation kommt. Bezüglich des Sexualverhaltens arbeiten Primatologen gerne mit dem APR-Modell von **A**ttraktivität, **P**rozeptivität und **R**ezeptivität. Attraktivität spiegelt den Reizwert des Weibchens auf das Männchen wider und wird über die Häufigkeit männlicher Annäherungsversuche gemessen. Prozeptivität reflektiert die Bereitschaft des Weibchens zu sexuellen Kontakten, wie sie sich etwa im Tolerieren des Männchens oder im Annähern an den Geschlechtspartner äußert. Rezeptivität schließlich ist ein Maß für Verhaltensweisen, die die Verpaarung erleichtern – etwa das Einnehmen von Kopulationsstellungen. Weibliche Schimpansen sind in der Regel aktiv bis zur Prozeptivität, während Bonobo-Damen auch noch die Rezeptivität bis zum süßen Ende vorantreiben.

Die spärlichen Daten aus dem Freiland stützen die Deutung von den Bonobos als einer von Frauen dominierten Gesellschaft. Dort verdrängen Koalitionen von Weibchen die Männchen ebenfalls von der Nahrung. In den seltenen Fällen, in denen Bonobos mit Fleisch gesehen wurden, konnten die ranghöchsten Weibchen es für sich beanspruchen. Männchen hatten keine Chance, es wegzunehmen – das genaue Gegenteil der Zustände in Schimpansen-Gesellschaften. Auch wenn die riesigen, 10 - 20 kg schweren Früchte des Afrikanischen Brotfruchtbaumes *(Treculia africana)* geteilt werden, machen die Weibchen das meist unter sich aus. Lediglich die Söhne der Matriarchinnen haben Zugang zum exklusiven Zirkel der Frauen. Die weibliche Vorherrschaft mag erklären, warum Bonobo-Männchen oft »Muttersöhnchen« sind, die selbst nach der Geschlechtsreife mit ihren Müttern herumziehen, ihnen das Fell pflegen und um Nahrung betteln. Denn nur an Mamas Rockzipfel sind sie sicher vor der bösen Welt der Weiber.

Sind es tatsächlich die Bündnisse unter den Bonobo-Frauen, die ihnen Überlegenheit und damit Priorität bei der Nahrungsversorgung sichern? Oder sind die Matriarchinnen besonders fett und schwer und können die Männer deshalb kraft schierer Körpermasse in die Pfanne hauen? Um das zu klären, analysierte Amy Parish Aberhunderte Gewichtsdaten von insgesamt 86 Bonobos. Demnach wiegen erwachsene Weibchen im Mittel 36 kg, erwachsene Männchen aber 43 kg. Weibchen erreichen mithin lediglich 83 Prozent des Gewichtes von Männchen. Das Verhältnis ist praktisch identisch mit Schimpansen, deren Weibchen 16 Prozent leichter sind als Männchen. Auch beim Menschen findet sich derselbe milde sexuelle Dimorphismus: Frauen erreichen durchschnittlich 85 Prozent des Körpergewichts von Männern. Unterschiede im Gewicht können also nicht die ganz anders gelagerten Machtverhältnisse im Geschlechterkampf unter den Bonobos erklären. Daraus zog Parish den Schluß, daß die Macht der Bonobo-Frauen in ihrer Fähigkeit zum handgreiflichen Koalieren wurzelt.

Schließlich ging die Primatologin noch der Frage nach, ob sich Frauenpower auch auf der Fortpflanzungsebene auszahlt. Sie stellte fest, daß Bonobo-

Im Wald von Wamba stellt sich eine Bonobo-Frau selbstbewußt zur Schau. Sie weiß, daß sie das »starke Geschlecht« nicht zu fürchten braucht.

Weibchen mit 8 - 9 Jahren ihr erstes Kind gebären, also 2 - 4 Jahre früher als Schimpansinnen. Umgerechnet auf »Lebensreproduktionserfolg« bedeutet das 0,67 mehr Nachkommen pro Bonobo-Weibchen – ein enormer Gewinn, weil die durchschnittliche Schimpansin im Laufe ihres Lebens gerade einmal 2 Nachkommen bis zur Geschlechtsreife aufzieht.

Wie immer es also in Menschengesellschaften aussehen mag hinsichtlich der Verwirklichung des feministischen Ideals »betrachte andere Frauen so, als seien sie deine Schwester«: Es ist nicht unmöglich. Zweifellos können Bonobos uns viel Aufregendes über unsere eigene sozio-sexuelle Herkunft lehren. Und vielleicht sogar über unsere Zukunft – sollte ihr feministisches Utopia Schule machen.

Bonobos sind die vielleicht allernächsten unter unseren nächsten Verwandten. Manche Wissenschaftler meinen nämlich, daß sie sich von der gemeinsamen Urform weniger wegentwickelt haben als Schimpansen.

Warum gerade Bonobos?

Ein Gespräch mit Barbara Fruth

Wie kamst du zur Primatenforschung?

Eigentlich über die Kunst. Ich illustrierte ein Kinderbuch, in dem es um »eklige« Tiere ging, wie Würmer, Quallen und Schnecken, und wollte dann mehr wissen über meine Malobjekte. Daß ich nicht bei Käfern gelandet bin, hat mit Jane Goodall zu tun, die 1986 die Ehrendoktorwürde der Uni München verliehen bekam. Es gab dabei Stipendien für Jungwissenschaftler, die sich im Naturschutz engagieren wollten. So kam ich nach Afrika, an die Elfenbeinküste. Später hörte ich, daß Gottfried Hohmann Mitarbeiter für den Aufbau eines Bonobo-Projektes suchte. Wobei ich zunächst gar nicht wußte, was Bonobos waren...

Zusammen wißt Ihr heute vielleicht mehr über Bonobos, als irgendwer anders auf der Welt. Und habt einen kleinen Sohn. Wie paßt der in die Arbeit in Afrika?

Gar nicht. Im Kongobecken leben wir ja extrem isoliert und es gibt 'ne Menge unangenehmer Krankheiten. Wir haben zwar für uns schon Ferndiagnosen (im Krankheitsfall) stellen lassen – über ein batteriebetriebenes Funkgerät, das zuweilen bis Deutschland reicht – aber wir können ja auch sehr genau sagen, wo's zwickt. Von unserem Camp in Lomako brauchen wir bis zu zwei Wochen bis in ein schlechtes Krankenhaus. Wären es 9 Stunden bis in ein gutes, würde ich unseren Kleinen mitnehmen. Bis er älter ist, gehen wir darum getrennt in den Wald. Der ist uns jedenfalls so vertraut, daß wir sogar in Badelatschen gehen.

Worauf zielt eure Forschung?

Über wilde Bonobos ist so wenig bekannt, daß eigentlich alles wichtig ist. Aber insgesamt geht es um die Evolution sozialer Systeme. Beispielsweise haben wir Nestbau genau untersucht. Einigermaßen sicher vor Raubfeinden schläft es sich wohl tatsächlich besser und tiefer. Ruhiger Schlaf fördert das Wachstum, das Erinnerungsvermögen und damit die erstaunlichen Lernleistungen, die für Menschenaffen typisch sind. Zudem hat Nestbau die Fundamente für intelligenten Werkzeuggebrauch gelegt. Wir versuchen auch zu verstehen, wie Bonobos sich akustisch verständigen, wie sie sich beispielsweise über einen halben Kilometer hinweg zu Futterquellen zusammenrufen. Aus dem Kot wurde außerdem das Erbgut extrahiert und unter anderem festgestellt, daß die erwachsenen Weibchen nicht miteinander verwandt sind. Trotzdem halten sie zusammen und teilen Nahrung.

Sind Bonobos bedroht?

Wo wir arbeiten, recht wenig durch Jagd. Auch wenn sich ab und zu einer in Drahtschlingen verfängt, die eigentlich für Ducker gedacht sind. Es ist aber grundsätzlich schwer, jagende Dorfbewohner zu kritisieren. Ich kann es mir leisten, eine Fleischbüchse in den Wald zu importieren, Einheimische nicht. Aber insgesamt sind Bonobos hochgradig bedroht. Speziell, wenn sich die politische Situation stabilisiert. Bisher spielte sich fast alles Menschenleben an den Flußrändern ab. Wegen der miserablen Infrastruktur drang kaum jemand in den Lebensraum der Bonobos vor. Jetzt mag sich das ändern. Dann geht es auch an die verbliebene Million km^2 Regenwald.

Wie stehst du zur Haltung von Bonobos in Gefangenschaft?

Zwiespältig. Auf jeden Fall sollten keine neuen aus dem Freiland geholt werden. Die wenigen, die auf der Nordhalbkugel in Gefangenschaft leben, haben es zwar vergleichsweise gut. Aber sie tun mir doch oft leid wegen ihres Bewegungs- und Beschäftigungsmangels. Die haben mit den wilden meist wenig Ähnlichkeit.

Sollten medizinische Experimente erlaubt sein?

Auf keinen Fall! Es gibt doch jetzt schon Mengen von Schimpansen in Labors. Da brauchen wir nicht auch noch Bonobos. Es ist ja ohnehin fraglich, ob bei solchen Versuchen etwas herauskommt. Vielleicht könnte man sogar freiwillige Menschen finden. Grundsätzlich verdammen will ich die Biomedizin zwar nicht. Aber ich würde es nicht selber machen. Und Versuche für Kosmetik etwa oder die Raumfahrt sollten grundsätzlich verboten werden.

Welche Bedeutung hat denn die Forschung an wilden Bonobos für uns Menschen?

Wir sind ja langsam zu Menschen geworden. Heute sehen wir von dem Weg, der mal von A nach B lief, nur noch B. Was aber waren die Gründe, daß aus A mal B wurde? In dem Sinne können Bonobos uns helfen, A zu sagen...

(Dr. Barbara Fruth, geb. 1964, studierte Biologie in München. Diplomarbeit zum Werkzeuggebrauch wilder Schimpansen. Mitarbeiterin der Forschungsstelle für Humanethologie, seit 1995 am Max-Planck-Institut für Verhaltensphysiologie in Seewiesen. Seit 1990 leitet sie gemeinsam mit Dr. Gottfried Hohmann das »Projet Pan«, die einzige Langzeitstudie an nicht angefütterten – also »wirklich wilden« – Bonobos.)

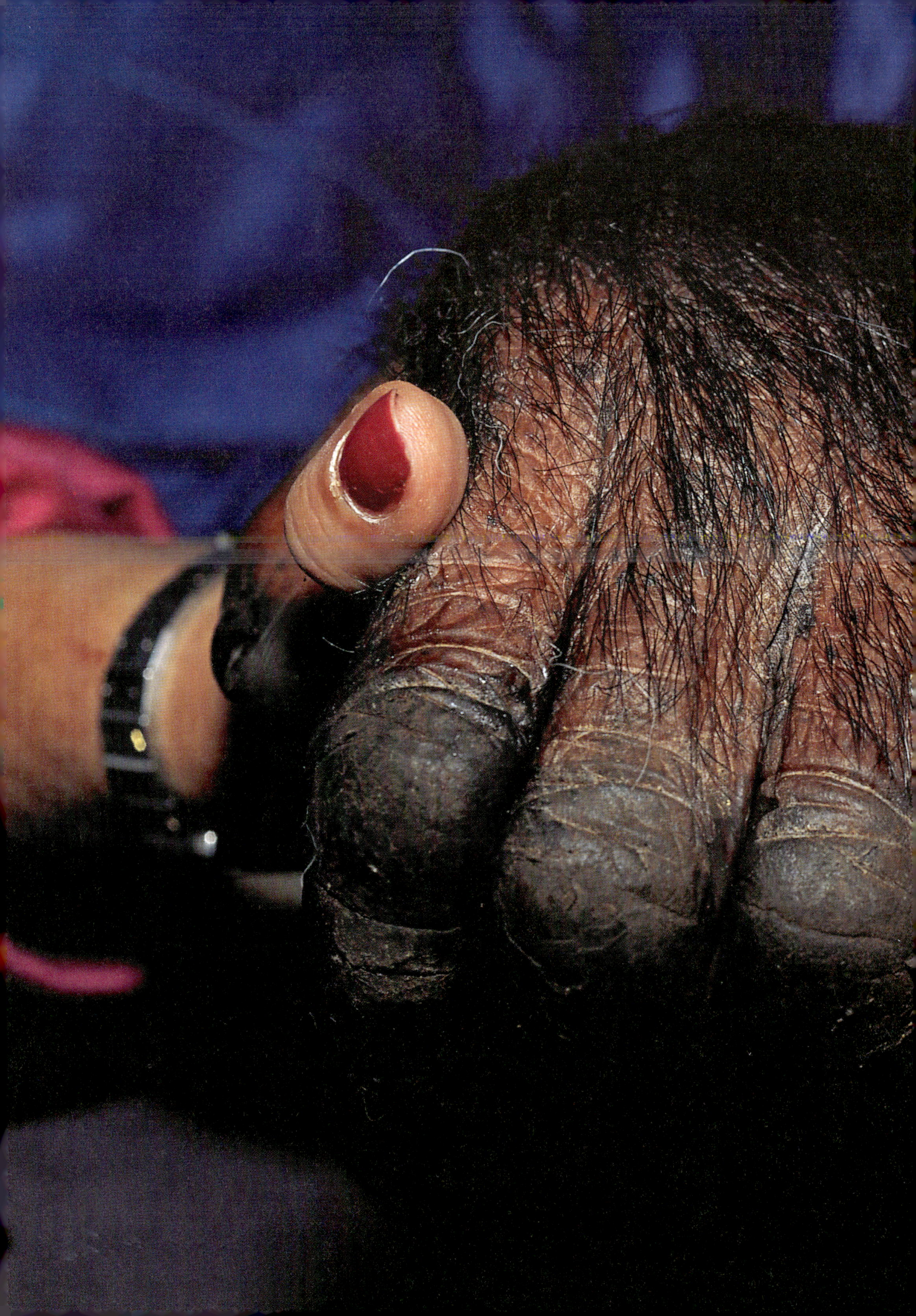

Ein Blick nach vorn

Archen in der Menschenflut

Auf Gedeih und Verderb verknüpft hat sich das Schicksal der Menschenaffen mit dem von Menschen. In der Wildnis werden ihnen im kommenden Jahrtausend bestenfalls Waldinseln bleiben – wenn überhaupt.

Gefühlsmäßige Verwandtschaft zu Affen empfanden Menschen aller Epochen. Auch die Wissenschaft plazierte andere Affen stets nahe bei den Menschen. Aber Nähe ist eben nur ein Beinahe. Das stürzt Affen in ein Dilemma: Weil uns hinreichend ähnlich, werden sie als Karikaturen unserer selbst zur Unterhaltung gefangen gehalten, ausgestellt und abgerichtet oder biomedizinisch in Labors ausgebeutet; zugleich jedoch gelten sie als hinreichend verschieden von uns, so daß ihnen keinerlei Rechte zustehen. Leider nützt den Menschenaffen auch ein alter Trick nicht länger, der als variantenreiche Legende seit mindestens dem 17. Jahrhundert von Orang-Utans und Schimpansen überliefert wird: Die Menschenaffen gehen normalerweise aufrecht. Aber wenn sie wissen, daß ein Mensch sie beobachtet, lassen sie sich auf alle Viere herunter und rennen wie jedes andere Tier davon. Den Grund kleidete der Versdichter Eugen Roth in unsterbliche Reime: »Nun sagen andrerseits die Neger / Die keine schlechten Überleger – / Er sei ein Mensch, der sich verstellt, / So daß man für verrückt ihn hält / Und ihn, den sonst so starken Mann / Zur Arbeit nicht heranziehn kann.«

Das Täuschungsmanöver funktioniert nicht mehr. Menschen lassen andere Primaten für sich arbeiten, als Entertainer, als Produzenten von Blut, Serum und Fleisch. Mittlerweile allerdings kamen Bestrebungen in Gang, zumindest Orang-Utans, Gorillas, Schimpansen und Bonobos bestimmte Grundrechte zuzusprechen – das Recht auf Leben, Freiheit und das Verbot von Folter. Daß eine solche Auffassung durchaus nicht absurd ist, soll am Ende dieses Kapitels zur Sprache kommen, das sich der Zukunft unserer Mitprimaten widmet.

Südkamerun. Nichts als dicke Klumpen Eiweiß sind Menschenaffen für viele Bewohner Afrikas.

Buschfleisch-Krise, Handlungs-Katalog und Haltungs-Philosophie

Um wilde Menschenaffen steht es schlecht. Einerseits ist ihr Überleben indirekt bedroht, da ihre natürlichen Heimaten verschwinden. Der Blick zurück von der Schwelle ins neue Millenium lehrt, daß erst in den letzten 50 Jahren einstmals baumstrotzende tropische Biosphären weitgehend vernichtet wurden – und mit ihnen angestammte Lebensräume zahlreicher Völker von Menschen und Menschenaffen. Andererseits sind Menschenaffen aber auch direkt bedroht: durch Jagd.

In den reichen Ländern etwa Mitteleuropas werden Menschenaffen mehr und mehr als schutzwürdige Mitkreaturen wahrgenommen. In ihren Herkunftsländern gelten sie jedoch oft als dicke Masse Eiweiß, zum Verzehr bestimmt. Kulinarische Interessen treiben heute mehr denn je lokale Populationen in die Ausrottung. Der Fotograf dieses Buches, Karl Ammann, war einer der ersten Naturschützer, der aufgrund seiner ausgedehnten Reisen das Ausmaß der Katastrophe erkannte und als »Buschfleisch-Krise« im letzten Jahrzehnt publik machte. Die langsamen Orang-Utans stellen die wohl leichteste Beute dar. Bonobos können ebenfalls einfach erlegt werden, da sie vor Jägern oft in Bäume fliehen. Hauptopfer des Buschfleischhandels sind jedoch Gorillas. Da hier erwachsene Männer ihre Gruppe verteidigen, bedeutet deren Tod zugleich das Ende einer über Jahre und Jahrzehnte gewachsenen sozialen Gemeinschaft. Schrotflinten mit Munition vor allem aus Frankreich machen die Jagd zum leichten Spiel. Damit versorgen sich beispielsweise auch die Ba'Aka-Pygmäen des Kongo und Kameruns, die bisher mit Netzen, Speeren und Schlingen ihrer Beute nachstellten. Die Ablösung traditioneller Jagd durch Feuerwaffen hat für die Fauna den gleichen zerstörerischen Effekt wie für die Flora der Ersatz einfacher Äxte durch Motorsägen.

Kommerzielle Waldrodung ist Hauptursache des erschreckenden Anstiegs des Fleischverzehrs.

Holzfirmen treiben Abfuhrpisten bis in entlegenste Gebiete vor. Über Schneisen gelangen die Arbeiter in vormals sichere Wohngebiete von Menschenaffen. Jäger versorgen nicht nur sich selbst, sondern über die Lastkraftwagen der Holzfäller auch die Stadtbevölkerung mit Buschfleisch. In Ouesso, größter Stadt des nördlichen Kongo, werden pro Woche 5700 kg verzehrt. Mitarbeiter der GtZ (Deutsche Gesellschaft für technische Zusammenarbeit) zählten dort auf einem Markt in weniger als 3 Monaten Fleisch von 19 Gorillas. Die Zahl läßt sich auf 400 - 600 pro Jahr im Nordkongo getötete Gorillas hochrechnen. In einem Distrikt Kameruns werden pro Jahr nach einer Schätzung der World Society for the Protection of Animals 800 Flachlandgorillas getötet. In Afrika kommt Buschfleisch angeräuchert, oft nahe an der Verwesung auf den Markt und ist leicht doppelt so teuer wie »weißes Fleisch« von Huhn, Schwein und Rind, das als den Bedürfnissen des »weißen Mannes« angepaßt gilt. Dem dunkleren Buschfleisch wird ein würzigerer Geschmack nachgesagt. Deshalb halten sich durchaus nicht vorwiegend die Armen des schwarzen Kontinents aus Not an Buschfleisch, sondern es handelt sich eher um einen Luxusartikel, für den wohlhabenden Städter gerne extra tief in die Tasche greifen. In Yaoundé, der Hauptstadt Kameruns, wird Gorilla geräuchert, als Steak und als Eintopf angeboten. Speisekarten selbst in Paris und Brüssel offerieren Buschfleisch. Angegammeltes Affenfleisch fand sich schon in Koffern von Passagieren, die von Afrika nach Spanien flogen. Überdies werden Menschenaffen auch gejagt, weil manchen ihrer Körperteile medizinische oder magische Kräfte nachgesagt werden.

Mit den Menschenaffen geht es bergab, egal ob es den Menschen schlecht geht oder gut. Einerseits werfen die dunklen Seiten menschlicher Existenz – politische Instabilität, Krieg und Flüchtlingsdramen, Armut und Hungersnöte – ihre Schatten auch auf die nicht-menschlichen Primaten und lassen Bemühungen um ihren Schutz im Chaos versinken. So holzten zwischen 1994 und 1997 ruandische Flüchtlinge in Zaïre weite Teile des Parc National des Virungas ab, um sich mit Feuerholz zu versorgen. Die Hauptquartiere der Virunga-Parks wurden geplündert und zerstört. Im nahegelegenen Kahuzi-Biega-Park schossen Soldaten mindestens 3 Grauergorillas, die als Buschfleisch verkauft wurden.

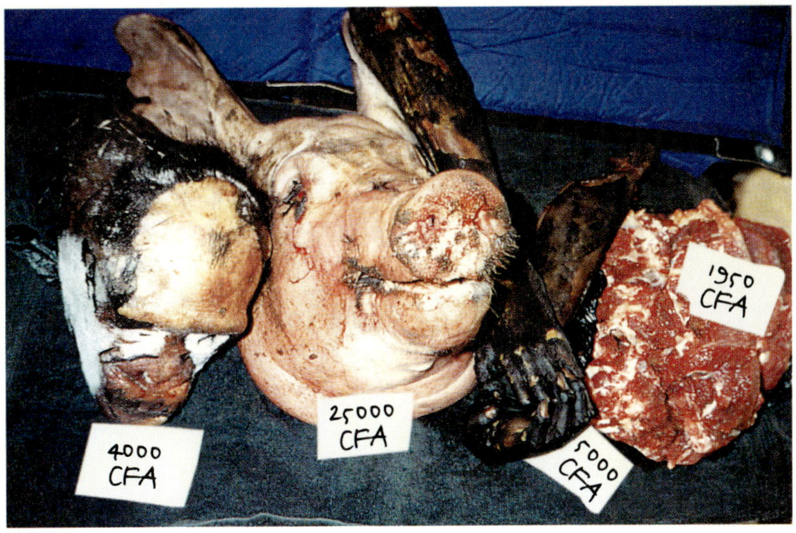

Nicht aus Hunger werden Menschenaffen gejagt, sondern als Delikatessen. Die Stadtbevölkerung von Kameruns Hauptstadt Yaounde etwa berappt mehr für Schimpansen arme als für Schweine- oder Rindfleisch.

Andererseits stellen politisch stabilere Verhältnisse unter Umständen eine noch größere Bedrohung dar. Konsumbedürfnisse wohlsituierter Menschen vor allem der westlichen Hemisphäre belebten jahrzehntelang das Geschäft mit Tropenholz. Wir dürfen nicht vergessen: Der Pro-Kopf-Verbrauch an Energie liegt in den reichen Industrieländern um ein Vielfaches höher. Was ein einziger Europäer während seiner Lebenszeit diesem Planeten an Ressourcen entsaugt, angefangen von den Windeln in der Wiege bis hin zu den Beschlägen des Sarges, ist leicht mehr, als ein ganzes Dorf in Afrika verbraucht. Doch selbst der Wunsch nach nur basaler Sicherung des Lebensunterhalts in den Tropen kann katastrophale Folgen haben. So wurde in Ruanda im Jahre 1968 ein Drittel des ältesten Nationalparks Afrikas, des Parc National des Volcans, in Ackerland umgewandelt – und mit ihm die angestammte Heimat der Berggorillas. Je stabiler die Wirtschaft, desto systematischer wird die Natur ausgebeutet: durch großflächigen Holzeinschlag, Abbau von Erzen, Schürfen nach Gold und Diamanten. Zugleich tragen Menschen ihre für andere Arten unheilvollen Aktivitäten tiefer und tiefer in die verbliebenen tropischen Biotope hinein – durch Krankheiten, Jagd und unkontrollierten Tourismus. Im Unterschied zu den gemäßigten Breiten läßt sich Naturzerstörung in den Tropen selten wiedergutmachen. In europäischen Regionen ausgerottete Arten (Wölfe, Bären, Steinböcke, Adler, Auerochsen, Otter) ließen und lassen sich wieder ansiedeln, da die Lebensräume recht artenarm sind, speziell was den Bewuchs mit Baumarten betrifft. Ein kahlgerodeter Regenwald hingegen kann nicht wieder aufgeforstet werden – zu kom-

Motorsägen markieren den Anfang vom Ende. Über die Holztransportwege gelangen anschließend Siedler und Jäger in einst schwer zugängliche Waldgebiete.

plex ist der Aufbau, zu vielfältig sein Kosmos an Arten. Überdies verschwindet der Mutterboden im Nullkommanichts – fortgewaschen von heftigen tropischen Schauern.

Beim Blick nach vorn ins 3. Jahrtausend führt kein Weg an der Erkenntnis vorbei, daß unsere nächsten Verwandten bald in vielen, ja den meisten ihrer Urheimaten verschwunden sein werden. Als Jane Goodall Anfang der 1960er Jahre die ersten wilden Schimpansen am Ufer des Tanganyika-Sees an ihre Gegenwart gewöhnte, standen ihre Studiengruppen über zusammenhängende Wälder mit den damals noch riesigen Beständen des übrigen Ostafrika im Kontakt. Heute ist die höchstens 150 Köpfe zählende Population des kleinen Gombe-Nationalparks völlig isoliert. Auszuwandern in die von Menschen bewirtschaftete Umgebung bedeutete den sicheren Tod. So dürften fast überall auf Erden nur Überlebensinseln übrig bleiben – mehr oder weniger große Parks, mehr oder weniger gut geschützt, mehr oder weniger geschätzt von Einheimischen und Touristen. In Reservate, die als »Menschheitserbe« gelten, dürften in wohl nicht allzu ferner Zukunft Blauhelme der UNO einmarschieren, um sie vor überhandnehmender Wilderei oder vor illegalem Holzeinschlag zu bewahren.

Der World Wide Fund for Nature erarbeitete eine Liste von Schutzvorschlägen für Menschenaffen. Wenn die im folgenden wiedergegeben werden – ergänzt und verändert –, geschieht das mit dem Bewußtsein, daß zwischen Katalogen und konkreten Maßnahmen oft weite Wege liegen.

● **Verstärkter Habitat-Schutz.** Bestehende Reservate sind besser zu erhalten, neue Parks sind zu schaffen. Kümmerliche 2 Prozent des Lebensraumes von Orang-Utans stehen unter Schutz! Land muß großflächig angekauft werden, weil dort die Waldzerstörung – zumindest auf dem Papier – automatisch illegal würde. Zu überlegen wäre auch, Schulden bei reichen Ländern gegen Übergabe von Wald zu erlassen. Umweltschutz muß bei Wirtschaftshilfen den gleichen Stellenwert erhalten wie Menschenrechte.

● **Kein Holzeinschlag im Lebensraum von Menschenaffen.** Konzessionen wurden beispielsweise vergeben für Gabuns Lopé-Reservat, und ein transafrikanischer Highway bedroht den Dja-Park in Kamerun. Beiderorts leben Gorillas und Schimpansen sympatrisch, also in überlappenden Gebieten. Bis vor kurzem gingen 90 Prozent des afrikanischen Tropenholzes in die Europäische Union. Kamen die Holzfirmen bisher vor allem aus dem Westen (Frankreich, Deutschland – u. a. die Firma Danzer aus Reutlingen –, Dänemark, Schweiz, Italien, Nordamerika), machen sich jetzt die »Tigerstaaten« (Hongkong, Singapur, Süd-Korea, Taiwan) verstärkt über Waldreste Afrikas her

– ganz eindeutig eine Folge des wachsenden wirtschaftlichen Wohlstandes in Asien. Hält das Tempo des Einschlags an, werden die Regenwaldreserven in Zaïre, Äquatorial-Guinea und Kamerun in 50 - 70 Jahren verschwunden sein.

● **Verstärkte Grundlagenforschung.** Bestandszahlen und Lebensgewohnheiten vor allem von Bonobos, Flachland- und Grauergorillas sind wenig erforscht. Somit ist weitgehend unklar, wo die Prioritäten beim Artenschutz eigentlich liegen müßten. Die bloße Gegenwart von Primatologen kann zudem die Wilderei senken. Überdies liefert Forschung das für den Menschenaffen-Erhalt nötige Propaganda-Material. Die Schimpansen von Gombe etwa wären mit Sicherheit verschwunden, hätte Jane Goodall sie nicht berühmt gemacht.

● **Regulation des Handels mit Buschfleisch.** Holzfirmen schaffen vor allem in Afrika die Infrastruktur für ein Gemetzel bisher unvergleichlichen Ausmaßes, nicht nur an Menschenaffen, sondern auch an zahlreichen anderen Spezies. Rodung öffnet einst abgelegene Gebiete dem raschen Zugriff von Jägern. Holzfirmen müßten strenge Auflagen erfüllen – beispielsweise: keine kommerziellen Jagdcamps in Einschlagsgebieten; keine Beförderung von Buschfleisch auf Holztransportern; Lagerung von Nicht-Buschfleisch in Kühlschränken vor Ort in den Konzessionsgebieten. Mancherorts ließen sich auch Ersatz-Arten züchten, etwa die hasengroßen Rohrratten oder Stachelschweine, die gleichfalls »dunkles« Fleisch liefern. Holzfäller werden oft zu Siedlern, deren kultureller Einfluß manche bisherigen Jagd-Tabus der Einheimischen unterhöhlt. Tabus sollten re-aktiviert werden. Beispielsweise hängt die Bevölkerung um den Gashaka-Gumti-Park Nigerias dem Islam an. Zum Glück: Denn Muslime essen weder Primaten, noch heißen sie die Jagd auf Schimpansen oder andere Affen gut.

● **Aufbau und Kontrolle von Tourismus und traditioneller Waldnutzung.** Durch ausländische Besucher fließen harte Devisen in die Heimatländer von Menschenaffen und wecken dort öffentliches Bewußtsein für den Wert und die Attraktivität prominenter Spezies wie Orang oder Gorilla. Auch sogenannter Öko-Tourismus birgt jedoch Gefahren – etwa den des Übertragens von Krankheiten und des »Überbesuchens« an Menschen gewöhnter Gruppen, um mehr Geld zu machen. Der Dzanga-Ndoki-Nationalpark der Zentralafrikanischen Republik nutzt sämtliche Einnahmen aus Tourismus für örtlichen Naturschutz. Dort sind traditionelle Jagd und private Holznutzung weiterhin erlaubt. Bei solchen Projekten besteht jedoch die Gefahr, daß mit dem dargereichten kleinen Finger über kurz oder lang die ganze Hand genommen wird.

● **Beenden des Heimtier-Handels, Standards für Auswilderungszentren.** Menschenaffen in Privathäusern oder Gaststätten zu halten, sollte verboten werden. Mehr Bewußtsein muß geschaffen werden, daß »kleine süße Äffchen« nur deshalb irgendwo zu sehen sind, weil deren Mutter und oft – wie im Falle von Gorillas – ihr Vater grausam hingemetzelt wurde. Rehabilitationszen-

Statt traditionell mit Pfeil und Bogen zu jagen, greifen immer mehr Menschen zu Feuerwaffen, oft von Holzfällerfirmen ermuntert.

Was vom Gemetzel an ihren Gruppen als Häuflein Elend übrigbleibt, wird verhökert – wie dieses Bonobo-Baby in Kinshasa.

Buschfleisch gehört zum Geschäft in Afrika. Die Jagd gilt zahlreichen Arten , doch Menschenaffen treibt der blutige Handel mehr und mehr an den Rand der Ausrottung.

tren – existent bisher im Kongo, in Kamerun, Sambia, Kenia, Malaysia und Indonesien – können keine Lösung des Problemes darstellen. Sie vermögen zwar individuelles Menschenaffen-Leid zu mildern und zur Aufklärung beizutragen. Doch muß auch hier die Spreu vom Weizen getrennt werden – weil zuweilen »Tierschützer« den Markt geradezu anheizen, um ihr Bedürfnis nach »Pflege« von Menschenaffen abzureagieren.

● **Erforschung von Krankheitsübertragung.** Menschenaffen und Menschen können einander infizieren – durch Kontakt bei Tourismus, Dressur, Tierhandel, Wildhüterei oder Jagd. Etliche Schimpansen des Gombe-Parks starben an vermutlich durch Menschen eingeschleppter Polio oder wurden für den Rest ihres Lebens entstellt. Touristen infizierten 1988 wahrscheinlich einen Berggorilla, der an viraler Lungenentzündung einging. Zum Glück gelang es, alle Kontaktgruppen daraufhin mit Blasrohren zu impfen. Dem Ebola-Virus fielen 1995 ein Dutzend Schimpansen des Taï-Waldes der Elfenbeinküste sowie Menschen in Gabun zum Opfer, die Menschenaffen-Fleisch aßen. Ähnliche Gefahren gegenseitiger Ansteckung gelten für Tuberkulose, Masern, Mumps, Windpocken, Röteln und Keuchheusten. Hinweise auf die Gefahren, die speziell beim Verzehr von Affenfleisch drohen, könnten den Buschfleisch-Handel verringern – ähnlich wie der Rindfleischkonsum zurückging, als die Übertragung von BSE auf Menschen bekannt wurde.

● **Stärkung lokaler und internationaler Schutzorganisationen.** Ohne ein Netzwerk von Helfern, Idealisten und Naturliebhabern vor Ort können die Menschenaffen nicht gerettet werden. Großzügige Unterstützung aus reichen Ländern wird dabei auch langfristig nötig sein – selbst wenn Finanzhilfen oft in korrupten Kanälen versickern. Zu hoffen ist, daß Menschen der Tropen die sie umgebenden »Schätze« der Natur mehr lieben lernen als bisher.

Von der oft hoffnungslosen Situation in den Ursprungsländern profitiert mittlerweile das Image jener Institutionen, die Menschenaffen gefangen halten. Es ist eben schwer zu bestreiten, daß Zuchtkolonien nicht nur in Zoos, sondern ebenso in Labors und Vergnügungsparks einigermaßen sichere Häfen sein können – auch wenn das Einsperren von Menschenaffen aus vielerlei Gründen kritisiert oder abgelehnt werden kann. Sind die Haltungsbedingungen erträglich, gut oder exzellent, läßt sich eine verantwortungsbewußte Vormundschaft von Angehörigen der Spezies Mensch schwer verdammen. Das Wort »Gefangenschaft« hat viele Schattierungen, von Kerkerhaft über die gekachelte Verwahranstalt und das komfortable Stadthaus bis hin zum goldenen Käfig. Welche Standards bei der Haltung einzuhalten sind, muß in wie auch immer mühevollen Dialogen zwischen Tierschützern und Tierhaltern herausgearbeitet werden.

Die breite Öffentlichkeit dürfte etwa sogenannte »Dschungelhäuser« für nachahmenswert halten. Von traditionellen Kachelkäfigen unterscheidet sich die Inneneinrichtung solch »grüner« Anlagen allerdings nicht notwendigerweise. Denn die Pflanzen bleiben außer Reichweite der Menschenaffen. So gaukeln auch die millionenteuren »Gorilla Tropics« des berühmten Zoos von San Diego eine wilde

Welt lediglich vor. Von der wertvollen Vegetation dort hält die Gorillas ein handspannenhoher Elektrozaun ab, den sie (verwunderlicherweise) nicht übersteigen. Vermutlich interessieren sie sich ohnehin wenig für den exotischen Dekor, der im Grunde nichts ist als Schau für uns effektverwöhnte Gaffer. Den vielleicht besten Kompromiß stellen fußballfeldgroße Freianlagen dar, die sich in den Tierparks etwa des niederländischen Arnheim und Apeldoorn finden. Mit Platz allein ist es aber nicht getan – obwohl naiven Kritikern von Gefangenschaftshaltung im Grunde jeder Käfig zu klein ist. So wurde der Primatologe Christian Welker von Tierschützern diffamiert, weil an der Gesamthochschule Kassel zahlreiche Affen auf relativ kleinem Raum untergebracht waren. Übersehen wurde, daß diese in über Jahrzehnte hinweg aufgebauten Sozialgruppen lebten – was für das Wohlbefinden von Primaten ungleich wichtiger ist als reiner Raum. Ähnlich muß die mittlerweile archaisch anmutende Kachelkäfig-Haltung von Menschenaffen etwa im (einstmals als vorbildlich geltenden) Frankfurter Zoo nicht unbedingt schlecht sein, weil dort Sorge getragen wird für eine stimulierende soziale Umwelt.

Die Rede von der »artgerechten« Haltung ist – genauso wie »natürliche« oder »naturnahe« Haltung – in jedem Falle schönfärberisch und irreführend. Menschenobhut wirkt nämlich beispielsweise lebensverlängernd – ganz »artwidrig«. Zoo-Tieren werden etwa ihre Fortpflanzungspartner zugeteilt, was den in freier Natur oft knüppelharten Konkurrenzkampf unterbindet. Auch das Kindertöten wird Primaten immer schwerer gemacht. Seit sich das Risiko für fremde Kinder in Zoos herumsprach, werden neue Männchen nur noch selten zu Weibchen mit nicht entwöhnten Kindern gelassen. »Artgerechtigkeit« drückt eine solche Maßnahme keineswegs aus. Auch aus anderen Gründen – Nahrungsmangel durch Dürren, Begegnungen mit Raubfeinden, fehlende Versorgung durch Veterinäre bei Verletzungen, Komplikationen bei der Geburt – sind Sterblichkeitsraten im Freiland vielfach höher und die Lebensdauer drastisch kürzer. Radikale Gegner der Gefangenschaftshaltung müssen sich deshalb bewußt sein, daß ihre Forderung im Grunde die nach dem Recht auf einen »artgerechten Tod« einschließt.

Der Begriff »artgerecht« nährt sich ohnehin aus einem längst überholten statischen Naturbild, das tief in idealistischen Vorstellungen wurzelt. In der Natur, und speziell in der Natur von Primaten, existieren keine Patentlösungen für bestimmte Spezies. Vielmehr gründet der Prozeß der Evolution auf Variabilität, auf verschiedenen Kombinationen zwischen erblicher Information und wechselnden Umwelten, die situationsabhängige Lösungen zeitigen. Einzelwesen können dabei stets nur beschränkt als repräsentativ gelten. »Artgerechtig-

In »leergeschossenen« Waldgebieten bleibt vom ursprünglichen Reichtum an Arten nur ein großes Säugetier übrig: der Mensch.

keit« – das ist die Summe dessen, was alle Mitglieder einer Art je tun und erleben. Überspitzt läßt sich deshalb auch das Leben und Überleben in Gefangenschaft als »artgerecht« betrachten. Denn ganz offenbar sind Menschenaffen dazu nicht nur in der Lage – sie mögen es sogar einem Leben in Freiheit vorziehen. Eine Schimpansin, die unter Menschen aufwuchs, mit denen sie sich in Zeichensprache verständigte, wurde »zur Belohnung« in ihre wilde afrikanische Heimat zurückgebracht. Sie fühlte sich dort, nahe ihren »barbarischen« Artgenossen, allein und verloren. Einem Spiegel vertraute sie ihre geheimen Wünsche an. »Go home«, signalisierte sie: »nach Hause«.

Eine Grenze zwischen Mensch und Tier ziehen zu wollen, läßt sich weder biologisch noch philosophisch gut begründen. Zumindest jenen Primaten, die uns stammesgeschichtlich am nächsten stehen, sollten wir deshalb minimale Rechte zugestehen – etwa ein Recht auf Leben und das Verbot, ihnen Schmerz zuzufügen.

Uns nah, uns fern – schon in der Sprache

Unser Verhältnis zu unseren stammesgeschichtlichen Verwandten gründet in einer doppelten Moral, weil wir allzuoft und ohne Nachzudenken zwischen »Mensch« und »Tier« unterscheiden.

Und das, obwohl auch Menschen Tiere sind. Zumindest im westlichen Kulturkreis wurzelt die Anschauung nicht zuletzt in einer Trennung zwischen Natur und Kultur: Tiere gelten als der Welt der Natur zugehörig, während Menschen in der der Kultur siedeln. Die Grenzziehung erfolgt dabei nach Belieben von zwei Seiten. Einerseits wird von der Kultur behauptet, sie »verbessere« die Natur, andererseits, sie »verderbe« die Natur. Entsprechend wird einmal die Menschenferne der Menschenaffen herausgestellt (sie gelten dann als »animalisch« und »viehisch«), ein andermal ihre Menschennähe (sie gelten dann als »unverdorben« und »natürlich«). Ein zeitgemäßeres Weltbild könnte sich solcher Wertungen enthalten – zumal sie einander Stirn auf Stirn widersprechen. Nicht nur Geisteswissenschaftler, sondern auch traditionell orientierte Biologen zählen überdies gerne Merkmale auf, die »Mensch« und »Tier« angeblich klar unterscheiden – so etwa, der Mensch sei als einziges Wesen imstande, »sich selber den Daumen zu halten«, »sich im Spiegel zu erkennen«, könne als einziges »Ich sagen« – kurzum: kenne als einziges Wesen »Kultur und Tradition«. Die biologische Menschenkunde hat derlei spitzfindigen Abgrenzungsbestrebungen den Wind aus den Segeln genommen. Sie betont dem gegenüber, daß es sich nicht um essentielle (wesensmäßige), sondern bestenfalls graduelle (abgestufte) Unterschiede handelt. Menschen aufgrund eines Einzelmerkmales wesensmäßig definieren zu wollen, führt grundsätzlich in die Irre. Selbst wenn es gelänge, ein ausschließliches Kriterium zu finden, rechtfertigte dies nicht, von einer »Sonderstellung« des Menschen zu sprechen. Denn mit dem gleichen Recht könnten wir von einer Sonderstellung der Gorillas und Schimpansen reden, weil diese – was Menschen nicht vermögen – zum Knöchelgang fähig sind. Oder es ließe sich aufgrund der Körperdimensionen eine Sonderstellung des Blauwales oder aufgrund der Fortbewegung eine Sonderstellung der Amöbe postulieren. In leiserer und angemessenerer Tonart, die sich zudem durch Respekt vor anderen Lebewesen auszeichnet, wäre es somit besser und angemessen, von den »Eigenarten« aller jeweiligen Kreaturen einschließlich der Menschen zu sprechen.

Wer ernsthaft Evolutionsbiologie betreiben will, sollte heute keine Zeit und Energie mehr daran verschwenden, »humane« Merkmale beflissen von

»animalischen« trennen zu wollen. Denn die Frage »Was machte uns zum Menschen?« wird ganz unterschiedlich beantwortet, je nachdem, wie sich das Faktenwissen erweitert und sich die Wahrnehmungsmuster ändern. Diejenigen Qualitäten, die als »typisch menschlich« gelten, entstanden zudem in so zahlreichen kleinen Schritten über einen so langen Zeitraum hinweg, daß es nicht möglich ist, zu sagen, wann »das Tier« aufhörte und »der Mensch« anfing.

Eine Schrittmacherfunktion kommt hierbei seit Mitte der 1960er Jahre der »Soziobiologie« zu. Programmatisch und bewußt unterscheidet sie nicht mehr zwischen Menschen und Tieren. Vielmehr definiert sich diese wissenschaftliche Disziplin über die systematische Erforschung der biologischen Grundlagen des Sozialverhaltens aller Organismen **einschließlich** der Menschen. Soziobiologen gehen mehr und mehr dazu über, von »Menschen und anderen Tieren« zu reden. Die angesehene Fachzeitschrift »Animal Behaviour« (Tierliches Verhalten!) druckt mittlerweile regelmäßig Artikel, die das Verhalten von Menschen mit den gleichen Konzepten analysieren wie das von Stichlingen, Salamandern oder Meerkatzen. Die Zeitschrift »Human Nature« (Menschliche Natur!) nimmt hingegen auch Beiträge über Schimpansen und Bonobos auf. Ihr Ansatz erlaubt, die Biosphäre unseres Planeten frei von romantischen Naturbildern zu erforschen. Die Soziobiologie hat somit ein weniger eitles Verständnis von Menschen. Aus ihrem Gedankengut nähren sich auch die Erläuterungen der Verhaltensökologie von Menschenaffen in diesem Buche.

Das noch immer vorherrschende Weltbild des »Anthropozentrismus« wurde allerdings nicht durch unbedarfte Laien allein geprägt, sondern Theoretiker der Evolutionsbiologie hatten daran maßgeblich Anteil. Einerseits wird Anthropozentrismus gerne im Sinne waagerechter Raumachsen ausgeweitet und begreift den Menschen als Mittelpunkt. Hierzu zählt ein Begriff wie »Um-Welt«, der leicht durch das neutralere »Mit-Welt« ersetzt werden könnte. Andererseits wird alternativ entlang einer senkrechten Zeitachse gedacht, wovon Worte zeugen wie »Stufenleiter der Evolution«, »unten am Stammbaum«, »Fortschritt in der Entwicklung« und vor allem »höhere und niedere Tiere«. Vermeiden oder abmildern ließen sich solche Verzerrungen, wenn stattdessen die Rede wäre von »im Laufe der Evolution«, »während eines früheren / anderen Stadiums« oder von »Trends in der Stammesgeschichte«. Kurioserweise ist auch das Wort »Evolution« selbst keine glückliche Schöpfung. Abgeleitet vom lateinischen »evolvere« (entwickeln), erweckt es den Eindruck, etwas bereits fertig Angelegtes sei lediglich noch unsichtbar und käme erst im Laufe der Stammesgeschichte allmählich zum Vorschein. Der deutsche Begriff »Entwicklungsgeschichte« ist in dieser Hinsicht genauso problematisch, da er gleichfalls zielgerichtet wirkt und das Zufallsgeschehen nicht würdigt. Anthropozentrische Maßstäbe werden schließlich auch gerne bei der Einteilung der Tierarten angelegt. Der eklatanteste Begriff ist zunächst der der »Primaten« selbst: »die Ersten«, auf grob deutsch als »Herrentiere« übersetzt – arroganter und chauvinistischer geht es kaum. Der Trend setzt sich innerhalb der Klassifikation der Primaten fort. Schon die Reihung von »Halb-Affen«, »Affen« und »Menschen-Affen« suggeriert allmähliche Verbesserung. Je näher eine Gruppe mit uns verwandt ist, desto »höhere Primaten« schließt sie ein, je weiter weg, als desto »nieder« gilt ein Taxon. Deutlich ist das hinsichtlich der Gibbons, die gewöhnlich als »niedere Menschenaffen« bezeichnet werden (»lesser apes«). Wenn überhaupt, dann gebührte ihnen der Titel »höchste Menschenaffen«, da sie in den Regenwaldwipfeln zu Hause sind...

Eine ideologisch grundgereinigte Sprache soll gleichwohl nicht gefordert werden. Erstens liest sich die schauderhaft. Und zweitens ist Sprache immer wertend und erlaubt von vornherein nur

Er versteht gesprochenes Englisch und verständigt sich mittels computergestützter Tastatur: Kanzi, in den USA aufgewachsener Bonobo. Seine Fähigkeiten machen einmal mehr die fließenden Übergänge zwischen Menschen und anderen Tieren deutlich.

bestimmte Konstruktionen dessen, was wir Wirklichkeit nennen. Sprache hält lediglich Schablonen bereit. Allerdings können die mehr oder weniger grob, mehr oder weniger angemessen sein. In diesem Buch werden deshalb die Schablonen des öfteren gewechselt – damit die Sprache einigermaßen bunt bleibt, sich hin und wieder selbst in Frage stellt, damit Sachverhalte deutlicher hervortreten und möglichst keine Kruste über Lehrmeinungen entsteht. Der sprachlich harte Kontrast zwischen »Mensch« und »Tier« läßt sich etwa auf zweierlei Arten aufweichen:

- Anthropomorphismus, d. h. die »Menschengestaltigkeit« von Tieren wird betont. Weibliche Gorillas beispielsweise werden deshalb gelegentlich als »Gorillafrauen« oder gar als »Damen« bezeichnet, Schimpansen dürfen »schwanger« statt lediglich »trächtig« sein. Bereits Bernhard Grzimek legte großen Wert darauf, daß auch Tiere »essen« statt »fressen« – wodurch natürlich auch die den Urprimaten nahestehenden »Insektenfresser« zu »Insektenessern« mutierten.
- Zoomorphismus, d. h. die »Tierhaftigkeit« der Spezies *Homo sapiens* wird betont. Gelegentlich finden sich deshalb Hinweise auf »Menschenmännchen« oder »Menschenweibchen«, und Sexualpartner dürfen auch mal ganz animalisch »kopulieren« statt miteinander schlafen.

Der Begriff »Menschenaffe« – ohne den dieses Buch nicht auskommen kann – ist glücklicherweise eine gelinde gelungene Mischung, da er sowohl die anthropomorphe wie die zoomorphe Perspektive in sich trägt.

Ein Halbdutzend verwaister Bonobos fand zeitweilig Zuflucht in einer Schutzstation bei Brazzaville. Aus der von Milizenkämpfen geschüttelten Hauptstadt des Kongo brachten beherzte Tierschützer sie im Kugelhagel erneut in Sicherheit.

Menschenrechte für Menschenaffen?!

Pointe Noire, Kongo. Karl Ammann schwitzt noch mehr in der tropischen Hitze. Unter seiner Jacke klammert ein Gorillababy, während er sich an Bord eines Flugzeuges begibt. Das Waisenkind soll nach Brazzaville, in die Schutzstation des britischen Millionärs Aspinall. Ammann hat zwar alle Papiere, will aber trotzdem Aufsehen vermeiden. Doch eine Stewardess entdeckt die hervorlugenden Füßchen – was sie dem Manager meldet. Ammann befürchtet Ärger. Der Manager jedoch erklärt ihm, er müsse ein Kinderticket kaufen...

In gewisser Weise hat sich die kongolesische Fluggesellschaft damit an die Spitze einer modernen Tierrechtsbewegung gesetzt. Denn die Frage, ob Menschenaffen »Personen« sind, wird gegenwärtig heiß diskutiert.

»Wir verlangen eine Erweiterung der Gemeinschaft der Gleichen.« So beginnt ein Buch, das seit Erscheinen im Jahre 1993 Furore macht: »The Great Ape Project« (deutsch: »Menschenrechte für die Großen Menschenaffen«). Die Problematik ins Rollen brachten Paola Cavalieri, Herausgeberin der in Italien erscheinenden Zeitschrift »Etica e Animali«, und der in Tierrechts-Fragen engagierte Philosoph Peter Singer aus Australien. Die beiden gewannen Publizisten und Wissenschaftler als Unterstützer der von ihnen initiierten »A Declaration on Great Apes« (etwa : »Erklärung über die Großen Menschenaffen«). Der Aufruf wendet sich vor allem gegen die Verwendung von Menschenaffen in biomedizinischen Labors, gegen ihre Tötung bei der Jagd und indirekt auch gegen die Zerstörung ihrer natürlichen Heimaten. Die Gemeinschaft der Gleichen schließt gegenwärtig allein Menschen ein, doch werden auch für Bonobos, Schimpansen, Gorillas und Orang-Utans folgende Grundrechte gefordert:

1. Recht auf Leben. Das Leben der Mitglieder der Gemeinschaft der Gleichen ist zu schützen. Mitglieder dürfen nicht getötet werden, außer unter streng definierten Bedingungen, beispielsweise in Selbstverteidigung.

2. Schutz persönlicher Freiheit. Mitglieder der Gemeinschaft der Gleichen dürfen nicht ohne weiteres ihrer Freiheit beraubt werden; wenn sie ohne Verfahren eingesperrt wurden, haben sie ein Recht auf sofortige Freilassung. Die Verwahrung jener, die nicht eines Verbrechens schuldig befunden wurden, oder jener, die nicht straffällig werden können, sollte nur erlaubt sein, wenn das ihrem eigenen Interesse dient, oder um die Öffentlichkeit vor einem Mitglied der Gemeinschaft der Gleichen zu schützen, von dem eindeutig Gefahr für andere ausgeht. In den Fällen steht Mitgliedern der Gemeinschaft der Gleichen das Recht zu, ein Tribunal anzurufen, entweder direkt oder durch einen Anwalt – wenn sie sich selbst nicht vertreten können.

3. Das Verbot von Folter. Es ist falsch und als Folter anzusehen, einem Mitglied der Gemeinschaft der Gleichen willentlich Schmerz zuzufügen, sei es grundlos oder um eines angeblichen Nutzens für andere willen.

Die Unterstützerliste für »The Great Ape Project« liest sich wie ein »Who-is-Who« der Menschenaffenforschung. Mit dabei sind Experten für Orang-Utans wie Biruté Galdikas und Lyn Miles, für Gorillas wie Francine Patterson, für Schimpansen wie Adriaan Kortlandt, Jane Goodall, Toshisada Nishida, Roger und Deborah Fouts sowie der Mentor der Bonobo-Forschung, Takayoshi Kano. Zahlreiche andere prominente Biologen leihen den Menschenaffen ebenfalls ihre Stimme, beispielsweise Richard Dawkins und Robin Dunbar.

Andere Forscher haben sich dem Aufruf nicht angeschlossen, und zwar aus unterschiedlichen Motiven. So ist zu hören, Menschenaffen könnten keine Rechte haben, da sie auch keine Pflichten übernähmen. Zudem könnten wir nicht wissen, ob die Menschenaffen, ja selbst diesbezüglich »sprachlos«, ihren Einschluß in die Gemeinschaft der Gleichen überhaupt wollten. Überdies würden Menschenaffen sich nicht für Menschen einsetzen. Derlei Argumente lassen sich allerdings leicht entkräften. Sonst müßten »pflichtlose«, »sprachlose« und »verantwortungslose« Menschen ebenfalls von Menschenrechten ausgeschlossen werden – beispielsweise Säuglinge, geistig schwer Behinderte oder Kranke im Koma. Es ist aber durchaus Usus, daß deren Interessen definiert und durch Anwälte vertreten werden – seien das nun Eltern, ernannte Vormunde oder Verwandte. Darum hält die Erklärung auch das Einsperren von Menschenaffen etwa in Zoos nicht für unbedingt verdammungswürdig. Derlei Maßnahmen können etwa gleichgesetzt werden mit der aus Sicherheitsgründen beschränkten Bewegungsfreiheit, die Kleinkindern zugebilligt wird oder Geisteskranken in geschlossenen Anstalten. Mit solchen Personengruppe haben Menschenaffen aber zumindest eines gemeinsam: eine praktisch identische Fähigkeit, Leid zu empfinden.

Ein weiteres Gegenargument macht darauf aufmerksam, daß längst nicht alle Menschen ihre Grundrechte wahrnehmen könnten oder ihr Überleben gesichert hätten. Ein Engagement für Menschenaffen sei deshalb fehl am Platze. Der Einwand verkennt allerdings, daß es armen und

Das Rechtsgefühl vieler Kulturen sieht Anwälte vor für jene, die sich weder selbst verteidigen noch Pflichten übernehmen können – etwa Kinder. Das gleiche Prinzip könnte für Menschenaffen gelten. Statt am Tropf menschlicher Fürsorge wären sie jedoch zweifellos in ihren Urwäldern besser aufgehoben.

unterdrückten Angehörigen der Spezies *Homo sapiens* in keiner Weise hilft, ganz ähnlichen anderen Primaten basale Rechte zu verweigern. Ganz im Gegenteil: Öffentliche Meinung (und damit politischer Wille und Gesetzgebung) sensibilisiert sich umso mehr hinsichtlich des Problems ungelösten Leidens, je mehr Gruppen Gehör verschafft wird – seien das Flüchtlinge, mißhandelte Kinder, Waisen, Drogenabhängige, Passivraucher, politische Dissidenten, religiös Verfolgte. Oder eben Menschenaffen.

Wieder andere sehen die Gefahr des »Dammbruchs«: Wenn heute Rechte für Schimpansen verlangt werden, könnten morgen Leute kommen, die dasselbe fordern für Hunde, Frösche oder Käfer. Der Gedankenfigur haben sich allerdings »Konservative« aller Epochen befleißigt: »Was? Wahlrecht für landlose Bauern? Morgen kommen dann gar die Frauen, 18jährige Jungmänner oder die Muslime und wollen das gleiche…« Grenzziehungen sind immer Ismen, ob sie nun Rassismus, Sexismus oder Christianismus heißen. Das bedeutet zwar nicht, daß eine Einteilung von Organismen in Gruppen automatisch moralisch verwerflich wäre. So sind Ausschlüsse in bestimmten Kontexten durchaus diskutabel – beispielsweise bei der »positiven Diskriminierung«, die Kinderarbeit verbietet oder Quoten für Frauen bei Parteiämtern reserviert. »A Declaration on Great Apes« bezieht sich aber weitgehend auf die Fähigkeit, Leid zu empfinden. Eine Einteilung der Welt in zwei Gruppen – Menschen und Nichtmenschen – ist diesbezüglich völlig unangemessen. Nicht-menschlichen Primaten kann das Recht auf Leben nicht mit dem Hinweis verweigert werden, daß ein solches Recht für Blattläuse, Pest-Viren oder Schnittblumen absurd wäre. Der Ismus, gegen den sich diese Erklärung also hinsichtlich bestimmter ethisch-moralischer Erwägungen wendet, ist der des »Speziesismus«. In demselben Zusammenhang gehen wiederum anderen Gegnern des Projektes die Forderungen nicht weit genug: Warum sollen Gibbons, Makaken oder Lemuren ausgeschlossen werden? Menschenrechte nur für Menschenaffen, das sei eine nur spezielle Form des Speziesismus – »Hominidismus« eben. Warum sollen die in der Deklaration genannten Rechte hochintelligenten Wesen wie Delphinen, Walen, Elefanten oder Papageien verweigert werden? Diesem Vorwurf des »Hominidismus« ist zu entgegnen, daß Radikalforderungen oft schwerer durchzusetzen sind als Teilforderungen. Etliche Unterstützer des Aufrufes sind beispielsweise Veganer –, das heißt sie essen keine tierlichen Produkte wie Fleisch, Eier und Milch. Andere wiederum praktizieren eine bereits erweiterte Form des Tierrechtes, pflegen in ihrer Obhut kranke Katzen und hilfsbedürftige Mäuse gleichermaßen oder fahren nicht mit Autos, damit keine Insekten durch Aufprall zu Tode kommen. Derlei umfassendere Zielsetzungen stehen nicht im Widerspruch per se zu weniger inklusiven. »A Declaration on Great Apes« verneint nicht mögliche Rechte anderer Gruppen von Lebewesen. Die Initiatoren von »The Great Ape Project« haben lediglich das getan, was ihnen zu ihrer Zeit sinnvoll und in vielleicht nicht allzu ferner Zukunft konsensfähig erschien. In der Hinsicht ist die Erklärung also eher »realpolitisch« als »fundamentalistisch«.

Ähnliches gilt für das Problem, daß die Einstellung der Menschen gegenüber der Natur generell auf dem Prinzip der Ausbeutung gründet. Wir plündern unsere Umwelt notgedrungen, weil wir Wesen mit Stoffwechsel sind und deshalb Nahrung und Behausung brauchen. Weitergehende Ausbeutung ist nicht notwendig, aber vielleicht vertretbar – etwa wenn wir »sanften« Öko-Tourismus praktizieren, Naturobjekte fotografieren oder Bücher über sie schreiben. Wieder andere Ausbeutung – etwa das Halten von Affen im Zoo zur öffentlichen Betrachtung – mag bereits fragwürdiger erscheinen, kann aber genauso wie Tourismus und Fotografie eine erzieherische und damit letztlich naturschützende Funktion haben. Wenn Menschen zur Welt kommen – ungefragt! –, werden sie automatisch zu Konkurrenten anderer Lebewesen. Die eher banale Erkenntnis kann aber keine Unbedenklichkeitsbescheinigung für jedes Verhalten sein – und die Initiatoren des »Great Ape Project« richten ihr Augenmerk auf eben ein bestimmtes, durch menschliche Aktivität verursachtes Problem und versuchen es zumindest abzumildern.

Menschenaffenrechtlern wird zuweilen wirklichkeitsferne Utopie vorgeworfen. Sind es nicht vornehmlich selbsternannte Vordenker aus dem Westen, die sich dem Problem widmen? Auch der Einwand hat Schwächen, weil schließlich jedes Bestreben um Veränderung klein anfangen muß. Die ersten Gegner der Sklavenhaltung in den USA oder

Einer ungewissen Zukunft entgegen sehen unsere wilden Geschwister. Sollten wir nicht alles tun, diese wundervollen Kreaturen und ihre Heimaten zu bewahren?

jene, die sich an der Schwelle zum 20. Jahrhundert für das Frauenwahlrecht einsetzten, wurden zunächst ebenfalls als eine Handvoll Spinner abgetan. Überdies ist die Zahl von Orangs, Gorillas, Schimpansen und Bonobos, die auf diesem Planeten leben, vergleichsweise gering. Welche Schwierigkeiten sollte es schon machen, höchstens 360 000 weitere Mitglieder in die Gemeinschaft der Gleichen aufzunehmen, die mittlerweile bereits 6,3 Milliarden zählt? Es handelt sich um bestenfalls 0,006 Prozent mehr.

Eine Grenze aus Prinzip kann und darf es hinsichtlich der Forderung nach Gleichheit nie geben. Die in diesem Buche vorgestellten Erkenntnisse über unsere nächsten Verwandten basieren auf Forschungen und Recherchen, die überwiegend nicht einmal fünzig Jahre alt sind. Unser Selbstverständnis haben sie schon jetzt radikal verändert oder zumindest in Frage gestellt. Grenzen ziehen zu wollen, wird immer schwieriger und fruchtloser, eben weil die Evolution fließende Übergänge produziert, auch solche zwischen Natur und Kultur. Aus dieser Erkenntnis folgen nicht zwingend Menschenrechte für Menschenaffen. Aber wenn wir unsere Denkfähigkeit einsetzen, legt die verbesserte Kenntnis der stammesgeschichtlichen Rahmenbedingungen nahe, daß der Umgang mit unseren nächsten Verwandten von äußerst bedenklichen Praktiken beherrscht wird. Wesen, die mit sehr ähnlichen Intensitäten fühlen, denken, träumen und wünschen können, ein Leben lang und oft ohne Kontakt zu Artgenossen auf engem Raum einzusperren, sie für schmerzhafte und nicht selten tödliche Experimente zu verwenden oder ihren angestammten Lebensraum zu vernichten – läßt sich das mit »humanitärem« Denken vereinbaren? Oder ist es nicht vielmehr höchste Zeit, solche Praktiken zu beenden? Die Gemeinschaft der Gleichen – »wir« im Unterschied zu »den anderen« – ist im Laufe der Geschichte immer wieder neu definiert und erweitert worden. »Du sollst nicht töten!« – das biblische Gebot galt zunächst nur für die Angehörigen des eigenen Stammes oder Volkes. Später wurde ein Recht auf Leben bestimmten anderen Völkern zugebilligt und wiederum anderen vorenthalten, die nicht als »gleich« galten. Im 20. Jahrhundert wurden das Privileg schließlich auf alle Angehörigen der Art Mensch ausgedehnt.

Der historische Augenblick scheint gekommen, die Grenze abermals zu erweitern.

Planet im Gegenlicht

Ein Interview mit Karl Ammann

Karl, wie bist du zur Fotografie gekommen?

In Kenia, wo ich seit über 20 Jahren lebe, war ich zunächst im Tourismus tätig und lernte dabei zufällig auch Fotografen kennen. Da es mir zudem gefiel, draußen in der Natur zu sein, wurde ein seriöses Hobby bald zum Beruf – in dem ich allerdings kompletter Autodidakt bin.

Gibt es einen typischen Ammann-Stil?

Vielleicht, daß ich mehr Zeit mit und in der Natur verbringe als andere Profifotografen. Beispielsweise glaube ich, vorausfühlen zu können, was Tiere als nächstes tun werden. So produziere ich selten typische Porträts, die zwar überirdisch edel aussehen können, aber auch rasch leblos wirken. Größere Herausforderung sind Bilder, in denen das Gegenlicht Staubwolken und Silhouetten wie magisch umgestaltet. Damit liege ich mittlerweile sogar im Trend. Titelseiten von Zeitschriften sind heute oft mit unscharfen und technisch nicht perfekten Aufnahmen bestückt, die vor 10 Jahren im Abfall gelandet wären.

Das Thema Menschenaffen ist ein Schwerpunkt deiner Fotografie. Wie kam das?

Gemeinsam mit meiner Frau Kathrine kaufte ich vor 12 Jahren von einem Dschungelboot einen anderthalbjährigen Schimpansenwaisen los. Wir ahnten damals nicht, welch langfristige Verantwortung das bedeutet. Wegen seines traurigen Aussehens nannten wir ihn Mzee, »alter Mann«. Er gehört heute zur Familie.

Affenbabys zu kaufen, ist doch problematisch. Unterstützt du nicht einen grausamen Markt?

Es ist ein Mythos, daß es einen blühenden Handel für Menschenaffenkinder gibt, den Haustierhändler, Zoos, Labors oder spanische Strandfotografen unterhalten. Kaum ein Jäger geht raus, um seine Hände an ein Baby zu kriegen. Schrotflinten verletzen fast immer nicht nur die Mütter, sondern auch die Babys. Überlebende Kinder sterben dann schnell an Durchfall und Stress. Fast alle Waisen sind Beiprodukte der Jagd auf Buschfleisch.

Müßte nicht dennoch der Strom von Waisenkindern langfristig gestoppt werden?

Das ist mir klar. Aber was bleibt bis dahin als Alternative? Örtliche Naturschutzoffiziere sind oft nicht bereit, die Tiere zu beschlagnahmen. Ich aber weiß doch, daß das Kind entweder kläglich verrecken wird, im Kochtopf landet oder für die nächsten 30 Jahre an einen Baum gekettet wird. Solche Tiere haben eine ähnliche Kapazität zu leiden wie Menschen in der Situation. Deshalb versuche ich heute noch, möglichst minimale Preise zu zahlen und den Orang, Gorilla oder Schimp ins nächste Schutzzentrum zu bringen.

Für den natürlichen Bestand sind diese Menschenaffen aber verloren.

Mich regen wissenschaftliche Statements auf, die sagen: Die Waisen sind genetisch gesehen ohnehin abzuschreiben, also laßt sie euthanasieren. Wie können wir denn Einheimischen erklären, daß sie Menschenaffen nicht essen sollen, wenn nicht wir eine besondere Wertschätzung für diese Kreaturen zum Ausdruck bringen? Mitmenschen in Not sollen wir doch gleichfalls nicht einfach ihrem Schicksal überlassen.

Da klingt viel Vermenschlichung mit, wenn du über Affen sprichst.

Unser Schimpanse Mzee verschaffte mir einen Begriff davon, wie nahe Menschenaffen an uns dran sind. Wie ähnlich deren Gefühlswelt der unsrigen ist, kann jeder herausfinden, der auch nur eine halbe Stunde körperlichen Kontakt mit ihnen hat – eine Möglichkeit, die leider den meisten Menschen fehlt. Ich bin da nicht groß Wissenschaftler, sondern für mich ist gefühlsmäßig die Nähe einfach klar.

Führten solche Erfahrungen zu deinem fotografischen Engagement für den Schutz von Menschenaffen?

Ja. Das Leben mit Mzee machte es immer unerträglicher, auf Afrikas Märkten wieder und wieder Menschenaffenfleisch zu sehen. Wissenschaftler schienen das Ausmaß der Buschfleisch-Krise gar nicht wahrzunehmen. Mit Fotos machte ich dann mein Problem zum Problem anderer. Zeitschriften wie »National Geographic«, »Natural History«, schließlich auch »stern« und »GEO« griffen das Thema auf. Der WWF schlug 1997 mit einer Denkschrift Alarm. Hoffentlich wird Entwicklungshilfe jetzt konsequenter an die Einhaltung von Schutzmaßnahmen geknüpft.

In Nordeuropa wurden wilde Tiere wie Bären und Wölfe längst ausgerottet. Riecht dein Missionseifer nicht nach Neokolonialismus?

Andere müssen ja nicht die Fehler des Westens nachmachen. Der benimmt sich außerdem ohnehin wie eh und je kolonial. Nämlich wenn es um »humanitäre« Hilfe geht. Da werden Milliarden Dollar in Hunger-, Seuchen- und Flüchtlingskatastrophen gepumpt. Aber wenn jetzt nicht der ökologische Kollaps verhindert wird, der Kahlschlag in Ländern wie Kamerun und Indonesien, zahlt der Westen später doch dafür. Sind die Pygmäen und die Dayaks erst entwurzelt, der letzte Gorilla niedergemetzelt, versinken die Regionen in sozialen Unruhen und Bürgerkrieg. Dann geistern Waisenkinder durch die Medien, denen Landminen die Füße abrissen, und alle Welt wird nach westlicher Einmischung schreien.

Die Weltbank verknüpft seit neuestem Hilfe und Umweltschutz...

Auf dem Papier! 1997 wurden Indonesien 9 Milliarden DM nachgeworfen – wegen »Bemühungen um die Umwelt«. Dabei verbrennen seit Jahren Orang-Utans in Borneos und Sumatras illegalen Feuern. Nun werden weitere Milliarden verlangt, um die jetzt gigantischen Flammenmeere zu löschen. Hätte man auf die Einhaltung der Verträge gepocht, wäre das Disaster vielleicht nicht passiert.

Du hast als erster Fotograf vier Jahre hintereinander den Preis der BBC in der Kategorie »The World in Our Hands« (»Die Welt in unseren Händen«) gewonnen – warum wohl?

Vermutlich, weil ich nicht nur die schöne Welt zeige, Giraffen und Löwen idyllisch in der Savanne, sondern auch Bedrohungen. Kommerziell bringt das Foto eines Gorillakopfes in der Kochpfanne zwar wenig, weil das nur zögernd abgedruckt wird – man will Betrachter nicht verschrecken. Aber nur, wenn man Massen emotional aufrüttelt, wird was passieren – wie die Medienkampagnen gegen Walfängerei, Robbenabschlachten und Elefantenwilderei belegen. Stille Diplomatie und Vorstellungen bei Ministern haben da nichts gebracht – sondern daß Regierungsverantwortliche als untätige und korrupte Naturausplünderer dargestellt wurden.

Was hoffst du, bewirken deine Fotos auf lange Sicht?

Hoffentlich tragen sie dazu bei, daß in 30 Jahren die Menschen auch in den Tropen erkennen, welchen Reichtum wilde und freie Menschenaffen darstellen.

(Von Karl Ammann stammen alle Fotos in diesem Buch. Seine Kurzbiographie findet sich auf der hinteren Umschlagklappe.)

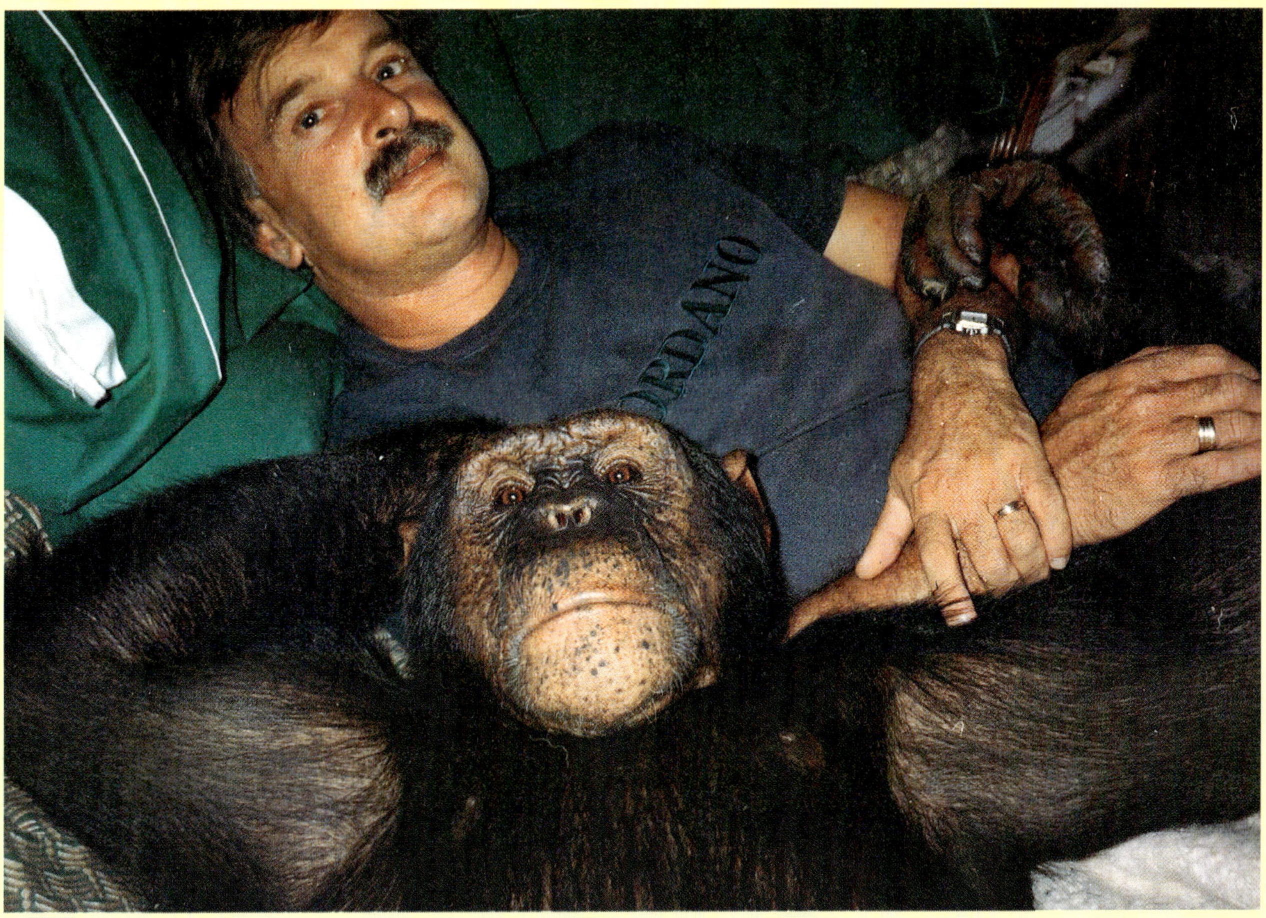

ANHANG

BÜCHER ZUM THEMA

(* = empfehlenswerte, meist neuere Werke)

Bücher über Primaten

* Boyd, Robert & Joan Silk (1997). *How Humans Evolved.* New York, London : W. W. Norton.

de Waal, Frans B. M. (1989). *Peacemaking Among Primates.* Cambridge / MA: Harvard Univ. Press. – Deutsch: *Wilde Diplomaten.* München: Carl Hanser (1991).

de Waal, Frans B. M. (1996). *Good Natured: The Origins of Right and Wrong in Humans and Other Animals.* Cambridge / MA: Harvard University Press.

* Dunbar, Robert I. M. (1988). *Primate Social Systems.* London, Sidney: Croom Helm.

Gray, J. P. (1985). *Primate Sociobiology.* New Haven / CT: Hraf Press.

Grzimek, Bernhard (Hg.) (1988). *Grzimeks Enzyklopädie Säugetiere.* Bd. 2 *(Primaten).* München: Kindler.

* Jolly, Alison (1985). *The Evolution of Primate Behavior.* 2nd edition. New York: Macmillan.

* Martin, Robert D. (1990). *Primate Origins and Evolution: A Phylogenetic Reconstruction.* Princeton: Princeton University Press.

* Macdonald, David (Hg.) (1987). *Affen und Halbaffen.* Die Welt der Tiere 3. Gütersloh: Mosaik / Bertelsmann.

Napier, John R. & Prudence Hero Napier (1985). *The Natural History of the Primates.* London: British Museum of Natural History.

Passingham, Richard E. (1982). *The Human Primate.* Oxford, San Francisco : W. H. Freeman.

* Paul, Andreas (1997). *Von Affen und Menschen. Verhaltensbiologie der Primaten.* Darmstadt: Wissenschaftliche Buchgesellschaft.

Rothe, Hartmut (1990). *Die Stellung des Menschen im System der Primaten.* Evolution des Menschen 1. Tübingen: Deutsches Institut für Fernstudien.

* Rowe, Noel (1996). *The Pictorial Guide to the Living Primates.* New York: East Hampton.

Schultz, Adolph H. (1971). *Die Primaten.* Die Enzyklopädie der Natur 18. Lausanne: Editions Rencontre. – Englisch: *The Life of Primates.* London: Weidenfeld and Nicolson (1969).

* Smuts, Barbara B.; Dorothy L. Cheney, Robert M. Seyfarth, Richard W. Wrangham & Thomas T. Struhsaker (Hg.) (1987). *Primate Societies.* Chicago: University of Chicago Press.

Sommer, Volker (1989). *Die Affen. Unsere wilde Verwandtschaft.* Hamburg: Gruner & Jahr / GEO.

Speziellere Werke über Menschenaffen

Graham, Charles (Hg.) (1981). *Reproductive Biology of the Great Apes.* New York: Academic Press.

Hamburg, David A. & E. R. McCown (Hg.) (1979). *The Great Apes.* Menlo Park / CA: Benjamin Cummings.

* McGrew, William; Linda F. Marchant & Toshisada Nishida (Hg.) (1996). *Great Ape Societies.* Cambridge: Cambridge University Press.

National Geographic Society (Hg.) (1993). *Menschenaffen.* München: RV.

Reynolds, Vernon (1967). *The Apes. The Gorilla, Chimpanzee, Orangutan, and Gibbon. – Their History and Their World.* New York: E. P. Dutton.

Yerkes, Robert M. & Ada W. Yerkes (1929). *The Great Apes.* New Haven / CT: Yale University Press.

Orang-Utans

Galdikas, Birute (1995). *Reflections of Eden. My Years With the Orangutans of Borneo.* Boston: Little, Brown & Co.

Harrisson, Barbara (1962). *Orang-utan.* Oxford: Oxford University Press. – Deutsch: *Kinder des Urwalds.* Wiesbaden: Brockhaus (1964).

MacKinnon, John R. (1978). *The Ape Within Us.* London: Collins.

* Nadler, Ronald D; Biruté F. M. Galdikas, Lori K. Sheeran & Norm Rosen (Hg.) (1995). *The Neglected Ape.* New York: Plenum.

Rijksen, Herman D. (1978). *A Fieldstudy on Sumatran Orang Utans (Pongo pygmaeus abelii Lesson, 1827).* Wageningen: H. Veenman & Zonen.

Schwartz, Jeffrey H. (Hg.) (1988). *Orang-utan Biology.* Oxford: Oxford University Press.

Gorillas

Dixson, Alan F. (1981). *The Natural History of the Gorilla.* New York: Columbia.

* Fossey, Dian (1983). *Gorillas in the Mist.* Boston: Houghton Mifflin Co. – Deutsch: *Gorillas im Nebel.* München: Kindler (1989).

Hess, Jörg (1989). *Familie 5.* Basel: Birkhäuser.

Maple, Terry & M. P. Hoff (1982). *Gorilla Behavior.* New York: Van Nostrand Reinhold.

* Meder, Angela (1993). *Gorillas. Ökologie und Verhalten.* Heidelberg, Berlin: Springer.

Schaller, George B. (1963). *The Mountain Gorilla.* Chicago: Chicago Univ. Press.

Schimpansen

de Waal, Frans B. M. (1982). *Chimpanzee Politics: Power and Sex Among Apes.* London: Jonathan Cape. – Deutsch: *Unsere haarigen Vettern.* München: Harnack (1983).

* Goodall, Jane (1986). *The Chimpanzees of Gombe. Patterns of Behavior.* Cambridge / MA: Belknap Press of Harvard University Press. – Deutsch: *Wilde Schimpansen.* Reinbek: Rowohlt (1991).

Goodall, Jane (1990). *Through a Window. My Thirty Years with the Chimpanzees of Gombe.* Boston: Houghton Mifflin. – Deutsch: *Ein Herz für Schimpansen.* Reinbek: Rowohlt (1996).

Heltne, Paul G. & Linda A. Marquardt (Hg.) (1989). *Understanding Chimpanzees.* Cambridge / MA: Harvard University Press.

* McGrew, William C. (1992). *Chimpanzee Material Culture. Implications for Human Evolution.* Cambridge: Cambridge Univ. Press.

Peterson, Dale (1995). *Chimpanzee Travels. On and Off the Road in Africa.* Reading, Menlo Park: Addison-Wesley.

* Wrangham, Richard W.; William C. McGrew, Frans B. M. de Waal & Paul G. Heltne (Hg.) (1994). *Chimpanzee Cultures.* Cambridge / MA: Harvard University Press.

Yerkes, Robert M. (1943). *Chimpanzees: A Laboratory Colony.* New Haven: Yale University Press.

Bonobos

* de Waal, Frans B. M. & Frans Lanting (1997). *Bonobo. The Forgotten Ape.* Berkeley: University of California Press.

Kano, Takayoshi (1992). *The Last Ape: Pygmy Chimpanzee Behavior and Ecology.* Stanford / CA: Stanford Univ. Press.

Savage-Rumbaugh, E. Sue & Roger Lewin (1994). *Kanzi. The Ape at the Brink of the Human Mind.* New York: Wiley & Sons.

Susman, Randall L. (Hg.) (1984). *The Pygmy Chimpanzee: Evolutionary Biology and Behavior.* New York: Plenum.

* Wrangham, Richard W.; William C. McGrew, Frans B. M. de Waal & Paul G. Heltne (Hg.) (1994). *Chimpanzee Cultures.* Cambridge / MA: Harvard University Press.

Kulturgeschichte

Janson, Horst Woldemar (1952). *Apes and Ape Lore in the Middle Ages and the Renaissance.* London: The Warburg Institute, University of London.

Mc Dermott, William C. (1938). *The Ape in Antiquity.* The John Hopkins University Studies in Archaeology 27. Baltimore: John Hopkins Press.

Intelligenz von Primaten

Berthelet, Arlette & Jean Chavaillon (Hg.) (1993). *The Use of Tools by Human and Non-human Primates.* Oxford: Clarendon.

* BYRNE, RICHARD (1995). *The Thinking Ape. Evolutionary Origins of Intelligence.* Oxford, New York, Tokyo: Oxford University Press.
BYRNE, RICHARD W. & ANDREW WHITEN (Hg.) (1988). *Machiavellian Intelligence: Social Expertise and the Evolution of Intellect in Monkeys, Apes, and Humans.* Oxford: Clarendon.
CHENEY, DOROTHY L. & ROBERT L. SEYFARTH (1990). *How Monkeys See the World.* Chicago: Chicago University Press. – Deutsch: *Wie Affen die Welt sehen.* Übersetzung Ellen Vogel. München: Carl Hanser (1994).
PARKER, SUE TAYLOR; ROBERT W. MITCHELL & MARIA L. BOCCIA (Hg.) (1994). *Self-awareness in Animals and Humans. Developmental Perspectives.* Cambridge, New York, Melbourne: Cambridge University Press.
SOMMER, VOLKER (1992). *Lob der Lüge. Täuschung und Selbstbetrug bei Tier und Mensch.* München: C. H. Beck.
TOMASELLO, MICHAEL & JOSEP CALL (1997). *Primate Cognition.* Oxford: Oxford University Press.

Einführungen in Verhaltensökologie und Soziobiologie

ALCOCK, JOHN (1993). *Animal Behavior.* Sunderland / MA: Sinauer.
* DALY, MARTIN & MARGO WILSON (1983). *Sex, Evolution, and Behavior.* 2nd Hg. Belmont / CA: Wadsworth.
* DAWKINS, RICHARD (1989). *The Selfish Gene.* 2nd ed. New York: Oxford University Press. – Deutsch: *Das egoistische Gen.* Berlin: Springer (1976).
* TRIVERS, ROBERT L. (1985). *Social Evolution.* Menlo Park: Benjamin Cummings.
* VOLAND, ECKART (1993). *Grundriß der Soziobiologie.* Jena: Gustav Fischer.

Kindes- und Artgenossentötung

HAUSFATER, GLENN & SARAH BLAFFER HRDY (Hg.) (1984). *Infanticide. Comparative and Evolutionary Perspectives.* New York: Aldine.
PARMIGIANI, STEFANO & FRED VOM SAAL (Hg.) (1994). *Infanticide and Parental Care.* London: Harwood Academic Publ.

Artenschutz

* KEMF, ELIZABETH & ALISON WILSON (1997). *Great Apes in the Wild: Wanted Alive!* WWF Species Status Report.
OATES, JOHN F. (1996). *African Primates: Status Survey and Conservation Action Plan.* Revised edition. IUCN: Gland.
PEARCE, JONATHAN & KARL AMMANN (1995). *Slaughter of the Apes. How the Tropical Timber Industry is Devouring Africa's Great Apes.* London: World Society for the Protection of Animals.

Rechte für Große Menschenaffen

* CAVALIERI, PAOLA & PETER SINGER (Hg.) (1993). *The Great Ape Project. Equality Beyond Humanity.* New York: St. Martin's Press; London: Fourth Estate. – Deutsch: *Menschenrechte für die Großen Menschenaffen.* München: Goldmann (1994).
CAVALIERI, PAOLA (Hg.) (1996). *Special issue devoted to: The Great Ape Project.* Etica & Animali (8/96).

Primatologische Fachzeitschriften (Erscheinungsland)

American Journal of Primatology (USA)
Folia Primatologica (Schweiz)
International Journal of Primatology (USA)
Primate Report (Deutschland)
Primates (Japan)

Schutz- und Forschungs-einrichtungen

Berggorilla und Regenwald Direkthilfe (BRD), c/o Rolf Brunner, Lerchenstraße 5, 45473 Mülheim, Deutschland; Fax (02 08) 76 24 47, e-mail: angela.meder@t-online.de

Bonobo Protection and Conservation Fund, Georgia State University Foundation, University Plaza, Atlanta / Georgia 30303, USA; Tel. +1 (404) 244-5825, Fax +1 (404) 244-5752

Deutsches Primatenzentrum (DPZ), Kellnerweg 4, 37077 Göttingen, Deutschland; Tel. (05 51) 38 51-0, Fax (05 51) 38 51-228; e-mail: mschwib2@gwdg.de

Dian Fossey Gorilla Fund, 800 Cherokee Avenue SE, Atlanta, Georgia 30315-9984, USA; Tel. +1 (404) 624-5881, Fax +1 (404) 624-5999

International Gorilla Conservation Program (IGCP), PO Box 48177, Nairobi, Kenya; Tel. +254 (2) 710367, Fax +254 (2) 710372, e-mail: awf.nrb@tt.gn.apc.org
– Kooperatives Projekt von FFI (Fauna and Flora International), AWF (African Wildlife Foundation) und WWF.

International Primate Protection League (IPPL), PO Box 766, Summerville SC 29484, USA; Tel. +1 (803) 871-2280, Fax +1 (803) 871-7988, e-mail: ippl@sc.net

Jane Goodall Institute (JGI) Europe, Holbeinstraße 1, 81679 München, Deutschland; Tel./Fax (0 89) 98 57 97

LSB Leakey Foundation, 77 Jack London Square, Oakland CA 94607, USA; Tel. +1 (510) 834-3636, Fax +1 (510) 834-3640, e-mail: leakeyfnd@aol.com

Mobilization for Animals e. V., Mühlenstraße 9, 37130 Göttingen-Gleichen, Deutschland; Tel. (0 55 08) 786, Fax (0 55 08) 16 89

Orangutan Foundation, 7 Kent Terrace, London NW1 4RP, England; Tel./Fax +44 (171) 724-2912, e-mail: redapeuk@aol.com

Worldwide Fund for Nature (vormals: World Wildlife Fund):
– WWF Deutschland, Hedderichstr. 110, 60591 Frankfurt am Main; Tel. 069-60 50 030
– WWF Österreich, Postfach 1, 1162 Wien; Tel. +43 (1) 489-1641
– WWF Schweiz, Postfach, 8010 Zürich; Tel. +41 (1) 297-2121

Primatologische Fachgesellschaften

Gesellschaft für Primatologie (GfP), Prof. Dr. Elke Zimmermann, Institut für Zoologie, Tierärztliche Hochschule Hannover, Pf. 711180, 30545 Hannover, Deutschland; Fax 0511-953 8586, e-mail: ezimmer@zoologie.tiho-hannover.de

International Primatological Society (IPS), Secretary General Dorothy Fragaszy, Dept. of Psychology, University of Georgia, Athens GA 30602, USA; Fax +1 (706) 542-3275, e-mail: cmspsy37@uga.cc.uga.edu

Informationshandbuch (weltweite Adressen von Schutzorganisationen, Forschungs- und Fördereinrichtungen, primatenhaltenden Institutionen):

JACOBSEN, LAWRENCE & RAYMOND HAMEL (Hg.) (1996). *International Directory of Primatology.* Wisconsin Regional Primate Research Center, University of Wisconsin, 1220 Capitol Court, Madison WI 53715-1299, USA; e-mail: library @primate.wisc.edu

REGISTER

BILDNACHWEIS

Sämtliche Aufnahmen: Karl Ammann
Die Fotos entstanden an nachfolgend aufgeführten Orten.

Gabun
– Franceville (Forschungsstation) : S. 14

Kamerun
– Mabalele Road Junction, Südosten : S. 140, 144
– Yaounde : S. 141
– Yokadouma (Libanesische Holzfäller) : S. 55, 142

Kongo
– John Aspinall Gorilla Sanctuary, Brazzaville (während Unruhen im Juni 1997 Evakuierung der Gorillas und Bonbos nach Pointe Noire, Kongo und Gabun) : S. 20, 80 u., 112, 114, 118, 119, 121, 136, 148, 149, 151
– Reserve de Chasse de L'Efini (Schutzgebiet, dessen wilde Gorillas und Schimpansen in den 1960er Jahren ausgerottet wurden; mittlerweile Versuche einer Wiedereinbürgerung) : S. 54, 60/61, 66, 70, 76

Zaïre (seit 1997: Demokratische Republik Kongo) : S. 60
– Djolu (Kleinstadt nahe Wamba mit Flugpiste) : S. 113
– Kahuzi-Biega-Nationalpark / Ost-Zaïre : S. 56, 62, 64, 72, 73, 77
– Markt in Kinshasa : S. 143 u.
– Privathaus in Kinshasa : S. 125
– Homboo, südliches Kivu-Gebiet : S. 12
– Wamba (Forschungsstation, aufgebaut von Takayoshi Kano) : S. 6/7, 110/111, 117 o., 117 m., 117 u., 120, 122, 124, 127, 131, 133, 134, 135, 143 o., 145
– Zaïre-Fluß (seit 1997: Kongo) : S. 4/5, 116/117

Ruanda
– Parc National des Virungas (Forschungsstation, aufgebaut von Dian Fossey; u. a. 1997 komplett zerstört) : S. 52/53, 63, 65, 66/67, 68/69, 71, 74/75, 75, 78/79, 80 m.
– Virunga-Vulkane : S. 58, 80 o.

Tansania
– Gombe-Stream-Nationalpark (Forschungsstation, aufgebaut von Jane Goodall) : S. 11, 98, 105
– Mahale-Mountains-Nationalpark (Forschungsstation, aufgebaut von Toshisada Nishida) : S. 94, 97

Kenia
– Mt. Kenya Game Ranch, Nanyuki (Wohnsitz Karl Ammanns) : S. 84, 86, 88, 93, 100, 103, 106, 107, 138/139, 153
– Samburu : S. 9
– Sweetwaters (Schimpansen-Schutzstation, initiiert von Richard Leakey und Karl Ammann) : S. 90

Sambia
– Chimfunshi, Schimpansen-Schutzstation (Privatranch von David und Sheila Siddles nahe der zaïresischen Grenze) : S. 2/3, 17, 82/83, 85, 89, 91, 92, 94/95, 96, 99, 101, 102, 104, 108; Vor- und Nachsatz

Indonesien
– Samarinda, Ost-Kalimantan : S. 30
– Tanjung-Puting-Nationalpark, Kalimantan (Forschungs- und Schutzstation, aufgebaut von Birute Galdikas) : S. 15, 22/23, 24, 25, 26, 29, 31, 32 l., 32 o., 33, 35, 36, 37, 39, 40, 41, 42, 43, 44, 45, 46, 47, 48/49, 50; Umschlag, Titelvorsatzseite

Taiwan
– Snake Alley, Taipeh : S. 28

USA
– Georgia State University (Forschungsprojekt von Sue Savage-Rumbaugh), Atlanta, Georgia : S. 147
– San Diego Zoo, Kalifornien : S. 128, 128/129, 132/133, 146

Die Deutsche Bibliothek – CIP-Einheitsaufnahme

Die **Großen Menschenaffen :** Orang-Utan, Gorilla, Schimpanse, Bonobo ; die neue Sicht der Verhaltensforschung / Volker Sommer / Karl Ammann. – München ; Wien ; Zürich : BLV, 1998
ISBN 3-405-15296-8

BLV Verlagsgesellschaft mbH
München Wien Zürich
80797 München

Einbandgestaltung: Studio Schübel, München
Umschlagfotos: Karl Ammann
Grafiken: Vierthaler & Braun, München

Layout: Walter Werbegrafik, Gundelfingen
DTP: DTP-Design Walter, Gundelfingen
Lektorat: Dr. Friedrich Kögel, Dr. Eva Dempewolf

Herstellung: Peter Rudolph
Lithografie: Repro Ludwig, Zell am See
Druck und Bindung: Neue Stalling, Oldenburg

Gedruckt auf chlorfrei gebleichtem Papier mit umweltschonenden mineralölfreien Druckfarben der Fa. Epple, Augsburg

Printed in Germany

ISBN 3-405-15296-8